初級簿記教本

［第2版］

海老原　諭［著］

創 成 社

改訂にあたって

　2019年に『初級簿記教本』（初版）を上梓してから5年が経過した。本書は，大学ではじめて簿記に触れる学生をメインターゲットとして，彼らが日本商工会議所主催簿記検定（日商簿記検定）3級レベルの基本的な簿記のスキルを身につけられるようにすることを目的として執筆したものである。

　初版の上梓後，「収益認識に関する会計基準」の全面適用，消費税率の引き上げなど，簿記のあり方に影響を与える経済環境は大きく変化し，日商簿記検定3級の出題範囲についても見直しが行われた。また，新型コロナウイルスの感染拡大を受けて，講義時間の柔軟化，オンライン講義の併用など，大学での講義のありかたについても変化が起こりつつある。

　このような諸々の環境の変化を受けて，『初級簿記教本』についても全面的に改訂を行うこととした。改訂のポイントは以下のとおりである。

　第1に，文章による説明を充実させたうえで，その内容を正しく読み取ることができているかどうかを確認できる簡単な確認問題（check）を付け加えた。「勉強していたのに結果につながらない」「どこが分からないか分からない」といった悩みをもつ学習者に対して，このような分からないところに気づかせるための仕掛けは有効であろう。なお，確認問題には解答をつけていないが，すべて本文から読み取ることができるものであるため，答えが分からない場合は本文を読み直すようにしてほしい。

　第2に，株式会社の仕組み，報告式の財務諸表など，日商簿記検定3級の出題範囲には含まれないが，株式会社が作成する会計情報を理解するために必要な情報については積極的に盛り込んだ。これは，大学において商学や経営学を学ぶにあたって必要な簿記・会計上の知識については，日商簿記検定の出題範囲にかかわらず早い段階で取扱う方が他の科目との相乗効果を期待することができ，学習効果が高いと考えたためである。

　第3に，全体を28章構成として，前半14章は基礎的な内容を，後半14章はもう少し難しめの内容を取り扱うこととした。前半部分だけでも基本的な財務諸表までを作成できるようにしているため，前半部分だけで一区切りとすることもできる。今回の改訂により，本書は，開講期が半期であるか通期であるか，講義週が14週であるか15週であるかといった，大学ごとに異なる事情にも対応しやすいものとなっている。

　なお，『初級簿記教本』では，単に効率的な資格取得を目指すものではなく，企業の経済活動を理解するために必要な簿記の基本的な考え方や手続を理解することを重視している。目次や索引を充実させ，必要な情報にアクセスしやすくしているのもこのためである。なお，問題演習をこなすことに多くの時間を割いてしまい，理解をするための時間がとれなくなってしまうことを防ぐため，練習問題については，別著『初級簿記教本・問題集』に集約している。実践的なスキルを身につけたい方々は，『問題集』の活用も検討されたい。

　最後に，日々，問題意識を共有し，さまざまなアイデアを提供してくれている和光大学の学生・教職員の皆様，そして，本書の改訂にあたってご尽力いただいた創成社の塚田尚寛社長と出版部の西田徹様に厚く御礼申し上げる。

　2024 年 3 月

海老原　諭

はじめに

　本書『初級簿記教本』は，大学等で行われる初学者向けの簿記講義において使用されることを念頭において執筆したものである。このため，本書には次のような特徴がある。

　第1に，代金の支払い，回収に係る仕訳を確実に身につけられるように，当該仕訳を第3章から第6章までの4章にわたって繰り返し説明している。これには，初学者が学習初期に感じる負担感を軽減させるだけでなく，簿記のスキルを習得するうえでは避けることのできない繰り返し学習の効果を自然に体感してもらうねらいがある。

　第2に，複雑な論点については，一般的な学習順序にかかわらず，積極的に後回しで記述するようにしている。たとえば，本書では，一般に現金とともに説明されることが多い現金過不足および小口現金に係る論点を仮払金・仮受金とあわせて第11章にまで繰り下げたり，有形固定資産の売却や償却債権取立益のような理解の難しいものについては応用論点として最後の章にまとめたりしている。

　第3に，各章末の確認問題について，（ア），（イ），……と解答すべき箇所にすべて付番を行っている。これは，確認問題について学習者と指導者が口頭でやりとりすることを念頭においたものである。勘定記入や試算表・精算表，財務諸表の作成などのように，解答すべき場所を口頭で説明しづらい問題についても，講義で取り上げやすくなるようにしている。

　第4に，目次および索引を充実させていることである。学習者が自宅学習を行う際に，不明なところを自分の力で探し出せるように工夫したものである。目次や索引の活用方法については，普段書籍にあまり触れることのない大学生等が身につけるべきリテラシーの1つであるため，このような方針を採用した。

　本書では，多くの大学において初学者の目標として設定されることの多い，日商簿記検定3級の出題範囲（2019年度改定版）を網羅しているほか，収益認識に係る新たな会計基準である企業会計基準第29号についてもその概要を紹介している。

　最後に，このたび本書の執筆の機会をいただき，また，終始ご高配を賜りました創成社の塚田尚寛社長，出版部西田徹氏をはじめとする創成社の皆様に心より御礼申し上げます。また，執筆に専念できる環境を作っていただきいつも見守ってくださっていた和光大学の井出健二郎学長，また，ともに簿記指導にあたっている倉井潔先生にも，この場を借りて御礼申し上げます。

2019年3月

海老原　諭

目　次

改訂にあたって
はじめに

第1章　簿記の基礎概念

第1節　簿記とは何か

　わが国では，ビジネスを行うすべての個人や法人（以下，「企業」という）に対して，会計帳簿を作成することが義務づけられている（「商法」第19条第2項，「会社法」第432条第1項）。会計帳簿とは，企業がその活動のために有している財産や，その活動のなかで生じた債権・債務の状況の変化を記録するための帳簿をいう。会計帳簿は，かつては冊子の形で作成されていたが，今日では，経理システムや会計ソフトを使用して，コンピュータ上で作成されることが一般的になっている（このようなコンピュータ上で作成される会計帳簿を電子帳簿という）。

　会計帳簿は，企業が投資者や金融機関からその活動に必要な資金の提供を受けるにあたって必要となる財務諸表を作成するための基礎として使われたり，企業が納付すべき税金の額を計算するための基礎として使われたりする。このため，会計帳簿への記録は，企業の内外を問わず，その企業にかかわるすべての人々が理解・納得できるような一定のルールにしたがって行われる必要がある。

　簿記は，この「企業にかかわるすべての人々が理解・納得できるような一定のルール」にしたがって行われる会計帳簿への記録の方法について学習するものである。

check
　次の各文章のうち，正しいものには○を，そうでないものには×を答えなさい。
(1)　会計帳簿は，ビジネスを行うのであれば，たとえ個人であっても作成しなければならない。
(2)　会計帳簿への記録は，企業外部の人々にも理解・納得できるような形で行わなければならない。

第2節　会計期間と簿記一巡の手続

1．会計期間
　今日の簿記では，企業の活動期間を一定期間ごとに区切って，その区切られた期間ごとに会計帳簿上に行われた記録をとりまとめ，**財務諸表**とよばれる報告書を作成することとなっている。これは，企業に対して活動資金を提供した企業外部の投資者や金融機関などに対して，企業における財産の状況をタイムリーに提供できるようにするためである。

　この区切られたひとつひとつの期間のことを**会計期間**という。会社を設立せずに個人で営業活動を行っている場合は，毎年1月1日から12月31日までの1年間が1つの会計期間となる。一方，会社を設立した場合は，いつからいつまでを会計期間とするかを任意で決める

図表 1 - 1　会計期間

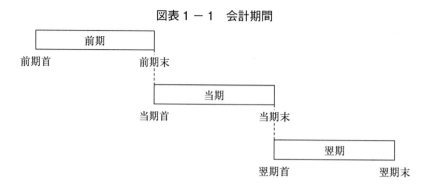

ことができるが，この場合であっても，会計期間の長さは 1 年間とされることが一般的である。

　会計期間のはじめを**期首**，会計期間の終わりを**期末**という。会計期間は 1 月 1 日から 12 月 31 日までといったように日付を使って表現されるが，この場合，期首は 1 月 1 日の午前 0 時，期末は 12 月 31 日の午後 12 時となる。1 月 1 日の午前 10 時は期首ではないし，12 月 31 日の午後 3 時は期末ではない。このような期首でも期末でもない時点のことを**期中**という。

　また，現在の会計期間を**当期**といい，当期の 1 つ前の会計期間を**前期**，当期の 1 つ後の会計期間を**次期**または**翌期**という。前期，当期，翌期という言葉は，それぞれ期首，期中，期末という言葉と組み合わせて，前期末，当期中，翌期首といったように使われることもある。

　なお，前期末と当期首，当期末と翌期首はそれぞれ同じ時点を指す。これは，ある年の 12 月 31 日の午後 12 時と，その翌年の 1 月 1 日の午前 0 時が同じ時点を指すのと同じである（図表 1 - 1 参照）。

2．簿記一巡の手続

　企業が会計期間ごとに行わなければならない一連の作業のことを**簿記一巡の手続**という。簿記一巡の手続は，開始手続，期中の手続，決算手続の大きく 3 つに分けられる。

　開始手続とは，前期から繰り越されてきた財産の額や，債権・債務の状況を当期の会計帳簿に反映させることをいう。会計帳簿は，原則として，会計期間ごとに作成されるため，新しい会計期間の記録を始めるにあたっては，まず，このような記録の引継ぎが必要となる。

　期中の手続とは，期中における企業の財産や，債権・債務の状況の変化をもれなく，正確に記録していくことをいう。財務諸表は，会計帳簿に行われた記録をもとに作成されるため，期中の手続が正確に行われていなければ，企業における財産の状況を適切に反映した財務諸表を作成することはできない。

　決算手続とは，開始手続，期中の手続を通じて会計帳簿に行われてきた記録に基づいて，財務諸表を作成するとともに，次期に繰り越すべき財産の額や，債権・債務の額を確定させることをいう。決算手続は，会計期間が終わった後，新しい会計期間がはじまってから，その新しい会計期間に係る期中の手続と併行して行われる。

`check`

次の各問いに答えなさい。

(1) 会計期間のはじめと終わりをそれぞれ何というか答えなさい。
(2) 会計期間が4月1日から翌3月31日までである場合，4月1日の午前10時は期首，期中，期末のどれに該当するか答えなさい。
(3) 決算手続において，会計帳簿に行われてきた記録をもとに作成される報告書の名前を答えなさい。

第3節　会計帳簿と証憑

1．会計帳簿

　会計帳簿とは，企業における財産や，債権・債務の状況の変化を記録するための帳簿をいう。会計帳簿にはさまざまな種類のものがあるが，これらは大きく主要簿と補助簿の2つに分けられる。

　主要簿とは，企業における財産や，債権・債務の状況の変化のすべてが記録される会計帳簿をいう。複式簿記（第2章参照）という方法によって記録を行っている場合，主要簿に分類される会計帳簿は，原則として，仕訳帳と総勘定元帳の2つとなる。なお，財務諸表は，これらの主要簿に行われた記録から作成される。

　補助簿とは，現金や預金といった特定の財産，売掛金や買掛金といった特定の債権・債務，売上や仕入といった特定の取引などに対象をしぼって記録が行われる会計帳簿をいう。補助簿には，現金出納帳や当座預金出納帳，売掛金元帳や買掛金元帳，売上帳や仕入帳などさまざまなものがある。

　会計帳簿には，どこに，何を記入するかが分かるように，細かく記入欄が設けられているが，以下，本書では，会計帳簿に行われる記録を簡便な形で表記する。会計帳簿に設けられている記入欄や実際の記入方法については，付録Aを参照されたい。

2．証　憑

　証憑（しょうひょう）とは，会計帳簿に行われる記録の内容が事実であることを証明する書類のことをいう。証憑には，領収書，納品書のように取引先から交付を受けるもの，契約書，金銭消費貸借契約書のように取引先と共同で作成するもの，伝票のように一定の規程にしたがって企業内部で作成されるもの，その他，預金通帳，預かり証などさまざまなものがある。

　企業は，これらの証憑を会計帳簿とあわせて一定期間保存しておかなければならない。ただし，一定の要件を満たした場合には，電子データ（画像ファイルなど）の形に変えて保存することも認められる。

check

次の各文章のうち，正しいものには○を，そうでないものには×を答えなさい。
(1) 主要簿には，企業における財産や，債権・債務の状況の変化のすべてが記録される。
(2) 売上帳は，補助簿のひとつである。
(3) 会計帳簿に記録が適切に行われていれば，領収書などの証憑を保管しておく必要はない。

第4節 貸借対照表と損益計算書

　現在，株式会社が作成する財務諸表には，貸借対照表，損益計算書，包括利益計算書，株主資本等変動計算書，キャッシュ・フロー計算書の5つがある（損益計算書と包括利益計算書をまとめて損益及び包括利益計算書とする場合もある）が，本書では，このうち複式簿記の方法によって記録が行われた会計帳簿から直接作成される貸借対照表と損益計算書の2つについて学習する。

1．貸借対照表

　貸借対照表とは，ある特定の時点（一般的には期末）における企業の財産や，債権・債務の状況についてまとめたものである。貸借対照表は，英語を使って**バランスシート**とよばれたり，その省略形を使って **B/S（ビーエス）** とよばれたりすることもある。

　貸借対照表では，さまざまなものの金額が，資産，負債，純資産の3つに分けて記載される。

　資産は，企業が将来の営業活動において利用できる財産や権利のことをいい，金銭（現金，預金），物（商品，建物，備品など），知的財産権（特許権，著作権など），金銭や物を受け取る権利（売掛金，貸付金など）などさまざまなものがある。資産は，将来に利用できるものとして定義されるため，現時点では保有していない金銭や物であっても，契約等によって将来に受け取ることが確定しているのであれば，それらも資産の範囲に含まれる。

　負債は，企業が将来の一定のタイミングで，第三者に対して，金銭や物を引き渡したり，一定のサービスを提供したりする義務のことをいう。負債には，買掛金や借入金，内金や手付金などがある。なお，負債についても，資産とされる金銭や物を受け取る権利と同様に，契約等によって確定しているものに限られる。

　純資産とは，資産から負債を差し引いたものをいう。貸借対照表上，純資産としてどのようなものを記載するかは，企業が準拠すべき法令等の定めによる。たとえば，まったく同じ営業活動を行っていても，その活動を，会社を設立せずに個人で行っているか，会社を設立して行っているかによって，純資産として記載されるものは変わる。なお，本書では，以下，株式会社を前提として説明をすすめることとする。

　純資産は資産から負債を差し引いたものであるが，この三者の関係を，次のように恒等式の形にまとめたものを**純資産等式**という。

$$資産－負債＝純資産$$

図表1－2　貸借対照表

貸　借　対　照　表

資　産	負　債
	純　資　産

　通常，資産の総額は負債の総額よりも多くなるため，純資産の額がマイナスになることはほとんどない。このため，資産の総額から負債の総額を差し引いた結果がマイナスになった場合であったとしても，純資産はそのまま純資産とよばれる（後述する損益計算書における純利益・純損失と比較のこと）。

　また，純資産等式の左辺にある負債を右辺に移項して，引き算の部分がなくなるように書き直したものを**貸借対照表等式**という。勘定式（第14章参照）とよばれる方法で作成された貸借対照表では，この貸借対照表等式と同じように，資産，負債，純資産が左右に分けて表記される（図表1－2参照）。

資産＝負債＋純資産

`check`

　次の各問いに答えなさい。
⑴　貸借対照表は，英語で何というか答えなさい。
⑵　貸借対照表に記載される金額は，3つの区分に分けて表示される。この3つの区分をすべて答えなさい。
⑶　資産が500万円，負債が300万円であったとき，純資産はいくらになるか答えなさい。
⑷　負債が200万円，純資産が400万円であったとき，資産はいくらになるか答えなさい。

2．損益計算書

　損益計算書とは，ある特定の会計期間中に行われた企業の営業活動により生じた純資産の増減理由とその金額をまとめたものである。損益計算書は，英語の省略形を使って**P/L**（ピーエル）とよばれることもある。

　損益計算書でも，さまざまなものの金額が，収益，費用の2つに分けて記載される。

　収益は，企業の営業活動により生じた純資産の増加額を意味する。小売業や卸売業では，商品の売上が収益の中心となるが，利息の受取り，家賃や地代の受取りなど，商品を売り上げる以外にも収益が発生することがある。

　費用は，企業の営業活動により生じた純資産の減少額を意味する。費用には，売り上げた

図表 1 － 3　損益計算書

(1)　収益＞費用の場合

損　益　計　算　書

| 費　　用 | 収　　益 |
| 純　利　益 | |

(2)　収益＜費用の場合

損　益　計　算　書

| 費　　用 | 収　　益 |
| | 純　損　失 |

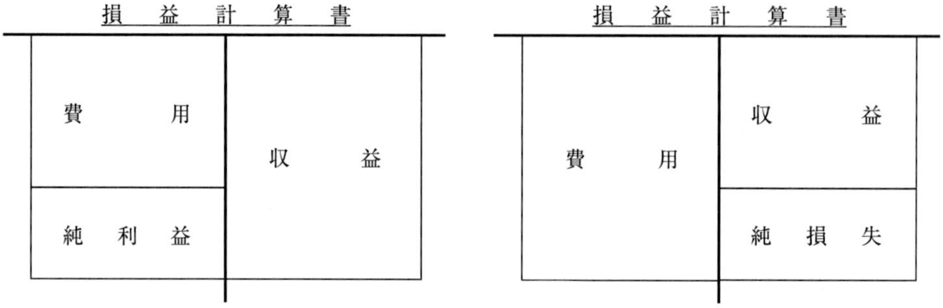

商品を仕入れるために要した金額（売上原価），給料，広告宣伝費，旅費交通費，水道光熱費，通信費といった営業活動を進めるうえで発生する経費，固定資産の廃棄や売却にともなって生じる損失などさまざまなものがある。

これらの収益と費用の差額を**純損益**という。収益の総額が費用の総額よりも多い場合は両者の差額を**純利益**といい，逆に，費用の総額が収益の総額よりも多い場合は両者の差額を**純損失**というが，純損益という言葉は，これらを1つにまとめたものである。

収益，費用，純損益の関係を，次のように恒等式の形にまとめたものを**純損益等式**という。純損益等式は，純利益が生じる場合の恒等式と純損失が生じる場合の恒等式とを区別して，次のように2つの形をとる。費用の総額が収益の総額よりも大きかった場合，仮に①の恒等式で計算したとすると純利益の額はマイナスになってしまう。このような場合，金額をマイナスのままにしておかずに，計算式を②の形に変えてマイナスの金額が出ないようにする。

　　　　（収益＞費用のとき）　収益－費用＝純利益 ……　①
　　　　（収益＜費用のとき）　費用－収益＝純損失 ……　②

また，これらの純損益等式の左辺に費用，右辺に収益，いずれか金額の少ない方に純損益を移動させて，引き算の部分がなくなるように書き直したものを**損益計算書等式**という。勘定式（第14章参照）とよばれる方法で作成された損益計算書では，この損益計算書等式と同じように，収益，費用，純損益が左右に分けて表記される（図表1－3参照）。

　　　　（収益＞費用のとき）　費用＋純利益＝収益 ……　①'
　　　　（収益＜費用のとき）　費用＝収益＋純損失 ……　②'

check

次の各問いに答えなさい。

(1)　純損益という言葉は，2 つの言葉を 1 つにまとめたものであるが，この 2 つの言葉とそれぞれ
の意味を答えなさい。

(2)　当期の収益が900万円，費用が800万円であったとき，純利益の額はいくらになるか答えなさい。

(3)　当期の収益は 700 万円，費用は 500 万円，純利益は 200 万円であった。損益計算書の左側に記
載される金額は合計いくらになるか答えなさい。

第2章　複式簿記による主要簿への記録

第1節　簿記上の取引

　企業では，日々，さまざまな出来事が生じているが，そのすべてが会計帳簿に記録されるわけではない。会計帳簿は，企業の財産の動きや，債権・債務の状況の変化を記録するものであるから（第1章参照），会計帳簿に記録されるのは，企業の財産や，債権・債務の状況に変化をもたらした出来事に限られる。簿記では，このような出来事のことを**取引**という。

　取引という言葉は日常生活のなかでも使用されているが，簿記では，日常生活とは異なる場面でこの言葉が使用されることもある。たとえば，預金口座に利息が入金された場合，預金という財産が増えているので取引となる。また，盗難や災害によって，企業が保有する商品に損害が生じた場合も，商品という財産が失われているので取引となる。どちらも日常生活のなかで取引とよばれるものではないが，簿記では取引として取り扱われる。

check

　次のそれぞれについて，簿記上の取引に該当するものをすべて選びなさい。
　⑴　預金口座から今月分の電気料金が引き落とされた。
　⑵　商品の販売戦略を練るため，社内で会議を行った。
　⑶　取引銀行に借入金を返済した。

第2節　複式簿記

　複式簿記とは，会計帳簿に記録を行う方法のひとつで，取引が生じたときに，企業の財産や債権・債務の増減額と，それらをもたらした原因とを，それぞれ別々に，かつ，相互に関連づけながら記録していく方法をいう。

　複式簿記では，1つ1つの取引について，複数の記録が同時に行われる。これらの記録を相互に突き合わせれば，記録や集計の誤りを見つけ出すこともできる（自己検証機能）。これは，複式簿記を採用することの大きなメリットの1つといわれる。企業の会計帳簿や，これをもとに作成される財務諸表は，企業外部の人にも納得してもらえるものでなければならないため（第1章参照），このような記録の正確性を確保するための仕組みが内包されている複式簿記によって記録を行うことが原則とされている。

図表2－1　勘定と勘定科目

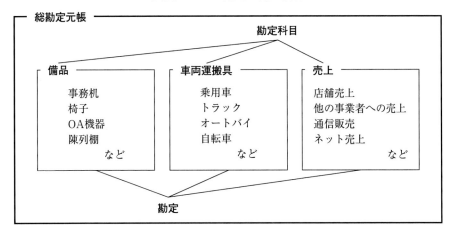

check

次の各問いに答えなさい。

⑴　複式簿記の自己検証機能とはどのようなものか説明しなさい。

⑵　企業で行われる簿記において複式簿記が原則とされているのはなぜか答えなさい。

第3節　勘定と勘定記入の法則

1．勘定と勘定科目

　勘定とは，記録を整理するために，主要簿の1つである総勘定元帳上に設けられる場所のことをいう。各勘定には，そこが何を記録する場所であるかが分かるように，それぞれ名前がつけられている。この勘定につけられた名前のことを**勘定科目**という。勘定と勘定科目の関係は，学校でいえば，クラスとクラス名（1年A組，2年B組など）の関係と同じである。各勘定は，勘定科目に勘定という言葉をつけて表現される。現金という名前（勘定科目）がつけられた勘定は現金勘定，売上という名前（勘定科目）がつけられた勘定は売上勘定といった具合いである（図表2－1参照）。

　総勘定元帳において，同じような性質をもつものは1つの勘定にまとめて記録される。たとえば，事務所で使用される事務机，椅子，OA機器などはすべてまとめて備品勘定に記録されるし，乗用車やトラック，オートバイや自転車などもすべてまとめて車両運搬具勘定に記録される。企業が保有する財産や債権・債務，それらを増減させた原因の種類や数は非常に多いため，1つ1つを別々の勘定に記録すると，企業全体の状況を把握しづらくなってしまうからである。

　総勘定元帳に設ける勘定は，会計帳簿への記録を始める前に，あらかじめ決めておくことが望ましい。任意のタイミングで勘定を追加したり，削除したりすると，どの勘定に何が記録されていたかが分からなくなり，集計を誤ったり，記録の重複や漏れが生じたりする可能性が高くなってしまうからである。

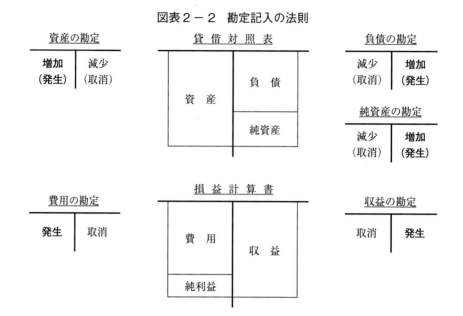

図表2－2　勘定記入の法則

2．勘定記入の法則

　各勘定は，記録を行う場所が左右に分けられており，左側を**借方**，右側を**貸方**という。借方と貸方は，取引による金額の増加額（発生額）と減少額（取消額）をそれぞれ別の場所に分けて記録するために使用される。たとえば，借方に増加額（発生額）を記録する勘定であれば，借方に増加額（発生額），貸方に減少額（取消額）を記録する。これとは反対に，貸方に増加額（発生額）を記録する勘定であれば，貸方に増加額（発生額），借方に減少額（取消額）を記録する。各勘定への記録にあたって，借方と貸方は相互にプラスとマイナスの関係にある。

　どのような勘定が借方に増加額を記録する勘定で，どのような勘定が貸方に増加額を記録する勘定であるかを決めるルールのことを**勘定記入の法則**という。勘定記入の法則では，各勘定が，資産，負債，純資産，収益，費用のどれに該当するものであるかによって，借方と貸方のどちらに増加額を記録するかが決められる。

　　資産，費用に該当する勘定
　　　……借方に増加額（発生額），貸方に減少額（取消額）を記録
　　負債，純資産，収益に該当する勘定
　　　……借方に減少額（取消額），貸方に増加額（発生額）を記録

　資産，費用は，貸借対照表や損益計算書で借方側に記載されるもので，負債，純資産，収益は，貸借対照表や損益計算書で貸方側に記載されるものである（第1章参照）。したがって，勘定記入の法則は，取引によって増加した金額（発生した金額）は，貸借対照表や損益計算書に記載されるのと同じ側，取引によって減少した金額（取り消された金額）は，貸借対照表や損益計算書に記載されるのと反対側に記録するとまとめることもできる（図表2－2参照）。

　なお，期中に生じた純資産の増減については，純資産を増減させた活動の違いによって，次のように勘定を使い分けることとなっており，純資産の増加と収益の増加，純資産の減少と費用の増加を同時に記録することはない（第9章参照）。これには，営業活動の成果を特別に設けた場所（収益，費用の勘定）にまとめておくことで，その状況を分かりやすくするというねらいがある。

　　　　企業の営業活動によって**純資産が増減した場合**……収益，費用の勘定に記録
　　　　それ以外の場合（資本取引）……純資産の勘定に記録

　勘定のなかには，資産，負債，純資産，収益，費用のいずれにも該当しないものが一部存在するが，これらの勘定の取扱いについては，新しく学習をするタイミングで紹介する。

check

　次の各問いに答えなさい。
⑴　各勘定には，その勘定が何を記録するための勘定であるかが分かるように，それぞれ固有の名前がつけられる。この勘定につけられる名前のことを何というか答えなさい。
⑵　各勘定において記録が行われる場所は，それぞれ左右に分けられている。この左側，右側をそれぞれ何というか答えなさい。
⑶　純資産の増加額は，純資産の勘定に記録される場合と，収益の勘定に記録される場合がある。それぞれどのような場合であるか答えなさい。

check

　次のうち，借方に記録が行われるものをすべて答えなさい。
⑴　資産の増加　　⑵　負債の減少　　⑶　収益の発生（増加）　　⑷　費用の発生（増加）

第4節　仕　訳

　仕訳とは，取引によって生じた財産の動きや，債権・債務の状況の変化と，それらをもたらした原因とを，それぞれどの勘定のどちら側に記録するか（借方か貸方か）を決めていくことをいう。仕訳は，現実世界で起こった出来事を簿記上の記録に置き換えていく，一種の翻訳に似た作業であるといってよい。
　仕訳は，**仕訳帳**とよばれる専用の会計帳簿に行われる。実際の仕訳帳では，必要な事項が記録されないことがないように，また，後で金額を集計しやすいように，一定の様式が定められているが（付録A参照），学習にあたっては，これを簡略化して，次のような形で表記することが一般的である。

（借）現　　　　　金　　20,000	（貸）売　　　　　上　　20,000

　この仕訳は，次の2つのことを意味している。

- 借方に記録が行われる勘定は現金勘定であり，その金額は 20,000 円である。
- 貸方に記録が行われる勘定は売上勘定であり，その金額は 20,000 円である。

次のように，借方，貸方の一方または両方に複数の勘定が記録されることもある。

（借）車 両 運 搬 具	1,500,000	（貸）現 　 　 金	300,000
		未 　 払 　 金	1,200,000

この仕訳は，次の 3 つのことを意味する。

- 借方に記録が行われる勘定は車両運搬具勘定であり，その金額は 1,500,000 円である。
- 貸方に記録が行われる勘定は現金勘定であり，その金額は 300,000 円である。
- 貸方に記録が行われる勘定は未払金勘定であり，その金額は 1,200,000 円である。

なお，借方に記録される勘定，貸方に記録される勘定がいくつあった場合でも，借方，貸方のそれぞれに記録される金額（の合計額）は一致する。直前の車両運搬具の仕訳でいえば，借方に記録されている金額は 1,500,000 円，貸方に記録されている金額も 300,000 円と 1,200,000 円の合計 1,500,000 円となっている。

◆会計帳簿上の勘定科目の書き方◆
　会計帳簿上，勘定科目はそれを記録する記入欄いっぱいに広げて書くようにし，左右に余白を作らない。これは，後から，その余白に余計な文字列を書き加えるなどして，他の勘定に書き換えられてしまうことを防ぐためである。

◆会計帳簿上の金額の書き方◆
　金額は，3 桁ごとに桁区切りのカンマ（,）を入れて表記する。これは，わが国で現在行われている簿記がもともと米国で行われていた簿記をとりいれたものであることによる。千進法が採用されている米国では，千（thousand），百万（million），十億（billion），……と 3 桁ごと（1,000 倍ごと）に単位が変わるため，これにならって 3 桁ごとに桁区切りが挿入される。
　また，金額は右づめで表記する。複数の金額を列挙する場合は，筆算のときのように同じ位の数字が縦一列に並ぶようにする。このように表記しておくことで，後ほど集計を行うときに見間違いをしにくくなる。
　なお，会計帳簿上に金額を記録する場合，「円」などの貨幣単位を付記する必要はなく，金額（数字）部分だけを書く。

check
　次の仕訳は，どのような意味であるか答えなさい。

　　　　（借）普 通 預 金　2,000,000　　　（貸）借 　 入 　 金　2,000,000

check

　次の仕訳について，（　　　）に入る金額を答えなさい。

　　　　（借）現　　　　金　　100,000　　　（貸）普　通　預　金　　100,300
　　　　　　支 払 手 数 料　（　　　　）

第５節　転　記

　転記とは，仕訳によって決定された勘定の，決定された側（借方または貸方）に，決定された金額を実際に記録していくことをいう。すべて（総て）の勘定は，仕訳帳とならぶ，もう１つの主要簿である**総勘定元帳**のなかに設けられているため（p.9参照），転記は，仕訳の内容を総勘定元帳に書き写していくものと説明される場合もある。

１．Ｔ勘定（Ｔ字勘定）

　総勘定元帳でも，必要な事項が記録されないことがないように，また，後で金額を集計しやすいように，一定の様式（フォーマット）が定められているが（付録Ａ参照），学習にあたっては，これを次のように簡略化したものを用いて各勘定の記録を表すことが一般的である。このような勘定の表記方法のことを**Ｔ勘定**または**Ｔ字勘定**という。

　Ｔ字の横線の上には，その勘定の名前（勘定科目）を書き，取引によって生じた増減額はその下に書いていく。横線から下の部分は，借方と貸方を分けて表示できるように，左右が縦線で分けられている。左側には借方に記録すべき内容が，右側には貸方に記録すべき内容がそれぞれ書かれる。

２．転記の進め方

　転記は，次のステップで行う。

①　仕訳によって決定された勘定を総勘定元帳のなかから見つける。
②　仕訳によって決定された側（借方または貸方）に，決定された金額をそのまま書き写す。
③　仕訳によって決定された側（借方または貸方）に，日付，相手勘定その他の事項を書き写す。

　相手勘定とは，仕訳において，その勘定の反対側に記録が行われることとされていた勘定をいう。借方に記録がされることとされた勘定の場合は貸方，貸方に記録がされることとされた勘定の場合は借方に記録されることとされた勘定がそれらの相手勘定となる。なお，相手勘定が複数ある場合は，それらの相手勘定を１つ１つ書き写す代わりに**諸口**と書く。

> **設例 2 − 1**
>
> 次の取引を各勘定に転記しなさい。
>
> | (借)借　入　金 | 2,000,000 | (貸)普　通　預　金 | 2,010,000 |
> |---|---|---|---|
> | 　　支　払　利　息 | 10,000 | | |

(1)　借入金勘定への転記

	借	入	金	
普　通　預　金　2,000,000				

　仕訳において，借入金勘定への記録は借方に行うものとされているから，転記は，借入金勘定の借方側に行う。

　転記にあたっては，先に，借入金勘定の金額2,000,000円を書き写してしまい，その後で相手勘定の名前（普通預金）を書き写す。相手勘定を先に書き写すと，仕訳でその相手勘定（普通預金）に記録するものとされた金額2,010,000円を借入金勘定に書き写してしまうというミスが起こりやすいため，慣れないうちは，金額，相手勘定の順に書き写していくようにするとよい。

(2)　支払利息勘定への転記

	支	払	利	息	
普　通　預　金　10,000					

　相手勘定は，仕訳において真横に書かれているかではなく，借方側，貸方側それぞれの全体を見て判断する。元々の仕訳では支払利息勘定の真横に何も書かれていないが，貸方側全体を見てみると普通預金勘定があるため，これが支払利息勘定の相手勘定となる。

(3)　普通預金勘定への転記

　普通預金勘定の真横は借入金勘定であるが，相手勘定は，上述のように，借方側，貸方側それぞれの全体を見て判断しなければならない。元々の仕訳の借方側には，借入金勘定と支払利息勘定の2つがある。このように複数の相手勘定がある場合は，相手勘定を書く代わりに諸口とする。

check

次の仕訳を各勘定に転記しなさい。

(借) 受 取 商 品 券　　50,000　　　(貸) 売　　　　　　上　　55,000
　　 現　　　　　金　　 5,000

受 取 商 品 券
_____|_____

現　　　　　金
_____|_____

売　　　　　上
_____|_____

第3章　現金・預金

第1節　簿記上の現金

　企業における現金の動きは，**現金勘定**に記録される。現金は，企業が将来の活動に使える財産であるから，これが記録される現金勘定は資産の勘定である。

　現金勘定に記録されるものは，大きく通貨と通貨代用証券の2つに分けられる。

　通貨は，国または国に相当する地域（欧州連合［EU］など）が発行し，その価値を管理している紙幣や硬貨をいう（法定通貨）。同じ通貨といっても，仮想通貨，地域通貨といったものは法定通貨ではないので，簿記ではこれらを通貨として取り扱うことはしない。また，現実世界では，ウェブマネー，キャッシュレス決済といったものも，現金と同じような支払手段として使用されるが，いずれも法定通貨ではないため，簿記上，これらを通貨として取り扱うことはしない。

　通貨代用証券とは，第三者に対して送金をするための手段として使用されるものである。通貨代用証券は，一種の法定通貨との引換券であり，銀行その他一定の場所に持参すると，その券面に記載された金額の法定通貨と引き換えることができる。不特定多数の相手に送金を行いたい場合や，比較的大きな金額を送りたい場合などに使用される。通貨代用証券には，他人振出小切手（第17章参照），送金小切手，普通為替，定額小為替などがある。

check
　次の各文章のうち，正しいものには○を，そうでないものには×を答えなさい。
⑴　仮想通貨は現金勘定に記録されない。
⑵　通貨代用証券は，一定の場所で法定通貨と引き換えることができる。
⑶　簿記上，通貨も，通貨代用証券も，同じ現金勘定に記録される。

　設例3－1
　次の各取引を仕訳しなさい。
⑴　現金 50,000 円を普通預金口座から引き出した。
⑵　現金 90,000 円を普通預金口座に預け入れた。

⑴　現金が増加した場合

（借）現　　　　金	50,000	（貸）普　通　預　金	50,000

　自分の預金口座から現金を引き出す行為は，全体としてみれば，自分の財産を増やすような取引ではないが，簿記では，1つ1つの要素の動きに注目して記録を行うべきかどうかを判断する。設例の行動は，（手元の）現金が 50,000 円増加した，普通預金の残高が 50,000 円減少したという 2 つの要素に分けられるため，財産の動きがあった，すなわち，簿記上の取引があったと考えて記録を行わなければならない。

　現金勘定は資産の勘定である。資産は，貸借対照表上，借方側に記載されるから，現金が増えたときは，その金額を借方に記録すればよい（第2章参照）。

⑵　現金が減少した場合

| （借）普　通　預　金 | 90,000 | （貸）現　　　　　金 | 90,000 |

　一方，現金が減少した場合は，現金が増加した場合とは逆に，その金額を現金勘定の貸方に記録する。

　簿記では，増加額と減少額をそれぞれ借方と貸方に分けて記録するため（第2章参照），金額にプラス（＋）やマイナス（－）の記号をつけて増加額と減少額を区別するようなことはしない。この設例の 2 つの仕訳を通じて，その意味を確認してほしい。

check

　次のうち，現金の増減が現金勘定の借方に記録されるものをすべて答えなさい。
⑴　商品 16,000 円を売り上げ，代金は現金で受け取った。
⑵　事務所で使用する消耗品 6,000 円を購入し，代金は現金で支払った。
⑶　当社が保有するトラックを売却し，他人振出小切手 800,000 円を受け取った。

第2節　預　金

1．預金の種類

　預金とは，企業が金融機関に預け入れているお金のことをいう。預金には，その目的に応じてさまざまな種類のものがある。

　定期預金は，当面使用する予定のない余裕資金を預け入れておくための預金であり，一定期間にわたって引き出さないことを約束する見返りとして，普通預金と比べて多くの利息を得られるという特徴がある。

　納税準備預金は，将来に納税するための金銭を預け入れておくための預金である。納税準備預金では，原則として，利息に対して課される税（所得税等）が非課税とされる（納税目的以外で引き出した場合は課税）。

　当座預金とは，第三者に対して支払いを行うための金銭を預け入れておくための預金である（決済用預金）。いつ引き出されてもおかしくない金銭であるため，当座預金には利息がつ

かないが，当座預金口座を開設しておけば，小切手や手形（第17章参照）を使用することで金融機関の営業時間や限度額と関係なく，第三者に対して支払いを行うことができる。

　普通預金とは，これらの預金とは違い，特別な目的が定められていない預金である。定期預金，納税準備預金よりは低いがある程度の利息がつき，当座預金のように無制限に行えるわけではないが送金をすることもできる。

◆預金と貯金◆

　　ゆうちょ銀行やJAバンク，JFマリンバンクなどでは，預金の代わりに貯金という名前が使われている。このような名前の違いは，歴史的な経緯の違いによるものであるが，現在，預金と貯金を区別する意味はない。

　　したがって，貯金についても，本書で説明する預金の処理と同じように行えばよい。ただし，勘定科目に指定がある場合には，その指定にしたがわなければならない。たとえば，ゆうちょ銀行に通常貯金口座を有しているとしても，その企業が目的を定めずに行う預貯金をすべて普通預金勘定に記録することとしている場合には，「通常貯金勘定」を作ってはならず，その普通預金勘定に記録をしなければならない。

２．預金が記録される勘定

　預金の記録は，その口座の種類ごとに，定期預金勘定，納税準備預金勘定，当座預金勘定，普通預金勘定，……といったように勘定を分けて行う。預金は，現金と同じく，企業が将来の活動に使える財産であるから，これらの勘定はいずれも資産の勘定である。

　なお，異なる金融機関や異なる支店・営業所に同じ種類の預金口座を開設している場合は，それらを区別するため，普通預金○○銀行勘定，普通預金△△支店勘定，……といったように，預金の種類に金融機関や支店・営業所の名前をつけて別々の勘定とされる場合もある。このように金融機関や支店・営業所ごとに勘定を区別しておくと，預金口座の動きと会計帳簿上の記録との照合を行いやすくなる。

設例３−２

　　次の各取引を仕訳しなさい。

(1) 定期預金口座に利息 300 円が入金された。

(2) 普通預金口座から水道光熱費 50,000 円が引き落とされた。

(3) A銀行の x 支店に開設している普通預金口座から，y 支店に開設している普通預金口座に 200,000 円を振り替えた。

⑴　預金が増加した場合

（借）定　期　預　金	300	（貸）受　取　利　息	300

　定期預金勘定は資産の勘定である。資産は，貸借対照表上，借方側に記載されるから，定期預金が増えたときは，その金額を借方に記録すればよい。

⑵　預金が減少した場合

（借）水 道 光 熱 費	50,000	（貸）普 通 預 金	50,000

　普通預金が減少した場合は，その金額を普通預金勘定の貸方に記録する。

⑶　預金を振り替えた場合

（借）普 通 預 金 y 支 店	200,000	（貸）普 通 預 金 x 支 店	200,000

　振替えとは，自分が開設している預金口座から，自分が開設している他の預金口座に残高を移し替えることをいう。この場合，預金の増加と預金の減少が同時に発生する。この取引では，x支店の普通預金が減少し，y支店の普通預金が増加することとなるため，上のような仕訳となる。

check

　次のうち，普通預金の増減が普通預金勘定の貸方に記録されるものをすべて答えなさい。
⑴　普通預金口座に現金 300,000 円を預け入れた。
⑵　普通預金口座から定期預金口座に 500,000 円を振り替えた。
⑶　普通預金口座から今月分の家賃 240,000 円が引き落とされた。

3．預金通帳等と勘定記録との照合

　預金については，定期的に通帳記入をするなどして，銀行側がどのような記録を行っているかを確認し，会計帳簿上の記録と照合する必要がある。それは，利息の入金や水道光熱費の引き落としなど，企業に対して特に連絡を入れることなしに，残高が増えたり減ったりしていることがあるためである。

　照合の結果，企業側で記録が行われていない取引を発見したときは，その事実を発見した日付ではなく，実際に入出金が行われていた日付で会計帳簿への記録を行う。

設例3-3

X1年4月30日，当社が開設している普通預金口座について通帳記入を行ったところ，次のような状況であった。この通帳の記録を同日の普通預金勘定の記録と照合し，普通預金勘定に記録が行われていない取引を見つけたうえで，その取引を仕訳しなさい。なお，4月21日以前の取引について考える必要はない。

【預金通帳の記録】

普　通　預　金

日付	摘要	お支払金額	お預り金額	残高金額
	前ページから繰越			900,000
X1-04-22	お引き出し	120,000		780,000
X1-04-22	手数料	300		779,700
X1-04-25	○○電力	35,000		744,700
X1-04-28	お預け入れ		200,000	944,700
X1-04-30	◇◇不動産	250,000		694,700

※　4月30日の◇◇不動産への支払いは，当社が事務所として使用している物件の家賃が引き落とされたものである。

【普通預金勘定の記録】

普　通　預　金

4月21日の残高	900,000	4/22 諸	口	120,300
4/28 現　　　金	200,000			

⑴　会計帳簿への記録が行われているもの…… 4月22日・4月28日

4月22日の取引と4月28日の取引は，普通預金勘定への記録がすでに終わっている。

4月22日の取引について，預金通帳では，引き出した金額120,000円と引き落とされた手数料300円が別々の行に記録されているが，4月22日付で貸方に記録されている120,300円は，これらの金額を合計したものであるため，記録が終わっていると考えてよい。

ちなみに，4月22日の取引については，次のような仕訳が行われている。転記は，相手勘定がいくつあるかにかかわらず，勘定ごとに行われるから（第2章参照），普通預金勘定への転記も2つの金額をまとめた120,300円をもって一度に行われてしまっているのである。

(借)現　　　　　金	120,000	(貸)普　通　預　金	120,300
支　払　手　数　料	300		

(2)　会計帳簿への記録が行われていないもの……4月25日・4月30日

　　自動払込契約（口座振替契約）を結んでいる場合，公共料金等は，金融機関から特段の連絡なく引き落としが行われる。この設例では，電気料金および家賃の引き落としが行われているが，普通預金勘定への記録がまだ行われていないため，追加で記録を行う必要がある。

4/25	（借）水 道 光 熱 費	35,000	（貸）普 通 預 金	35,000
4/30	（借）支 払 家 賃	250,000	（貸）普 通 預 金	250,000

check

次の各文章のうち，正しいものには○を，そうでないものには×を答えなさい。

(1)　普通預金勘定に行われている記録と，普通預金口座について作成された預金通帳の記録との間にズレが生じることはない。

(2)　預金に対する利息の入金や，公共料金等の引き落としは，金融機関から何の連絡もなく行われる場合もある。

◆本章で学習した現金，預金以外の勘定◆

受 取 利 息 勘 定……預金等に対して銀行等から付与される利息の額が記録される収益の勘定

水 道 光 熱 費 勘 定……企業が支払う水道料金，電気料金，ガス料金等の額が記録される費用の勘定

支 払 手 数 料 勘 定……企業が金融機関，不動産会社等に支払う手数料の額が記録される費用の勘定（地方自治体等に対して証明書の発行等のために支払う手数料は支払手数料勘定ではなく，租税公課勘定（第7章参照）に記録する）。

支 払 家 賃 勘 定……建物を賃借した際に企業が支払う家賃の額が記録される費用の勘定

第**4**章　有形固定資産・消耗品の取得

第1節　有形固定資産

1．有形固定資産とは何か

　有形固定資産とは，企業が自ら使用するために取得等される物品で，1年以上の長期にわたって使用されることが予定されているものをいう（消耗品とされるものを除く）。多くの企業において，会計期間の長さは1年間とされていることから（第1章参照），有形固定資産は，複数の会計期間にわたって使用される物品であるということもできる。有形固定資産は，自ら使用するために取得等されるという点で，販売するために取得等される商品（第5章参照）とは区別される。

　有形固定資産は，土地，建物，備品，車両運搬具などに分けられる。

　土地は，地面のことをいう。土地は，物理的になくなってしまったり，まったく価値がなくなってしまったりすることがないため，決算等にあたって減価償却（第13章参照）は行われない。

　建物は，土地の上に建てられるもののうち，屋根と壁によって外部と空間が区切られたものをいい，具体的には，ビル，店舗，倉庫，車庫，工場などがある。

　備品は，企業のなかで使用される物品をいい，具体的には，事務机，陳列棚，エアコン，パソコンなどがある。

　車両運搬具は，人や物を移動させるために使用されるものをいい，具体的には，乗用車やトラック，オートバイなどがある。自転車のようにエンジンが搭載されていないもの（人力で動かすもの）であっても，車両運搬具の範囲に含まれる。

check

　次のうち，簿記上，有形固定資産として取り扱われるものをすべて選びなさい。
- (1)　家電量販店が販売用に保有するエアコン
- (2)　家電量販店が店舗の空調用に保有するエアコン
- (3)　文具店が販売用に保有する使い捨てボールペン
- (4)　文具店が事務作業に使用するために保有する使い捨てボールペン

2．有形固定資産が記録される勘定

　有形固定資産は，土地勘定，建物勘定，備品勘定，車両運搬具勘定，……のように，その種類に応じて設けられた勘定ごとに行う。いずれも企業の将来の活動のために使用できるも

図表4－1　有形固定資産を取得等したときの各勘定の記録（勘定連絡図）

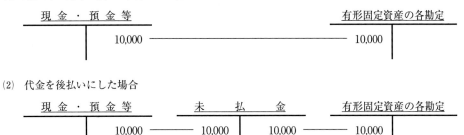

(1) 購入等と同時に代金を支払った場合

```
    現 金 ・ 預 金 等                          有形固定資産の各勘定
            10,000 ─────────────────── 10,000
```

(2) 代金を後払いにした場合

```
    現 金 ・ 預 金 等        未    払    金      有形固定資産の各勘定
            10,000 ── 10,000    10,000 ── 10,000
```

のであるから，これらの勘定は資産の勘定である。

3．取得原価による記録

　有形固定資産の各勘定には，その有形固定資産を使用できる状態にするまでに企業が負担しなければならない金額を記録する。この金額のことを有形固定資産の**取得原価**という。取得原価には，取得した有形固定資産そのものの価額（**購入代価**）だけでなく，配送費用，据付費用，関税等の税金（消費税を除く），登記・登録費用といった購入代価以外の各種の費用（**付随費用**）の額も含まれる。

　なお，取得原価の全部または一部が後払いとされることもあるが，契約等によってその支払いが約束されているのであれば，その金額も含めて有形固定資産の勘定に記録する。

check

　次の各文章のうち，正しいものには○を，そうでないものには×を答えなさい。
(1) 取得原価とは，取得した有形固定資産自体の価額のことをいう。
(2) 購入した有形固定資産を配達してもらった場合，その運送費用は有形固定資産の取得原価に含まれる。

設例4－1

　事務所で使用するため，パソコン10台を1台当たり250,000円で購入した。代金は据付費20,000円（10台分合計）とあわせて現金で支払った。この取引を仕訳しなさい。

〔解答〕

（借）備 品	2,520,000*	（貸）現 金	2,520,000

　＊　10台×250,000円＋20,000円＝2,520,000円

　このパソコンは，事務所で使用するために購入されたものなので，その取得原価は備品勘定に記録する。備品勘定は資産の勘定であり，資産は，貸借対照表上，借方側に記載される

から，新たにパソコンを購入したときの記録は借方に行えばよい。

4．取得原価の全部または一部を後払いとした場合

有形固定資産の取得原価の全部または一部を後払いすることとした場合，その後払いすることとした金額は，**未払金勘定**に記録する。後払いにした金額は，将来のどこかのタイミングで支払いを行わなければならないから，その金額が記録される未払金勘定は負債の勘定である。

設例4－2

次の一連の取引を仕訳しなさい。
(1) 従業員の駐車場として使用するため，土地6,000,000円を購入した。代金は，登記費用をはじめとする付随費用400,000円とあわせて後日支払うことにした。
(2) (1)で後日支払うことにした金額のうち1,600,000円が普通預金口座から引き落とされた。

⑴　未払金が発生したとき

（借）土　　　　　地	6,400,000*	（貸）未　払　金	6,400,000

＊　6,000,000円＋400,000円＝6,400,000円

この土地は，従業員の駐車場として使用するために購入されたものなので，有形固定資産として処理する。有形固定資産の各勘定は資産の勘定であり，資産は，貸借対照表上，借方側に記載されるから，新たに土地を購入したときの記録は土地勘定の借方に行えばよい。

また，将来に支払わなければならない金額は，未払金勘定に記録する。未払金勘定は負債の勘定であり，負債は，貸借対照表上，貸方側に記載されるから，将来に支払うべき金額が増えたときは，その金額を貸方に記録する。

⑵　未払金を支払ったとき

（借）未　払　金	1,600,000	（貸）普　通　預　金	1,600,000

その後，後払いにした金額を支払ったときは，土地を購入したときに生じた代金を支払う義務（債務）が消滅するため，未払金勘定に記録されていた金額も減らす必要がある。未払金勘定は負債の勘定であるから，減少させる金額は借方に記録する。

check

次の各文章のうち，正しいものには○を，そうでないものには×を答えなさい。
⑴　有形固定資産の取得原価は，有形固定資産を取得するにあたって支払った金額であるから，有形固定資産の取得原価の全部を後払いにした場合，その有形固定資産の取得原価はゼロである。

(2) 未払金勘定は，有形固定資産を取得等したときに支払わずに済んだ金額を記録する勘定であるから，収益の勘定である。

(3) 有形固定資産を取得等したときに後払いとした金額をその後に支払った場合，その金額は，未払金勘定の借方に記録される。

5．修繕と改良

　有形固定資産を取得した後，その有形固定資産について追加で支出が行われることがある。この追加で行われる支出は，大きく修繕と改良の2つに分けられる。**修繕**とは，破損したり故障したりしたものを元の状態に戻すために行われる支出をいい，**改良**とは，すでに保有している有形固定資産に新たな機能を付加したり，強化したりするために行われる支出をいう。

　有形固定資産を修繕した場合，その修繕のために支出した金額は，費用の勘定である**修繕費勘定**に記録する。これに対して，改良した場合は，その金額をもともと保有していた有形固定資産と同じ勘定に記録する。もともと保有していた有形固定資産とは別に，新しく同じ種類の有形固定資産を購入したと考えるのである。

設例4－3

　次の取引を仕訳しなさい。

(1) 営業車として使用している乗用車が故障したため，修理に出した。修理費用30,000円は現金で支払った。

(2) 倉庫として使用している建物について，耐震工事を行った。工事費用9,000,000円は後日支払うことにした。

---

(1) 修繕の場合

（借）修　繕　費	30,000	（貸）現　　　金	30,000

　故障車の修理は，新しく機能を付加するものでも，強化するものでもないため，その修理に要した金額は，費用の勘定である修繕費勘定に記録する。費用は，損益計算書上，借方側に記載されるから，その記録は借方に行う。

(2) 改良の場合

（借）建　　　物	9,000,000	（貸）未　払　金	9,000,000

　耐震工事により，倉庫は工事前よりも強化されているため，この工事に要した金額は，倉庫の取得原価が記録されている建物勘定に記録する。なお，後払いにした金額は，新たに建物を購入したときと同じように未払金勘定に記録する。

次の各文章のうち，正しいものには○を，そうでないものには×を答えなさい。

(1) 保有する有形固定資産に問題が生じた場合，その問題を解決し，元の状態に戻すことを修繕という。

(2) 有形固定資産について修繕をした場合も，改良した場合も，そのために要した金額を記録する勘定は変わらない。

第2節　消耗品

1．消耗品とは何か

　消耗品とは，企業が自ら使用するために取得等される物品で，比較的短期間のうちに消費されてしまうものをいい，具体的には，コピー用紙，インクトナー，洗剤，トイレットペーパー，蛍光灯などさまざまなものがある。

　消耗品は，自ら使用するために取得等されるという点で，販売するために取得等される商品（第5章参照）とは区別される。

2．消耗品が記録される勘定

　消耗品を取得等した場合は，その取得原価を**消耗品費勘定**に記録する。有形固定資産は，その種類ごとに別々の勘定を設けて記録を行ったが，消耗品については，複数の勘定を設ける必要はなく，すべて消耗品費勘定を使って処理する。

　消耗品費勘定は，費用の勘定である。消耗品は，企業が将来の活動のために使えるものであるため，取得等したときは，その金額を資産の勘定に記録した方が理論的な処理といえる。しかし，短期間のうちに消費されてしまい，1つ1つの取得原価の額も大きくない消耗品については，その使用状況を1つ1つ個別に把握する重要性が乏しいため，簿記上，その取得等したタイミングですべて使ってしまった（取得等と同時に企業からなくなってしまった）と仮定して，費用として処理してしまうことが特別に認められている。

3．取得原価による記録

　消耗品を取得した場合も，取得原価によって記録を行う。取得原価は，その消耗品を企業が使用できる状態になるまでに負担すべき金額をいい，後払いにした金額も含めて計算する。取得原価の計算方法は，有形固定資産を取得したときと変わらない。

次の各文章のうち，正しいものには○を，そうでないものには×を答えなさい。

(1) 消耗品の記録は，有形固定資産のようにその種類別に勘定を分けるようなことはせずに，1つの勘定にまとめて行ってしまってよい。

(2) 消耗品は，企業が将来の活動に使える財産であるから，その取得原価が記録される消耗品費勘定は資産の勘定である。

図表４−２　消耗品を取得等したときの各勘定の記録（勘定連絡図）

(1)　購入等と同時に代金を支払った場合

(2)　代金を後払いにした場合

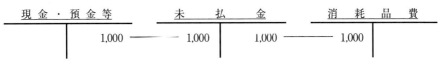

設例４−４

　店舗で使用するため，レシート用のロール紙5,000円を購入し，代金は現金で支払った。この取引を仕訳しなさい。

〔解答〕

（借）消　耗　品　費	5,000	（貸）現　　　　　金	5,000

　このロール紙は，店舗で使用するために購入されるもので，短期間のうちに消費されるものと考えられるため消耗品として処理する。消耗品の取得原価は，その取得時に費用の勘定である消耗品費勘定に記録する。費用は，損益計算書上，借方側に記載されるものであるから，その金額は借方に記録する。

4. 取得原価の全部または一部を後払いとした場合

　消耗品の取得原価の全部または一部を後払いすることとした場合も，その後払いすることとした金額は，負債の勘定である**未払金勘定**に記録すればよい。

設例４−５

　次の一連の取引を仕訳しなさい。

(1)　事務所で使用するコピー用紙30,000円をインターネット通販サイトで購入した。代金は，配送料300円とあわせて後日支払うことになっている。

(2)　(1)で購入したコピー用紙の代金（配送料含む）について，全額，普通預金口座から引き落とされた。

⑴　未払金が発生したとき

（借）消　耗　品　費	30,300*	（貸）未　払　金	30,300

＊　30,000 円 + 300 円 = 30,300 円

　このコピー用紙は，店舗で使用するために購入されるもので，短期間のうちに消費されるものと考えられるため消耗品として処理する。消耗品の取得原価は，費用の勘定である消耗品費勘定の借方に記録する。
　また，将来に支払わなければならない金額は，負債の勘定である未払金勘定の貸方に記録する。

⑵　未払金を支払ったとき

（借）未　払　金	30,300	（貸）普　通　預　金	30,300

　後払いにした金額を支払ったときは，代金を支払う義務が消滅するため，その金額を未払金勘定の借方に記録する。

`check`

　次の仕訳は，どのような意味であるか答えなさい。

（借）消　耗　品　費　9,000　　　（貸）未　払　金　9,000

第5章　商品売買取引の処理①

第1節　商　品

　商品とは，企業が顧客や取引先に対して販売するために取得等される物品をいう。商品は，販売目的で取得等されるという点で，企業が自ら使用する目的で取得等される有形固定資産や消耗品（第4章参照）と区別される（図表5−1参照）。

　卸売業や小売業のように，商品を販売し，対価を得ることが主たる収入源となる業界にある企業にとっては，商品売買取引の成果が，企業の業績を評価するうえでも，企業の将来を占ううえでも非常に重要である。このため，簿記では，商品売買に係る取引の記録を，他の取引に係る記録と区別できるように，特別の勘定を使って行うこととしている。

　なお，商品を購入することを**仕入**，商品を売却することを**売上**という。これらも，商品を売買したときのみに使用される専用の言葉であり，商品以外のものを売買したときに仕入，売上という言葉を使用することはない。

check

　次のうち，簿記上，商品として取り扱われるものをすべて選びなさい。
(1)　家電量販店が販売用に保有するエアコン
(2)　家電量販店が店舗の空調用に保有するエアコン
(3)　文具店が販売用に保有する使い捨てボールペン
(4)　文具店が事務作業に使用するために保有する使い捨てボールペン

第2節　三分法による処理

　世のなかにはさまざまな企業があり，取り扱う商品も，取引の進め方もさまざまである。簿記では，個々の企業がその活動実態に見合った記録を行うことができるように，商品売買取引を記録する方法として複数のものを認めている。企業は，それらの記録方法のなかから

図表5−1　有形固定資産・消耗品・商品の区別

企業自身が使用するもの ┬ 長期にわたって使用されるもの ……**有形固定資産**
　　　　　　　　　　　└ 短期間のうちに使用されるもの
　　　　　　　　　　　　 取得原価が少額のもの ……**消耗品**
顧客に対して販売するもの ……**商品**

最も適切なものを選択して，商品売買取引の記録を行うこととなる。以下では，商品売買取引の代表的な記録方法の１つである三分法について説明する。

三分法とは，商品売買取引に係る記録を仕入勘定，売上勘定，繰越商品勘定の３つを使って記録する方法をいう。このうち，会計期間中に使用するのは仕入勘定，売上勘定の２つであり，繰越商品勘定は，原則として，決算手続のなかでのみ使用される（第12章参照）。

三分法は，商品の売買に係る対価の支払額，対価の受取額に着目して記録を行うものであり，企業がやりとりした商品（資産）自体の記録は決算手続を除いて省略される。この方法では，個別に商品の状況を管理する必要がないため，取り扱う商品の種類や取引の数が多く，１つ１つの状況を管理することが難しい卸売業や小売業を営む企業向きの方法である。

check

次の各問いに答えなさい。

(1) 三分法で使用される３つの勘定をすべて答えなさい。

(2) (1)のうち，期中の取引を記録するために使用される勘定をすべて答えなさい。

第３節　商品の仕入

１．仕入勘定への記録

商品を仕入れたときは，その取得原価を**仕入勘定**に記録する。

商品の取得原価とは，商品を販売できる状態にするまでに要する金額のことをいい，この金額には，仕入れた商品自体の価額（購入代価）だけでなく，引取運賃（運送料金）などの付随費用も含まれる。また，取得原価のなかに後払いとされたものがあっても，将来に支払うことが確定している場合は，その金額も取得原価に含まれる。商品の取得原価の計算方法は，基本的に，有形固定資産や消耗品の取得原価の計算方法（第４章参照）と変わらない。

仕入勘定は，費用の勘定である。三分法は商品売買取引に係る対価の額を記録する方法であるが，商品を仕入れたときは対価を支払う必要があるため，企業の純資産が減少すると考えて費用の勘定に記録を行う。商品を仕入れたときは，対価を支払うだけでなく，仕入先から商品を受け取ることになるが，上述の通り，三分法では，この商品を受け取ったことによる純資産の増加については記録を省略する。

設例５－１

商品50個を１個あたり1,000円で仕入れ，代金は引取運賃500円とあわせて現金で支払った。この取引を仕訳しなさい。

〔解答〕

| （借）仕 | 入 | 50,500* | （貸）現 | 金 | 50,500 |

＊　50個× 1,000円＋ 500円＝ 50,500円

　仕入れた商品の取得原価は，費用の勘定である仕入勘定に記録する。費用は，損益計算書上，借方側に記載されるため，その金額は借方に記録すればよい。

check

次の各文章のうち，正しいものには○を，そうでないものには×を答えなさい。

⑴　商品は，将来の企業の活動に使える財産であるから，その取得原価が記録される仕入勘定は資産の勘定である。

⑵　商品を仕入れるにあたって，運送料金が発生した場合，その運送料金はその商品の取得原価に含まれる。

２．取得原価の全部または一部を後払いとした場合（掛仕入）

　商品売買取引を頻繁に，かつ，繰り返し行っている企業の間では，代金のやりとりに係る手間やコストを抑えるために，これを一定期間ごとにまとめて行うことがある。このような取引の進め方のことを**掛取引**という。

　掛取引によって商品を仕入れている場合，仕入先から商品を受け取るごとに，後日，まとめて支払うこととなる金額を**買掛金勘定**に記録する。買掛金勘定は，将来に支払わなければならない金額が記録される勘定であるから負債の勘定である。

　なお，有形固定資産や消耗品を取得したときに後払いとした金額は未払金勘定に記録したが（第4章参照），商品を仕入れたときは買掛金勘定を使用し，未払金勘定を使用してはならない。これは，商品売買取引から生じた金銭債務の額をその他の金銭債務の額と区別できるようにするためである（図表5－2参照）。

図表５－２　金銭債務の額が記録される勘定

　　有形固定資産・消耗品の取得原価を後払いにした場合 ……**未払金**

　　商品の取得原価を後払いにした場合 ……**買掛金**

　設例５－２

　次の一連の取引を仕訳しなさい。

⑴　商品 80,000 円を仕入れ，代金は掛けとした。

⑵　仕入先から，⑴の代金の請求があり，現金 80,000 円を振り込んだ。振込手数料 300 円も現金で支払った。

図表5－3　商品を仕入れたときの各勘定の記録（勘定連絡図）

(1)　仕入れと同時に代金を支払った場合

(2)　代金を後払いにした場合（掛仕入）

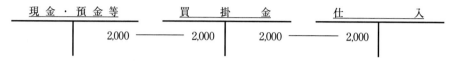

(1)　買掛金が発生したとき

（借）仕	入	80,000	（貸）買	掛	金	80,000

　商品を掛けで仕入れた場合，後日，支払うこととなる金額は，負債の勘定である買掛金勘定に記録する。負債は，貸借対照表上，貸方側に記載されるものであるから，その記録は貸方に行えばよい。

　なお，仕入れた商品の取得原価は，掛取引により，代金が後払いとなっている場合も，その後払いとなる金額を含めた金額となる。

(2)　買掛金を支払ったとき

（借）買	掛	金	80,000	（貸）現	金	80,300
支 払 手 数 料			300			

　その後，掛けで仕入れた商品の代金を支払ったときは，商品を仕入れたときに生じた代金を支払う義務が消滅するため，買掛金勘定に記録されていた金額も減らす必要がある。買掛金勘定は負債の勘定であるから，減少させる金額は借方に記録する。

check

　次の各文章のうち，正しいものには○を，そうでないものには×を答えなさい。

(1)　掛取引とは，商品の代金を一定期間ごとにまとめて後払いする取引である。

(2)　買掛金勘定は，商品を仕入れたときに記録が行われる勘定であるから，資産の勘定である。

(3)　未払金勘定と買掛金勘定は，それが何を取得等したときに発生したものであるかによって使い分ける。

第4節　商品の売上

1．売上勘定への記録

　商品を売り上げたときは，商品を引き渡したことによって企業が得られる，または，得られると見込まれる金額を収益の勘定である**売上勘定**に記録する。なお，商品の売上時に，商品の配送料を受け取っている場合は，その金額もあわせて売上勘定に記録する。

　売上勘定は，収益の勘定である。三分法では，会計期間中の商品の動きについての記録は省略されるため，記録を行うにあたっては，対価の動きにのみ着目すればよい。商品を売り上げると，顧客や得意先から対価を受け取ることとなるため，それだけ純資産が増加すると考えて，その金額を収益の勘定に記録する（引き渡した商品について考慮する必要はない）。

設例5－3

　商品7,500円を売り上げ，代金は配送料200円とあわせて現金で受け取った。この取引を仕訳しなさい。

〔解答〕

（借）現　　　　　金	7,700	（貸）売　　　　　上	7,700*

＊　7,500円＋200円＝7,700円

　商品を売り上げたことによって受け取る金額は，収益の勘定である売上勘定に記録する。収益は，損益計算書上，貸方側に記載されるため，その金額は貸方に記録すればよい。なお，売上勘定には，売り上げた商品の販売価額7,500円だけでなく，配送料として受け取った200円もあわせて記録する。

check

　次の各文章のうち，正しいものには○を，そうでないものには×を答えなさい。
- (1) 商品を売り上げると，企業が保有する商品が減ってしまうため，その金額が記録される売上勘定は費用の勘定である。
- (2) 商品を売り上げるにあたって，顧客からその商品の配送料を受け取っている場合は，その金額も商品の販売価額とあわせて売上勘定に記録する。

2．販売代金等の全部または一部を後日受け取ることとした場合（掛売上）

　掛取引によって商品を売り上げた場合，商品を引き渡すごとに，後日，まとめて受け取ることになる金額を**売掛金勘定**に記録する。売掛金勘定は，将来に受け取ることのできる金銭の額が記録される勘定であるから資産の勘定である。

　掛取引によって商品を売り上げている相手先のことを**得意先**というが，得意先に対して

図表5－4　金銭債権の額が記録される勘定

有形固定資産・消耗品の取得原価を後日受け取る場合 ……**未収入金**

商品の取得原価を後日受け取る場合 ……**売掛金**

は，一定期間ごとに，売り上げた商品の代金を**請求書**を使って請求することになる。

　なお，有形固定資産を売却し，その売却代金の全部または一部を後日受け取ることにした場合は，その金額を未収入金勘定に記録するが（第21章参照），商品を売り上げたときは売掛金勘定を使用し，未収入金勘定を使用してはならない。これは，商品売買取引から生じた金銭債権の額をその他の金銭債権の額と区別できるようにするためである（図表5－4参照）。

設例5－4

　次の一連の取引を仕訳しなさい。

⑴　商品80,000円を売り上げ，代金は掛けとした。

⑵　得意先に対して，⑴の代金を請求し，普通預金口座に80,000円が振り込まれた。

⑴　売掛金が発生したとき

（借）売　掛　金	80,000	（貸）売　　　上	80,000

　商品を掛けで売り上げた場合，後日，受け取ることとなる金額は，資産の勘定である売掛金勘定に記録する。資産は，貸借対照表上，借方側に記載されるものであるから，その記録は借方に行えばよい。

⑵　売掛金を回収したとき

（借）普　通　預　金	80,000	（貸）売　掛　金	80,000

　その後，掛けで売り上げた商品の代金を回収したときは，商品を売り上げたときに生じた代金を受け取る権利が消滅するため，売掛金勘定に記録されていた金額も減らす必要がある。売掛金勘定は資産の勘定であるから，減少させる金額は貸方に記録する。

check

　次の各文章のうち，正しいものには○を，そうでないものには×を答えなさい。

⑴　掛取引において，請求書を発行するのは売手側である。

⑵　未収入金勘定は資産の勘定であるが，売掛金勘定は資産の勘定ではない。

⑶　売掛金を回収するとは，後日，受け取ることとなっていた商品の販売代金を受け取ることをいう。

図表5－5　商品を売り上げたときの各勘定の記録（勘定連絡図）

(1)　売上げと同時に代金を受け取った場合

売　　　　　上		現　金　・　預　金　等	
	5,000 ————————————— 5,000		

(2)　代金を後日受け取ることにした場合（掛売上）

売　　　　　上		売　　掛　　金		現　金　・　預　金　等	
	5,000 ——— 5,000		5,000 ——— 5,000		

第6章　商品売買取引の処理②

第1節　品違いによる返品

　商品が売買された後，その商品が品違いをはじめとする，あらかじめ予測できない理由によって返品された場合，買手が仕入勘定に行った記録，売手が売上勘定に行った記録をそれぞれ取り消す必要がある。仕入勘定は費用の勘定であるから，ここに行われた記録を取り消すためには，貸方にその金額を記録すればよい。一方，売上勘定は収益の勘定であるから，ここに行われた記録を取り消すためには，借方にその金額を記録すればよい。

　なお，商品の代金をすでに受け払いしている場合は，その金額を売手から買手に返金することとなり，その記録もあわせて行う必要がある。また，掛取引の場合など，代金の受け払いがまだ行われていないときも，商品を売買したときに行った金銭債権（売掛金）・金銭債務（買掛金）に係る記録を消去する必要がある。

設例6－1

　次の一連の取引を仕訳しなさい。

(1)　商品 40,000 円を仕入れ，代金は掛けとした。

(2)　(1)で仕入れた商品について，品違いであったため，仕入先に返品した。この商品について生じていた買掛金 40,000 円は返品によって消滅した。

---

(1)　商品を仕入れたとき

（借）仕　　　　　入	40,000	（貸）買　　掛　　金	40,000

(2)　仕入れた商品を返品したとき（仕入戻し）

（借）買　　掛　　金	40,000	（貸）仕　　　　　入	40,000

　商品を仕入れたとき，仕入勘定への記録は借方に行われているから，この記録を取り消すときは，仕入勘定の貸方にその金額を記録する。また，返品を行ったことにより，その金額を支払う義務は消滅しているから，買掛金勘定への記録も取り消す必要がある。商品を仕入れたとき，買掛金勘定への記録は貸方に行われているから，この記録を取り消すときは，買掛金勘定の借方にその金額を記録する。

|設例6−2|

　次の一連の取引を仕訳しなさい。

(1)　商品 3,800 円を売り上げ，代金は現金で受け取った。

(2)　(1)で売り上げた商品が，品違いであったため返品された。この返品にあたり，代金 3,800 円を現金で返金した。

---

(1)　商品を売り上げたとき

（借）現	金	3,800	（貸）売	上	3,800

(2)　売り上げた商品が返品されたとき（売上戻り）

（借）売	上	3,800	（貸）現	金	3,800

　商品を売り上げたとき，売上勘定への記録は貸方に行われているから，この記録を取り消すときは，売上勘定の借方にその金額を記録する。また，返金した金額については，現金勘定の貸方に記録する。

check

　次の各文章のうち，正しいものには○を，そうでないものには×を答えなさい。

(1)　掛取引によって商品を販売している企業が，まだ代金が支払われていない商品について返品を受けたときは，買掛金勘定の記録を取り消す。

(2)　仕入れた商品を返品したときは，仕入勘定の貸方にその商品の購入代価を記録する。

(3)　一度売り上げた商品が返品されたときは，その商品を売り上げたときに売上勘定に記録した金額を売上勘定の借方に記録する。

第2節　取得原価の全部または一部が前払いされる場合

1．内　金

　商品を仕入れるにあたって，その商品の代金の全部または一部を前払いすることが売手から求められる場合がある。この商品がやりとりされる前に受け払いされる金額のことを**内金**という。内金は，商品の代金の全部または一部としてやりとりされるものであるから，その後，商品を受け取った場合は，内金として支払い済みの金額を改めてやりとりする必要はない。買手は，商品を受け取ったときは，まだ支払っていない金額（その商品の販売価額と内金として支払い済みの金額の差額）のみを支払えばよい。

　また，内金を支払った後，商品の注文をキャンセルした場合は，内金として支払った金額が原則として全額返金される。内金は，商品の代金として支払っているのであるから，その

後商品の注文をキャンセルし，商品を受け取らないこととなった場合，買手は，当然に返金を受けることができる。

◆手付金◆

　内金に類するものに，**手付金**とよばれるものがある。これは，商品自体の代金ではなく，将来にやりとりされる商品を手配する手間に対して支払われるものである。内金との最大の違いは，買手が注文をキャンセルした際にも，返金されない場合があるという点である。売手側がすでに商品の手配を始めており，その商品を他の顧客に販売することができないような場合（特注品など），売手は自らが損失を負わないために，契約に基づいて返金を拒否することもある。

　このように，手付金は，商品の代金とは無関係に支払われるものであるため，その後，商品が引き渡されたときは，買手は，手付金とは別に商品の代金を支払うことが原則となる。しかし，売手・買手の間で合意があれば，手付金についても，内金と同じように，その金額を商品の代金の支払いに充当することもできる。このような場合は，手付金についても，内金と同じように処理することとなる。

2．買手側の処理（前払金）

　商品を仕入れるにあたって内金を支払った場合は，その支払った内金の額を**前払金勘定**に記録する。内金として支払った金額については，その後，商品の形で企業に戻ってきたり，注文をキャンセルした場合は返金されたりすることになるため，このような金額が記録される前払金勘定は資産の勘定である。

設例6-3

　次の一連の取引を仕訳しなさい。
(1) 来月に発売される予定の新商品 220,000 円について予約を行い，その内金として 20,000 円を現金で支払った。
(2) (1)で予約した商品の発売日となり，商品を受け取った。なお，事前に支払った内金は代金の支払いに充当され，残額は現金で支払った。

⑴　内金を支払ったとき

（借）前　　払　　金	20,000	（貸）現　　　　　金	20,000

　内金を支払ったときは，その支払った内金の額を前払金勘定に記録する。前払金勘定は資産の勘定であるため，その記録は借方に行えばよい。なお，前払金勘定に記録する金額は，内金として実際に支払った金額であり，予約等した商品自体の価額ではない。このタイミングでは，商品をまだ受け取っていないので，商品自体の価額を記録する必要はない。

図表6－1　商品を仕入れたときの各勘定の記録（勘定連絡図）

(1) 仕入れと同時に代金を支払った場合

(2) 代金を後払いにした場合（掛仕入）

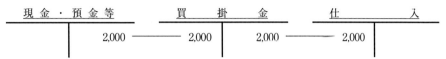

(3) 代金を前払いしている場合（内金）

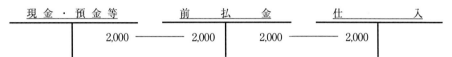

⑵　商品を受け取ったとき（内金が支払いに充当されたとき）

（借）仕　　　　　入	220,000	（貸）前　払　金	20,000
		現　　　　金	200,000*

＊　220,000円－20,000円＝200,000円

　その後，商品を受け取ったときは，内金を支払ったときに発生した商品を受け取る等の権利が消滅するため，まず，前払金勘定に行った記録を取り消す必要がある。前払金勘定は資産の勘定であるから，その記録を取り消すときは，貸方にその金額を記録すればよい。

　内金として支払った金額は，商品の購入代金の支払いに充当されるため，買手がこのタイミングで支払わなければならない金額は，商品の購入代金220,000円から内金として支払い済みの20,000円を差し引いた残りの200,000円となる。

　なお，内金を支払っている場合も，商品の取得原価は内金として支払済みの金額を含めて計算する。

check

次の各問いに答えなさい。
⑴　商品500,000円の予約を行い，その内金として現金50,000円を支払った。この場合，前払金勘定に記録される金額はいくらになるか答えなさい。
⑵　商品270,000円を仕入れた。この商品については，事前に内金として70,000円を支払っている。この場合，商品を受け取るにあたって追加で請求される金額はいくらになるか答えなさい。
⑶　新発売の商品について事前に予約を行い，内金を支払っていた場合，その商品について，仕入勘定に記録を行うタイミングは，①内金を支払ったときと，②商品を受け取ったときのどちらになるか答えなさい。

3．売手側の処理（前受金）

　商品を売り上げるにあたって内金を受け取った場合は，その受け取った内金の額を**前受金勘定**に記録する。内金として受け取った金額については，その後，商品の形で買手側に引き渡したり，注文のキャンセルを受けた場合は返金したりすることになるため，このような金額が記録される前受金勘定は負債の勘定である。

|設例6−4|
| |

　次の一連の取引を仕訳しなさい。
(1)　来月に発売される予定の新商品 220,000 円について予約を受け，その内金として 20,000 円を現金で受け取った。
(2)　(1)で予約した商品の発売日となり，商品を引き渡した。なお，事前に受け取った内金は代金に充当し，残額は現金で受け取った。

⑴　内金を受け取ったとき

（借）現　　　　　金	20,000	（貸）前　受　　金	20,000

　内金を受け取ったときは，その受け取った内金の額を前受金勘定に記録する。前受金勘定は負債の勘定であるため，その記録は貸方に行えばよい。なお，前受金勘定に記録する金額は，内金として実際に受け取った金額であり，予約等を受けた商品の販売価額ではない。また，売上勘定への記録もまだ行わない。

⑵　商品を引き渡したとき（内金を代金の支払いに充当したとき）

（借）前　受　　金	20,000	（貸）売　　　　上	220,000
現　　　　金	200,000*		

　＊　220,000 円 − 20,000 円 = 200,000 円

　その後，商品を引き渡したときは，内金を受け取ったときに発生した商品等を引き渡す義務が消滅するため，前受金勘定に行った記録を取り消す必要がある。前受金勘定は負債の勘定であるから，その記録を取り消すときは，借方にその金額を記録すればよい。

　内金として受け取った金額は，商品の販売代金に充当されるため，売手がこのタイミングで受け取ることのできる金額は，商品の販売価額 220,000 円から内金として受取済みの 20,000 円を差し引いた残りの 200,000 円となる。

　なお，内金を受け取っている場合も，売上勘定に記録する金額は内金として受取済みの金額も含めて計算する。この取引では，商品の販売価額 220,000 円がそのまま売上勘定に記録される。

図表6-2　商品を売り上げたときの各勘定の記録（勘定連絡図）

(1) 売上げと同時に代金を受け取った場合

(2) 代金を後日受け取ることにした場合（掛売上）

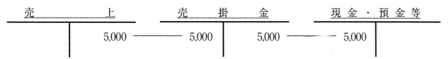

(3) 代金を事前に受け取っている場合（掛売上）

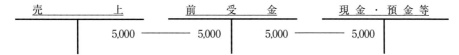

check

次の仕訳について，各問いに答えなさい。

　　　（借）前　受　金　　25,000　　　（貸）売　　　　　上　　250,000
　　　　　　現　　　　金　225,000

(1) 商品を引き渡す前に受け取っていた内金の額はいくらであったか答えなさい。

(2) 商品の販売価額はもともといくらであったか答えなさい。

第7章　消費税，租税公課

第1節　消費税

1．消費税とは何か

　消費税とは，第三者が提供する財や役務（サービス）を消費した者に対して課せられる税である。消費税は，自分のために消費を行うだけの支払能力がある人に対して，公益のためにも一定の負担を求めようとするものである。

　企業は，商品を仕入れるなどして対価を支払ったときに消費税も支払い，商品を販売するなどして対価を受け取ったときに消費税も受け取る。企業の消費税の処理を考えるにあたっては，消費税を支払う場面だけでなく，受け取る場面についても考える必要がある。

　また，企業は，受け取った消費税の額から支払った消費税の額を差し引いた残額を国等に対して納付することとなっている。消費税は，最終的には国等が受け取るべきものであり，企業が受け取ったままということは認められない（図表7−1参照）。

`check`

　次の各文章のうち，正しいものには○を，そうでないものには×を答えなさい。
　⑴　消費税は，消費者に対して課される税であるから，企業に対して消費税が課されることはない。
　⑵　企業は，商品を仕入れるなどしたときに消費税を支払っている場合には，商品を販売したときに顧客から受け取った消費税の額を全額納付する必要はない。

図表7−1　消費税の受け払いと納付の流れ

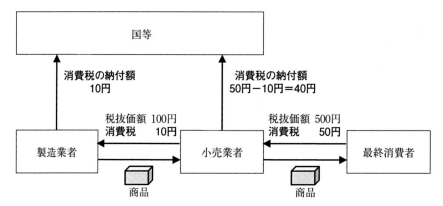

2．消費税額の計算

　消費税の額は，消費税を含めずに計算した商品等の販売価額（**税抜価額**）に一定の割合（税率）を掛けて計算される。現在，消費税の税率は原則10％であるが，飲食料品および定期購読契約されている新聞については，政策上の配慮から8％に軽減されている（**軽減税率**）。

　　　　（1）　10％の税率が適用される場合……消費税額＝税抜価額×10÷100

　　　　（2）　8％の税率が適用される場合……消費税額＝税抜価額×8÷100

　消費税は，財または役務（サービス）の対価とあわせて受け払いすることになっている。このため，商品売買取引等において取引先との間でやりとりする金額は，税抜価額にこの消費税額を加えた金額（**税込価額**）となる。

$$税込価額＝税抜価額＋消費税額$$

check

　次の各問いに答えなさい。
(1)　税抜価額が50,000円，消費税率が10％であるとき，消費税の額はいくらになるか答えなさい。
(2)　税抜価額が3,000円，消費税率が8％であるとき，消費税の額はいくらになるか答えなさい。
(3)　税抜価額が7,000円である商品を仕入れた。消費税率が10％であるとき，相手に支払うべき金額はいくらになるか答えなさい。
(4)　税抜価額が10,000円である商品を売り上げた。消費税率が8％であるとき，相手から受け取るべき金額はいくらになるか答えなさい。

3．税抜方式による処理

　税抜方式とは，消費税を記録する方法の1つで，各勘定への記録を税抜価額で行い，受け払いした消費税の額は，これとは別に消費税専用の勘定を使って記録するものである。消費税の処理方法には他の方法も存在するが，今日の簿記においては，この税抜方式によることが原則となっている。

4．仮払消費税

　商品を仕入れるなどして，消費税を支払ったときや，消費税を支払うことが確定したときは，その消費税の額を**仮払消費税勘定**に記録する。支払った消費税額については，将来に納付すべき消費税の額を減らす効果があったり，もしこの金額が受け取った消費税額よりも多い場合はその多い金額について還付（返還）を受けたりすることができるため，この金額が記録される仮払消費税勘定は資産の勘定となる。

設例7－1

　商品50,000円（税抜）を仕入れ，代金は消費税5,000円とあわせて掛けとした。この取引を仕訳しなさい（仕訳は税抜方式によること。以下同じ）。

〔解答〕

（借）仮 払 消 費 税	5,000	（貸）買 　 掛 　 金	55,000
仕 　 　 　 入	50,000		

　商品を仕入れたことにより支払うこととなる消費税の額は，資産の勘定である仮払消費税勘定に記録する。資産は，貸借対照表上，借方側に記録されるものであるから，その金額は借方に記録する。設例の取引は掛取引であるため，まだ消費税は支払われていないが，消費税を支払うことが確定しているため，仮払消費税勘定への記録も行ってしまう。

　仕訳を税抜方式によって行う場合，仕入勘定に記録する金額は税抜価額となる。仕入勘定には，企業が商品を販売できるようになるために必要な金額（取得原価）をまとめて計上することが原則であるが（第5章参照），税抜方式を採用している場合は，消費税額を取得原価に含めない。

　一方，買掛金勘定に記録する金額は，税込価額となる。仕入先に支払わなければならない金額は，仕訳をどのように行っているかと関係なく税込価額だからである（仕訳を税抜方式で行っているからといって，消費税の支払いを拒否することはできない）。

check

　商品を掛けで仕入れた場合，次の各勘定において，税抜価額が記録されるか，税込価額が記録されるか，消費税額が記録されるかをそれぞれ答えなさい。
　(1)　仕入勘定　　　(2)　買掛金勘定　　　(3)　仮払消費税勘定

5．仮受消費税

　商品を売り上げるなどして，消費税を受け取ったときや，消費税を受け取ることが確定したときは，その消費税の額を**仮受消費税勘定**に記録する。企業が受け取った消費税の額は，その後，国等に納付しなければならないため，この金額が記録される仮受消費税勘定は負債の勘定となる。

設例7－2

　商品90,000円（税抜）を売り上げ，代金は消費税9,000円とあわせて現金で受け取った。この取引を仕訳しなさい。

〔解答〕

（借）現　　　　金	99,000	（貸）仮 受 消 費 税	9,000
		売　　　　　上	90,000

　商品を売り上げたことにより受け取ることとなる消費税の額は，負債の勘定である仮受消費税勘定に記録する。負債は，貸借対照表上，貸方側に記録されるものであるから，その金額は貸方に記録する。

　仕訳を税抜方式によって行う場合，売上勘定に記録する金額は税抜価額となる。売上勘定には，企業が商品を販売することによって受け取ることとなる金額をまとめて計上することが原則であるが（第 5 章参照），税抜方式を採用している場合は，消費税額をその金額に含めない。

　一方，現金勘定に記録する金額は，税込価額となる。顧客や取引先から受け取る金額は，仕訳をどのように行っているかと関係なく税込価額だからである（仕訳を税抜方式で行っているからといって，消費税を受け取らないということはない）。

check

　商品を現金で売り上げた場合，次のそれぞれの勘定について，税抜価額で記録されるか，税込価額で記録されるか，それとも消費税額が記録されるかを答えなさい。

　(1)　売上勘定　　　　(2)　仮受消費税勘定　　　　(3)　現金勘定

6．消費税を納付したときの処理

　消費税の納付は，会計期間ごとに受け取った消費税の額と支払った消費税の額から納付すべき消費税の額を計算し，その金額を納付することが原則となる（**確定申告**）。

　会計期間の終了後に行われる確定申告では，次の 3 つの勘定への記録が必要となる。

　①　その期において仮払消費税勘定に記録された金額を全額取り崩す。
　②　その期において仮受消費税勘定に記録された金額を全額取り崩す。
　③　当期に納付すべき金額を未払消費税勘定に計上する。

　納付すべき消費税の額が確定した段階で，消費税に関する「仮」の記録を残しておく必要がなくなる。①・②は，この「仮」の記録を取り消すための処理である。

　このとき，その代わりに必要となるのが，③確定した納税額を記録するための処理である。納税額の計算が終わったときは，いったんその金額を負債の勘定である**未払消費税勘定**に記録する。この金額は，その後，実際に消費税を納付したときに取り崩される。

　なお，納税額が比較的多額になる企業では，会計期間の終了を待たずに，一定の金額を納付することが求められる場合もある（**中間申告**）が，この場合は，期中の取引において消費税を支払った場合と同じように，その納付額を仮払消費税勘定に記録すればよい。

設例7−3

次の一連の取引を仕訳しなさい。

(1) 消費税 1,500 円を現金で中間納付した。

(2) 確定申告において納付すべき消費税の額が 2,500 円であることが確定した。この金額を未払消費税勘定に計上するとともに，仮払消費税勘定の残高 6,500 円，仮受消費税勘定の残高 9,000 円を全額消去した。

(3) (2)で納付すべき消費税額として計算された 2,500 円を現金で納付した。

---

(1) 消費税を中間納付したとき

（借）仮 払 消 費 税	1,500	（貸）現　　　　　金	1,500

　消費税の中間納付を行ったときは，その金額を，消費税を支払ったときと同じように，仮払消費税勘定の借方に記録すればよい。

(2) 納付すべき金額が確定したとき

（借）仮 受 消 費 税	9,000	（貸）仮 払 消 費 税	6,500
		未 払 消 費 税	2,500

　消費税を支払ったとき（中間納付した金額を含む），その金額は仮払消費税勘定の借方に記録されている。したがって，この金額を取り崩すときは，これと同じ金額を貸方に記録すればよい。同様に，受け取った消費税の金額は仮受消費税勘定の貸方に記録されているため，この金額を取り崩すときは，これと同じ金額を借方に記録すればよい。

　未払消費税勘定は負債の勘定である。負債は，貸借対照表上，貸方側に記載されるから，確定した消費税の納付額は貸方に記録すればよい。

(3) 確定申告により確定した要納付額を納付したとき

（借）未 払 消 費 税	2,500	（貸）現　　　　　金	2,500

　納付を行うことにより，未払いの消費税はなくなるから，(2)で未払消費税勘定に計上した金額を取り崩す必要がある。未払消費税勘定は負債の勘定であるから，納付された金額を減らすときは借方に記録する。

第2節　消費税額が記載された証憑の読み取り

1．領収書

　領収書とは，代金等を受け取った側（受取側）が，それを支払った側（支払側）に対して，

その金額を受け取ったことを証明するものである。領収書は，受取側が代金等を受け取った
タイミングで，支払側に対して発行される。

　領収書には，受取側が実際に受け取った金額が大書きされる。すなわち，ここに記載され
る金額は，消費税の額も含んだ税込価額となる。税抜方式で会計帳簿への記録を行っている
場合は，税抜価額や消費税額についての情報も必要となるが，これらの情報は，この税込価
額とは別に内訳欄に記載される。

　なお，受取側が受け取った金額が 50,000 円以上である場合は，領収書に収入印紙（第3節
参照）を貼り付け，消印を捺す必要がある。支払側も，領収書を受け取ったときは，その領
収書に収入印紙が貼り付けられており，かつ，消印が捺されているかをその場で確認し，問
題があればその場で受取側に請求するようにしなければならない。

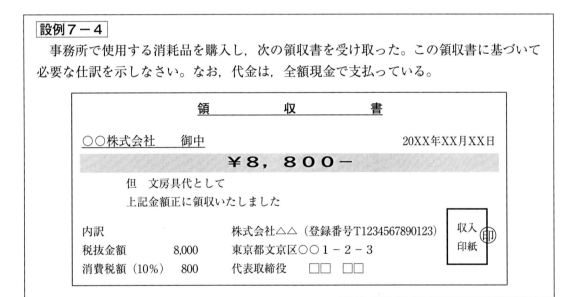

　設例7−4
　　事務所で使用する消耗品を購入し，次の領収書を受け取った。この領収書に基づいて
　必要な仕訳を示しなさい。なお，代金は，全額現金で支払っている。

〔解答〕

| （借）仮 払 消 費 税 | 800 | （貸）現 　　　　 金 | 8,800 |
| 消 耗 品 費 | 8,000 | | |

　大書きされている 8,800 円は消費税を含んだ税込価額であるため，税抜方式で処理する場
合，この金額を消耗品費勘定に記録することはできない。消耗品の取得原価は税抜価額であ
る 8,000 円となるが，この金額は左下の内訳欄に記載されている。

　消耗品費勘定に記録されなかった消費税の額は，商品を仕入れたときに支払った消費税の
額と同じように，仮払消費税勘定の借方に記録する。

check

次の各文章のうち，正しいものには○を，そうでないものには×を答えなさい。

(1) 領収書は，金銭を受け取ったことを証明するものであるから，その金銭を受け取った側が作成しなければならない。

(2) 領収書上，税抜方式で仕訳を行うにあたって必要となる税抜価額や消費税額は，内訳欄に記録されている。

2．納品書

納品書とは，商品等を配送するにあたって，その商品等に同封されるものである。納品書には，どの商品等を，どれだけ（何個）送ったかが書かれており，商品等を受け取った側が，注文した商品等が正しく配送されているかをチェックできるようになっている。もし，配送された商品等が納品書に記載されているものと異なっていたら，発送側の作業等に問題があったものと考えて返品等の対応を求めるかどうか検討することになる。

商品の仕入れに係る記録は，原則として，商品を受け取ったときに行われる。このため，受け取った商品等の一覧が示されている納品書は，商品を仕入れた事実を証明するものとして，仕入れに係る記録を行うときにも利用される。

設例7−5

かねて注文していた商品が店舗に配送された。商品には次の納品書が同封されていた。この納品書に基づいてこれらの商品の仕入れに係る必要な仕訳を示しなさい。なお，代金は，全額掛けで支払うこととしている。

納　　品　　書

○○株式会社　　御中　　　　　　　　　　　　　20XX年XX月XX日

下記のとおり納品いたします。　　　　株式会社△△（登録番号T1234567890123）

東京都文京区○○１−２−３

代表取締役　　□□　□□

摘要	数量	単価	金額	備考
商品 ABC	15	300	4,500	10%対象
商品 PQR	10	400	4,000	10%対象
商品 XYZ	20	250	5,000	10%対象
小計（10%対象）			13,500	
消費税額（10%）			1,350	
合　　　計			14,850	

〔解答〕

（借）仮 払 消 費 税	1,350	（貸）買　　掛　　金	14,850
仕　　　　　入	13,500		

　納品書では，小計欄の金額までは税抜価額で金額が記載されている（消費税の額を最後にまとめて計算するため）。税抜方式では，仕入勘定への記録を税抜価額で行わなければならないから，この小計欄に記載されている 13,500 円が仕入勘定に記録される金額となる。

　また，仮払消費税勘定に記録される消費税の額は，消費税額欄の金額をそのまま記録すればよい。なお，標準税率（10％）が適用される商品と，軽減税率（8％）が適用される商品を同時に仕入れている場合，納品書上，消費税額の表記は標準税率分と軽減税率分と別々に行われることになるが，仮払消費税勘定への記録も，これらを分けて行うことが望ましい。

　合計欄の 14,850 円は，企業が今後仕入先に対して支払うべき金額となる。この金額は，買掛金勘定の貸方に記録すればよい（第 5 章参照）。

check

　次の各文章のうち，正しいものには○を，そうでないものには×を答えなさい。

⑴　納品書は，配送によって商品等を受け取った側が作成しなければならない。

⑵　納品書に複数の異なる種類の商品の金額等が記載されていたとしても，仕訳にあたっては，それらの金額を 1 つ 1 つ分けて記録する必要はない。

3．請求書

　請求書とは，掛取引を行っている場合のように，販売したものの代金等を後日受け取ることにしている場合に，売手が買手に対してその代金等を請求するときに発行するものである。買手は，請求書に記載されている内容に誤りがないことを確認したら，請求書に記載されている金額を，契約書または請求書に記載されている方法で支払うこととなる。

　請求書にも消費税についての記載はあるが，買手は消費税の記録を商品を取得等したときに行ってしまっているため，その後，代金を支払うだけという状態であれば消費税に係る仕訳を行う必要はない（設例7－1 参照）。

設例7−6

　仕入先から，先月中に仕入れた商品の掛代金（買掛金）について，次の請求書を受け取った。内容に問題がなかったため，普通預金口座から全額を振り込んだ。なお，この振込みにあたって，振込手数料300円が普通預金口座から引き落とされた。この取引について必要な仕訳を示しなさい。

請　　　求　　　書

○○株式会社　　御中　　　　　　　　　　　　　　20XX年XX月XX日
下記のとおり請求いたします。　　　株式会社△△（登録番号T1234567890123）
支払期日　20XX年XX月XX日　　　　　　　　東京都文京区○○１−２−３
お振込先　◇◇銀行◇◇支店　普通1234567　　　代表取締役　　□□　□□

月日	摘要	数量	単価	金額	備考
XX/XX	商品 ABC	15	300	4,500	10%対象
XX/XX	商品 PQR	10	400	4,000	10%対象
XX/XX	商品 XYZ	20	250	5,000	10%対象
		小計（10%対象）		13,500	
		消費税額（10%）		1,350	
		合　　　計		14,850	

〔解答〕

（借）買　　掛　　金	14,850	（貸）普　通　預　金	15,150
支　払　手　数　料	300		

　仕入先に対して支払う金額は，消費税を含めた税込価額であるから，この支払いによる買掛金の減少額は，請求書の合計欄に記載されている14,850円となる。買掛金を支払ったときに，小計欄，消費税額欄の金額を使用する必要はない。

　なお，仕入先への振込みにあたって，振込手数料が発生している。このため，普通預金の減少額は，仕入先への支払額14,850円に振込手数料300円を加えた15,150円となる。

check

次の各文章のうち，正しいものには○を，そうでないものには×を答えなさい。

(1) 請求書を作成するのは，商品等を購入した側である。

(2) 買掛金を支払った取引について，請求書に基づいて仕訳する場合，税抜方式で会計帳簿への記録を行っているならば，仮払消費税勘定への記録は不要である。

第3節　租税公課

　租税公課勘定は，企業が納付した税金の額や，公的機関に対して支払った手数料の額（証明書発行手数料など）が記録される勘定である。なお，消費税については，仮払消費税勘定，仮受消費税勘定，未払消費税勘定を使用し，企業の利益に対して課せられる税金については，仮払法人税等勘定，法人税，住民税及び事業税勘定，未払法人税等勘定を使用することから（第14章参照），租税公課勘定への記録は行わない。税金等を納付することによって，企業の純資産は減少するから，その金額が記録される租税公課勘定は費用の勘定である。

　なお，租税公課勘定に記録される税金のうち，**印紙税**については，**収入印紙**とよばれるものを購入することで納付が行われる。収入印紙は，郵便サービスを利用する際の郵便切手と同じように，使用の前にあらかじめ購入しておき，一定の文書（**課税文書**）を作成するつど，それに貼り付ける形で使用される。収入印紙の貼付が必要となる課税文書には，契約書，領収書（p.47参照），約束手形（第17章参照）などさまざまなものがある。

　設例7－7
　郵便局で収入印紙30,000円を購入し，代金は現金で支払った。この取引を仕訳しなさい。

〔解答〕

（借）租　税　公　課	30,000	（貸）現　　　　　金	30,000

　収入印紙を購入したときは，その金額を費用の勘定である租税公課勘定に記録する。費用は，損益計算書上，借方側に記載されるものであるから，その記録は借方に行う。

check

次の各文章のうち，正しいものには○を，そうでないものには×を答えなさい。
- (1)　租税公課勘定には，企業が会計期間中に支払った固定資産税の額も記録される。
- (2)　収入印紙は，課税文書を作成する前に購入するものであるから，印紙税の前払い的な性質をもっている。

第8章　給料の支払い

第1節　給料に係る税金・社会保険料の天引き

　企業が営業活動を行うにあたって従業員を雇った場合には，従業員の労働に対して一定の報酬を支払わなければならない。この報酬のことを一般に**給料**という。

　企業が従業員に対して支払う給料の額は，各企業の規定によって細かく定められているが，企業はそこで定められている金額をすべて従業員に対して支払うわけではない。企業は，従業員に対して給料を支払うにあたって，その従業員が負担すべき一定の税金（所得税，住民税）や社会保険料（年金保険料，健康保険料，介護保険料，雇用保険料）の額を天引きしなければならないこととされているためである。ここで天引きした税金や社会保険料の額は，その後，企業が従業員に代わって国等に納付することになる。

　なお，税金や社会保険料が差し引かれた，従業員が実際に受け取ることとなる給料の額は，一般に，従業員の立場から**手取金額**とよばれる。

check
　次の各文章のうち，正しいものには○を，そうでないものには×を答えなさい。
⑴　企業は，従業員に対して給料を支払うにあたって，従業員が負担すべき税金や社会保険料の額を天引きしなければならない。
⑵　企業が従業員の給料から天引きした税金や社会保険料は，その企業のものとなる。
⑶　健康保険料は，社会保険料の1つである。

第2節　社会保険料の処理

　従業員に係る社会保険料は，従業員とその従業員を雇用している企業が分担して支払うこととなっている。このため，社会保険料に係る記録を行うにあたっては，従業員が負担すべき金額と，企業が負担すべき金額を区別できるように，それぞれ別々の勘定を用いることになっている（図表8-1参照）。

1．給料から天引きする社会保険料が記録される勘定
　従業員が負担すべき社会保険料には，給料日の前に企業が一時的に立て替えて納付しなければならないものと，給料日に天引きした後に納付するものとがある。従業員の給料から天引きする社会保険料を記録するために使用する勘定は，この天引きのタイミングの違いによ

図表8－1　社会保険料を記録するために使用する勘定

	給料日前に納付	給料日後に納付
従業員負担分	従業員立替金	社会保険料預り金
企業負担分	法定福利費	

って変わる（図表8－1参照）。

　給料日の前に企業が一時的に立て替えた社会保険料の額は，**従業員立替金勘定**に記録する。企業が立て替えた金額は，その後，従業員に対する給料の額から回収されるため，この金額が記録される従業員立替金勘定は資産の勘定である。なお，従業員立替金勘定は，「従業員が」立て替えた金額ではなく，「従業員のために」立て替えた金額が記録される勘定であることに注意されたい。

　これに対して，給料日後に納付する社会保険料の額は，**社会保険料預り金勘定**に記録する。ここで預かった金額は，その後，企業が国等に対して納付しなければならないため，この金額が記録される社会保険料預り金勘定は負債の勘定となる。

check
　次の各問いに答えなさい。
(1)　給料日の前に企業が従業員の代わりに納付した社会保険料の額が記録される勘定は何勘定か答えなさい。
(2)　従業員の給料から天引きした社会保険料で，その天引きした後に納付される金額が記録される勘定は何勘定か答えなさい。
(3)　従業員の給料から社会保険料を天引きしたとき，その金額は借方，貸方のどちらに記録されるか答えなさい。

2．従業員の社会保険料について企業が負担する金額が記録される勘定

　企業が負担すべき社会保険料の額は，**法定福利費勘定**に記録する。この金額は，企業が従業員を雇うにあたって必ず負担しなければならない金額であり，給料と同様に費用として処理する。なお，社会保険料を給料日前に納付する場合も，給料日後に納付する場合も，どちらも法定福利費勘定に記録してよい（図表8－1参照）。

設例8－1

　次の一連の取引を仕訳しなさい。
(1)　労働保険料（雇用保険料，労災保険料）50,000円を普通預金口座から納付した。なお，このうち24,000円は，その後，従業員の給料から天引きすべき前納額である。
(2)　給料日となり，従業員に対して支給すべき給料300,000円から，(1)で前納した労働保険料のうち2,000円を天引きした298,000円を普通預金口座から支払った。

図表8－2　社会保険料を前納したときの各勘定の記録（勘定連絡図）

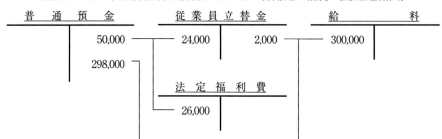

(1)　前納すべき社会保険料を納付したとき

（借）従 業 員 立 替 金	24,000	（貸）普 通 預 金	50,000
法 定 福 利 費	26,000		

　この労働保険料は，従業員の給料日前に納付されたものであるから，従業員が負担すべき24,000円については，企業が一時的に立て替えたものとして考えられる。この企業が一時的に立て替えた社会保険料の額は，資産の勘定である従業員立替金勘定に記録する。資産は，貸借対照表上，借方側に記載されるものであるから，その金額は借方に記録する。

　一方，納付額から従業員が負担すべき金額を差し引いた残額は，企業が負担すべき社会保険料の額となる。この金額は，費用の勘定である法定福利費勘定に記録する。費用は，損益計算書上，借方側に記載されるものであるから，この金額も借方に記録する。

(2)　前納した社会保険料を給料から天引きしたとき

（借）給　　　料	300,000	（貸）従 業 員 立 替 金	2,000
		普 通 預 金	298,000

　その後，企業が一時的に立て替えた社会保険料の額を従業員の給料から天引きすると，企業が立て替えている金額がなくなることから，天引きした金額だけ従業員立替金勘定の金額を減らす。従業員立替金勘定は資産の勘定であるから，その金額は貸方に記録する。また，貸方には，この従業員立替金勘定に加えて，従業員に対して支給した金額を記録するが，この金額は，社会保険料を天引きした後の実際の支給額となる。

　一方，天引きを行う前の，元々，企業が支払うべきであった金額は，**給料勘定**の借方に記録する。

図表8－3　社会保険料を後納したときの各勘定の記録（勘定連絡図）

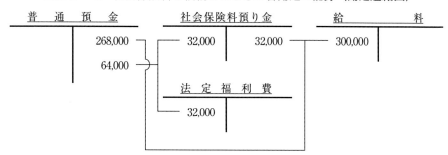

設例8－2

次の一連の取引を仕訳しなさい。

(1)　給料日となり，従業員に対して支給すべき給料 300,000 円から，社会保険料 32,000 円を天引きした 268,000 円を普通預金口座から支払った。なお，天引きした社会保険料は，全額，給料日後に納付すべきものである。

(2)　社会保険料 64,000 円を普通預金口座から納付した。なお，このうち 32,000 円は，(1)で従業員の給料から天引きした金額である。

(1)　後納する社会保険料を天引きしたとき

（借）給　　　　　料	300,000	（貸）社会保険料預り金	32,000
		普　通　預　金	268,000

　この社会保険料は，従業員の給料日後に納付されるものであるから，従業員が負担すべき 32,000 円については，負債の勘定である社会保険料預り金勘定に記録する。負債は，貸借対照表上，貸方側に記載されるものであるから，その金額は貸方に記録する。

　なお，後払いの場合も，普通預金勘定には天引き後の実際の支給額が，給料勘定には天引き前の元々の給料の額が記録される。

(2)　給料から天引きした社会保険料を納付したとき

（借）社会保険料預り金	32,000	（貸）普　通　預　金	64,000
法　定　福　利　費	32,000		

　その後，社会保険料を実際に納付したときは，その納付した金額を社会保険料預り金勘定の借方に記録する。なお，従業員の給料から天引きした社会保険料と同時に納付する企業の負担額は，社会保険料を前納した場合と同様に，法定福利費勘定に記録する。

　次の各文章のうち，正しいものには○を，そうでないものには×を答えなさい。

(1)　企業は，従業員の給料から天引きした社会保険料さえ納付すれば，自身が追加で負担する必要はない。

(2)　企業が負担すべき社会保険料には，従業員の給料日前に納付されるものもあれば，給料日後に納付されるものもある。

第3節　従業員の給料に係る所得税・住民税の処理

　従業員の給料に係る所得税，住民税は，どちらも従業員の給料から天引きした後，国等に対して納付する。天引きした金額は，その後，納付するまでの間，**所得税預り金勘定**，**住民税預り金勘定**に記録する。どちらの勘定も，企業が将来に納付すべき金額を記録する勘定であるから，負債の勘定である。

　なお，給料を支給するにあたって**源泉徴収**という言葉が使われることがあるが，これは，従業員の給料から所得税を天引きすることを意味する言葉である。

設例8-3

　次の一連の取引を仕訳しなさい。

(1)　給料日となり，従業員に対して支給すべき給料 300,000 円から，所得税 5,000 円，住民税 35,000 円を天引きした 260,000 円を普通預金口座から支払った。

(2)　所得税 5,000 円，住民税 35,000 円を普通預金口座から納付した。なお，どちらも(1)で従業員の給料から天引きした金額である。

---

(1)　所得税，住民税を天引きしたとき

(借) 給　　　　　料	300,000	(貸) 所 得 税 預 り 金	5,000
		住 民 税 預 り 金	35,000
		普 　通 　預 　金	260,000

　従業員の給料から所得税，住民税を天引きしたときは，その金額をそれぞれ所得税預り金勘定，住民税預り金勘定に記録する。どちらも負債の勘定であるから，その記録は貸方に行う。また，社会保険料を天引きした場合と同様に，普通預金勘定には天引き後の実際の支給額が，給料勘定には天引き前の元々の給料の額が記録される。

(2)　給料から天引きした所得税，住民税を納付したとき

(借) 所 得 税 預 り 金	5,000	(貸) 普 　通 　預 　金	40,000
住 民 税 預 り 金	35,000		

図表8－4　従業員の所得税・住民税に係る各勘定の記録（勘定連絡図）

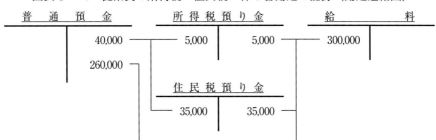

　その後，所得税や住民税を実際に納付したときは，その納付した金額をそれぞれ所得税預り金勘定，住民税預り金勘定の借方に記録する。

check

　次の各文章のうち，正しいものには○を，そうでないものには×を答えなさい。

(1)　所得税預り金勘定は，普通預金勘定と同じ資産の勘定である。

(2)　従業員の給料から天引きした住民税を納付したときは，その金額を住民税預り金勘定の貸方に記録する。

第9章　資本取引

第1節　資本取引とは何か

1．株式会社と株主の関係

　株式会社とは，「会社法」に規定される会社の種類の1つで，営業活動の元手となる資金を不特定多数の者から少しずつ集めることができるようにしたものである。

　株式会社に対して営業活動の元手となる資金を拠出することを**出資**という。株式会社は出資を受けるとその出資額に応じた数の**株式**を交付する。株式は，その株式会社の共同所有者（オーナー）としての権利を表象するものであり，これを保有している者（**株主**）は，株式会社の最高意思決定機関である**株主総会**に出席して，その株式会社の重要な意思決定（役員の選任や解任，株式会社の解散など）に参加することができたり，株式会社がその営業活動を通じて生み出した剰余金のなかから配当を受けたりすることができる。

　株主は，原則として，出資した金額の返還を株式会社に対して求めることはできないが，株式は，原則として，第三者に対して自由に譲渡することが認められているため（株式譲渡自由の原則），株式会社から出資の返還を受けられなくても，出資した金額に相当する金額を株式を売却することによって回収することができる。株式会社側は，一度出資を受けた金額について返還することを考える必要がないため，設備投資のようなすぐには換金できないものに対して受け取った金額を投下することができる。

`check`

　次の各問いに答えなさい。
- ⑴　株式会社に対して，営業活動の元手となる資金を拠出することを何というか答えなさい。
- ⑵　株式会社が出資を行った者に対して交付する，株式会社の共同所有者としての権利を表象するものは何か答えなさい。
- ⑶　株式を保有している者がその株式を第三者に対して譲渡した場合，株式会社に対する共同所有者としての権利は，もともとその株式会社に対して出資した者と株式の譲渡を受けた者のどちらが保有することになるか答えなさい。

2．資本取引

　資本取引とは，会計期間中に純資産を増減させた取引のうち，企業の所有者（株式会社の場合は株主）との間で行われた取引のことをいう。企業の営業活動は，財産を増やすことを目的として行われるが，資本取引は，その企業の所有者との取引であるため，その増減額は，

企業の営業活動の成果を表さない。通常，会計期間中の純資産の増減額は，収益，費用の勘定に記録されるが，資本取引による純資産の増減額を同じ収益，費用の勘定に計上してしまうと，本来の営業活動の成果が分かりにくくなってしまう。このため，資本取引による純資産の増減額については，収益，費用の勘定に記録するのではなく，純資産の勘定に直接記録することとなっている。

　株式会社の場合，資本取引には，投資者から出資を受ける取引と，株主に対して配当を支払う取引の大きく２つがある。

check
　次の各文章のうち，正しいものには○を，そうでないものには×を答えなさい。
(1)　会計期間中に生じた純資産の増減額は，すべて純資産の勘定に記録する。
(2)　株式会社が株主との間で行う取引のなかには，純資産を増加させるものもあれば，純資産を減少させるものもある。
(3)　資本取引による純資産の増減額は，企業の営業活動の成果を表す。

第2節　出資を受けたときの処理

1．原則的な処理
　株式会社が出資を受けたときは，その出資による現金や預金の増加額を記録すると同時に，その出資を受けたことによる純資産の増加額を純資産の勘定である**資本金勘定**に記録する（「会社法」第445条第1項）。

　株式会社の場合，出資を受けるにあたっては，その出資額に応じて株式が発行される。すべての株式は同じ価額で発行されるため，株式会社が出資を受けた金額の総額は，次の計算式によって計算できる。

出資を受けた金額（払込総額）＝発行株式数×1株当たりの発行価額

　なお，株式会社の設立後，追加で投資者から出資を受けることを**増資**というが，株式会社の設立にあたって出資を受けた場合も，増資の場合も，会計帳簿への記録は同じように行えばよい。

　設例9−1
　株式会社を設立するにあたり，株式50株を1株当たり20,000円で発行したところ，すべての株式について払込みを受け，全額普通預金口座に預け入れた。この取引を仕訳しなさい。なお，払込みを受けた金額はすべて資本金勘定に記録する。

〔解答〕

（借）普 通 預 金	1,000,000	（貸）資 本 金	1,000,000*

＊　50 株× 20,000 円 = 1,000,000 円

　出資を受けたことによる純資産の増加額は，発行した株式の数に 1 株当たりの発行価額を掛けて計算される。この金額は，純資産の勘定である資本金勘定に記録する。純資産は，貸借対照表上，貸方側に記載されるから，その金額は貸方に記録すればよい。

設例 9 − 2

　新たな地域に出店するための資金として増資を行うこととした。増資にあたって発行した株式は 20 株で，1 株当たりの価額は 30,000 円であった。すべての株式について払込みを受け，全額普通預金口座に預け入れた。この取引を仕訳しなさい。なお，払込みを受けた金額はすべて資本金勘定に記録する。

〔解答〕

（借）普 通 預 金	600,000	（貸）資 本 金	600,000*

＊　20 株× 30,000 円 = 600,000 円

　増資の場合も，株式会社を設立するにあたって出資を受けた場合と同じように仕訳を行えばよい。

check

　次の各文章のうち，正しいものには○を，そうでないものには×を答えなさい。
⑴　株式会社が設立にあたって受ける出資も，増資にあたって受ける出資も，株式会社の純資産を増加させるという点で変わりはない。
⑵　資本金勘定は純資産の勘定であるから，出資を受けたときは，資産の勘定と同じようにその金額を借方に記録すればよい。

2．容認される代替処理

　株式会社が出資を受けた金額のうち，その金額の 2 分の 1 に相当する金額までは資本金としないことが認められている（「会社法」第 445 条第 2 項）。このとき，資本金としなかった金額は，**資本準備金勘定**に記録する。この資本準備金勘定も，資本金勘定と同じく純資産の勘定である。

設例9−3
　株式会社を設立するにあたり，株式 50 株を 1 株当たり 20,000 円で発行した。すべての株式について払込みを受け，全額普通預金口座に預け入れた。この取引を仕訳しなさい。なお，払込みを受けた金額の 2 分の 1 に相当する金額については，資本金としないこととする。

〔解答〕

（借）普 通 預 金	1,000,000	（貸）資　　本　　金	500,000*2
		資 本 準 備 金	500,000*1

　＊1　50 株 × 20,000 円 = 1,000,000 円
　　　資本金としない金額：1,000,000 円 ÷ 2 = 500,000 円
　＊2　資本金の額：1,000,000 円 − 500,000 円 = 500,000 円

　出資を受けた金額の一部を資本金としなかった場合は，その金額を資本準備金勘定に記録する。資本準備金勘定も純資産の勘定であるから，その金額は貸方に記録する。

check
次の各問いに答えなさい。
(1) 投資者等から出資を受けた金額が 3,000,000 円である場合，このうち資本金としないことができる金額の上限額はいくらか答えなさい。
(2) 投資者等から 2,000,000 円の出資を受け，このうち 1,500,000 円を資本金とすることとした場合，資本準備金の額はいくらになるか答えなさい。

◆資本金と資本準備金◆
　「会社法」上，資本金や資本準備金の額は，金融機関や取引先などの企業の債権者に対する支払財源として企業に留保すべき金額として位置づけられている。このため，資本金や資本準備金については，その金額を投資者等に配当するために厳しい制限が課せられているが，資本準備金の方が資本金よりもこの制限が若干緩くなっている。
　このため，株式会社の規模が小さい段階から一定の配当を行うことが求められる可能性がある場合などでは，払込金額の全額を資本金とせずに，資本準備金とすることで，その要請に応えやすい状況にしておくことがある。

第3節　剰余金の配当等を行ったときの処理

1．剰余金の配当
　株主は，株式会社の共同所有者としての立場にあるため，株式会社が保有する財産は，株

主のものであるともいえる。しかし，株主が株式会社の財産を無制限に持ち出せてしまうと，その株式会社の営業活動に支障が出てしまう。このため，個々の株主が無制限に株式会社から資金を引き出すということは，「会社法」上，認められていない。

その代わりに，株主に対しては，株式会社が有する**剰余金**のなかから，株式の保有割合に応じて，一定の金額の分配を受けることが認められている。これを剰余金の**配当**という。配当の原資となる剰余金には資本剰余金と利益剰余金の2つがあるが，ここでは利益剰余金の1つである**繰越利益剰余金**からの配当についてとりあげる。なお，繰越利益剰余金について，くわしくは第13章で学習する。

株主に対する配当金の額は，原則として，すべての株主から構成される株主総会において決められる。株式会社は，この決議にしたがって配当すべき金額を準備し，実際に配当を行う。このため，剰余金の配当に係る記録は，①株主総会の決議を受けて株式会社が配当金を支払う義務を負ったとき，②配当すべき金額を実際に配当したときの2つのタイミングに分けて行う。

株主総会の決議によって企業が負うこととなる配当金を支払う義務は，**未払配当金勘定**に記録する。この勘定には，将来に企業が支払わなければならない金額が記録されるから，未払配当金勘定は負債の勘定である。

設例9－4

次の一連の取引を仕訳しなさい。

(1) 株主総会において，繰越利益剰余金から総額500,000円の配当を行うことが決議された。

(2) (1)で決議された配当金について，全額，普通預金口座から支払った。なお，この配当の支払いにあたって生じた手数料10,000円も普通預金口座から引き落とされた。

---

(1) 株主総会で配当額が決議されたとき

（借）繰越利益剰余金	500,000	（貸）未払配当金	500,000

株主総会において配当することとされた金額は，負債の勘定である未払配当金勘定に記録する。負債は，貸借対照表上，貸方側に記録されるものであるから，その金額は貸方に記録する。

この取引では，配当を行うために，繰越利益剰余金を取り崩すこととされている。繰越利益剰余金勘定は純資産の勘定であり，純資産は，貸借対照表上，貸方側に記載されるものであるため，この金額を取り崩すときは，その金額を借方に記録する。

(2) 配当金を支払ったとき

| （借）未 払 配 当 金 | 500,000 | （貸）普 通 預 金 | 510,000 |
| 支 払 手 数 料 | 10,000 | | |

その後，配当を支払ったときは，株主総会の決議によって企業が負うこととなった配当金を支払う義務が解消するため，その金額が記録されている未払配当金勘定の金額を減らす必要がある。未払配当金勘定は負債の勘定であるから，その金額は借方に記録する。

配当を行うにあたっては，金融機関に対して振込手数料を支払ったり，証券会社に対して業務委託手数料を支払ったりすることが一般的である。この場合，手数料として支払った金額は，支払手数料勘定の借方に記録する。

check

次の各文章のうち，正しいものには○を，そうでないものには×を答えなさい。

(1) 株主は，株式会社の共同所有者であるから，株式会社が保有する財産を自分のものとして無制限に持ち出すことができる。

(2) 株式会社が株主に対して行う配当の額は，原則として，すべての株主から構成される株主総会において決議される。

(3) 株主総会において配当を行うことが決議された場合，その金額は繰越利益剰余金勘定の貸方に記録される。

2. 準備金，積立金の積み立て

繰越利益剰余金は，法令上の要請により，または，株式会社（経営者側）の要望により，**準備金**または**積立金**という形で企業に留保されることがある。この場合，特定の目的をもって留保されていることを明確にするため，これらの金額を繰越利益剰余金勘定から取り除き，準備金または積立金が記録される勘定に移し替える。なお，準備金にせよ，積立金にせよ，企業に留保されている金額という意味では，資本金や繰越利益剰余金と同じであり，これらが記録される勘定も純資産の勘定として取扱う。

| 設例9－5 |
| 株主総会において，繰越利益剰余金から総額 500,000 円の配当を行うことが決議された。また，これとあわせて繰越利益剰余金から 50,000 円を利益準備金として，200,000 円を新築積立金として積み立てることが決議された。この取引を仕訳しなさい。 |

〔解答〕

（借）繰越利益剰余金	750,000	（貸）未 払 配 当 金	500,000
		利 益 準 備 金	50,000
		新 築 積 立 金	200,000

　利益準備金勘定も**新築積立金勘定**も純資産の勘定である。純資産は，貸借対照表上，貸方側に記録されるものであるから，その金額は各勘定の貸方に記録する。

　この取引では，繰越利益剰余金が配当，利益準備金勘定への振替え，新築積立金勘定への振替えと３つの形で取り崩されているため，繰越利益剰余金勘定の借方に記録される取崩額は，これらの金額の合計額となる。

check

　次の各問いに答えなさい。

(1)　積立金勘定は，資産，負債，純資産，収益，費用のどれに該当するか答えなさい。

(2)　繰越利益剰余金から準備金や積立金を積み立てたとき，その金額は，繰越利益剰余金勘定の借方と貸方のどちらに記録されるか答えなさい。

第10章　試　算　表

第1節　試算表とは何か

　試算表とは，企業が取引を記録するために使用したすべての勘定について，そこに記録されている金額を集計し，その結果を1つの表の形にまとめたものをいう。

　試算表は，会計期間中，任意のタイミングで，また，決算手続のなかにおいても，企業がそれまでに行った記録に誤りがないかを確かめるためであったり，それまでに行った営業活動の規模やバランスを確認するために作成される。

第2節　試算表の種類

1．合計金額と残高金額

　各勘定に記録されている金額を集計したものには，合計金額と残高金額の2つがある。

　合計金額とは，借方に記録されている金額と貸方に記録されている金額をそれぞれ別々に合計したものをいう。借方，貸方のそれぞれに記録がある場合，その勘定の合計金額は，**借方合計**と**貸方合計**の2つとなる。

　残高金額とは，借方合計と貸方合計のどちらか大きい方から小さい方を差し引いた金額をいう。借方合計の方が大きかった場合，ここから貸方合計を差し引いて求めた残高金額のことを**借方残高**という。一方，貸方合計の方が大きかった場合，ここから借方合計を差し引いて求めた残高金額のことを**貸方残高**という。

　設例10－1

　次の未払金勘定の記録に基づいて，合計金額（借方合計，貸方合計），残高金額をそれぞれ計算しなさい。なお，残高金額については，借方残高か貸方残高かもあわせて答えること。

	未　　払　　金		
普　通　預　金	500,000	車　両　運　搬　具	2,500,000
普　通　預　金	600,000	備　　　　　品	1,800,000
普　通　預　金	500,000		

(1) 合計金額

① 借方合計：500,000 円 + 600,000 円 + 500,000 円 = 1,600,000 円

② 貸方合計：2,500,000 円 + 1,800,000 円 = 4,300,000 円

(2) 残高金額

貸方合計 4,300,000 円 − 借方合計 1,600,000 円 = 2,700,000 円（貸方残高）

　残高金額は，借方合計と貸方合計のどちらか大きい方から小さい方を差し引いて計算する。この設例では，貸方合計の方が大きいため，上のような計算式になる。また，この場合の残高金額は貸方残高となる。

check

　次の従業員立替金勘定について，合計金額，残高金額をそれぞれ求めなさい。なお，残高金額については，借方残高か貸方残高かもあわせて答えること。

従　業　員　立　替　金

現　　　金	240,000	給　　　料	20,000
		給　　　料	20,000
		給　　　料	20,000

2．3つの試算表

　試算表には，**合計試算表**，**残高試算表**，**合計残高試算表**の3つがある。合計試算表には，各勘定の合計金額が列挙され，残高試算表には，各勘定の残高金額が列挙される。また，合計残高試算表には，各勘定の合計金額と残高金額がともに列挙される。

設例10−2

　次の各勘定の記録に基づいて，合計試算表，残高試算表，合計残高試算表を作成しなさい。

現　　金		普　通　預　金		売　掛　金	
250	180	500	270	340	340
150	80	400	250	380	20
	70	340	110	330	360
		360	140		
			150		
			280		
			100		
			150		
			5		

	備　品	
600		

	車両運搬具	
400		

	買　掛　金	
270	350	

	未　払　金	
150	500	
	400	

	借　入　金	
	400	

	資　本　金	
	500	

	売　上	
20	340	
	380	
	330	

	仕　入	
350		

	給　料	
280		

	広告宣伝費	
80		

	旅費交通費	
180		

	水道光熱費	
110		

	通　信　費	
70		

	支払家賃	
140		

	支払利息	
5		

(1)　合計試算表

合　計　試　算　表

借方金額	勘定科目	貸方金額
400	現　　　　金	330
1,600	普　通　預　金	1,455
1,050	売　掛　金	720
600	備　　　品	
400	車　両　運　搬　具	
270	買　掛　金	350
150	未　払　金	900
	借　入　金	400
	資　本　金	500
20	売　上	1,050
350	仕　入	
280	給　料	
80	広　告　宣　伝　費	
180	旅　費　交　通　費	
110	水　道　光　熱　費	
70	通　信　費	
140	支　払　家　賃	
5	支　払　利　息	
5,705		5,705

　各勘定の借方，貸方の両方に金額が記録されている場合は，借方金額欄，貸方金額欄の両方に合計金額が記入される。これに対して，どちらか一方にしか金額が記録されていない場合は，その金額が記録されている方のみ合計金額が記入され，記録がない側は空欄とされる（ゼロを記入する必要はない）。なお，勘定の記録が１つしかない場合は，その金額がそのまま合計金額となる。

　すべての勘定について合計金額を記入したら，借方，貸方それぞれについて金額を合計し，その結果を一番下の行に書く。この設例では，借方，貸方どちらも 5,705 円となる。

(2)　残高試算表

残　高　試　算　表

借方金額	勘定科目	貸方金額
70	現　　　　　　金	
145	普　通　預　金	
330	売　　掛　　金	
600	備　　　　　品	
400	車　両　運　搬　具	
	買　　掛　　金	80
	未　　払　　金	750
	借　　入　　金	400
	資　　本　　金	500
	売　　　　　上	1,030
350	仕　　　　　入	
280	給　　　　　料	
80	広　告　宣　伝　費	
180	旅　費　交　通　費	
110	水　道　光　熱　費	
70	通　　信　　費	
140	支　払　家　賃	
5	支　払　利　息	
2,760		2,760

　残高金額は，借方合計，貸方合計のどちらか大きい方にしか記入されない。借方金額欄，貸方金額欄のどちらか一方は空欄となる。なお，借方合計と貸方合計がどちらも同じ金額である場合は，残高金額はゼロとなるため，その勘定が残高試算表に記載されることはない。

　残高試算表についても，すべての勘定について残高金額を記録したら，借方，貸方それぞれについて金額を合計し，その結果を一番下の行に書く。この設例では，借方，貸方どちらも 2,760 円となる。

(3)　合計残高試算表

合　計　残　高　試　算　表

借方		勘定科目	貸方	
残高金額	合計金額		合計金額	残高金額
70	400	現　　　　　金	330	
145	1,600	普　通　預　金	1,455	
330	1,050	売　　掛　　金	720	
600	600	備　　　　　品		
400	400	車　両　運　搬　具		
	270	買　　掛　　金	350	80
	150	未　　払　　金	900	750
		借　　入　　金	400	400
		資　　本　　金	500	500
	20	売　　　　　上	1,050	1,030
350	350	仕　　　　　入		
280	280	給　　　　　料		
80	80	広　告　宣　伝　費		
180	180	旅　費　交　通　費		
110	110	水　道　光　熱　費		
70	70	通　　信　　費		
140	140	支　払　家　賃		
5	5	支　払　利　息		
2,760	5,705		5,705	2,760

　合計残高試算表では，合計金額を内側，残高金額を外側に書く。また，合計残高試算表についても，合計試算表，残高試算表と同じように，借方，貸方それぞれについて金額を合計し，その結果を一番下の行に書く。

第3節　貸借平均の原理

　合計試算表，残高試算表，合計残高試算表のどの試算表においても，借方側に記入した金額の合計額と貸方側に記入した金額の合計額は必ず一致する。これを**貸借平均の原理**という。ここで，平均という言葉は，アベレージ（average）ではなく，バランス（balance）の意味で使われており，借方と貸方の間につりあいがとれていることを表している。

　貸借平均の原理が成り立つことは，試算表が作成される経緯を見れば明らかである。主要簿への記録は仕訳からはじまるが，仕訳では，必ず，借方に記録される金額と貸方に記録される金額が等しくなる（第2章参照）。次に，総勘定元帳への転記が行われるが，仕訳で借方に記録するものとされた金額は各勘定の借方に，貸方に記録するものとされた金額は各勘定の貸方に書き写されることから，ここでも借方に書き写された金額の合計額と貸方に書き写

された金額の合計額は等しくなる。試算表は，この各勘定に行われた記録を集計しただけのものであるから，借方に記入された金額の合計額と貸方に記入された金額の合計額はやはり等しくなる。

◆貸借平均の原理は残高試算表でも成立する◆

　残高金額は，借方合計と貸方合計の差額として計算され，また，その計算の結果，借方，貸方どちらか一方の金額は消えてしまうため，残高試算表では，貸借平均の原理が成立しないようにも思われるが，そうではない。

　これは，残高金額の計算を，借方，貸方のどちらからも同じ金額（借方合計と貸方合計のどちらか小さい金額）を差し引いたものとして考えると理解しやすい。たとえば，借方合計が 300 円，貸方合計が 200 円であったとすると，残高金額は，次のように計算される。

- ・　借方　300 円－ 200 円＝ 100 円（借方残高）
- ・　貸方　200 円－ 200 円＝ 0 円（貸方残高なし）

　借方の残高金額を計算した式は，まさに残高金額を求める計算式（借方合計から貸方合計を差し引く計算式）と同じものになっている。

　試算表を作成する目的の 1 つとして，会計帳簿に行われた記録に誤りがないことを確認するというものがあるが，この確認は，貸借平均の原理を利用して行われる。すなわち，試算表を作成した結果，借方に記入した金額の合計額と貸方に記入した金額の合計額が一致しなければ，どこかに間違いがあると考えるわけである。

　ただし，これら 2 つの金額が一致しているからといって，絶対に誤りがないということにはならない。行うべき仕訳が行われていなかったり，借方，貸方とも同じように金額を誤っていたりした場合も，借方に記入した金額の合計額と貸方に記入した金額の合計額が一致してしまうからである。

check

　次の各文章のうち，正しいものには○を，そうでないものには×を答えなさい。

(1)　合計試算表を作成した場合も，残高試算表を作成した場合も，同じ勘定科目のところには必ず同じ金額が記入される。

(2)　貸借平均の原理とは，ある特定の勘定の借方合計と貸方合計が同じ金額になることを意味する。

(3)　試算表を作成したとき，借方に記入された金額の合計額と貸方に記入された金額の合計額が一致しない場合は，そこまでに行われた記録のどこかに誤りがあることを意味する。

第11章 決算手続①

第1節 決算手続の流れ

　会計期間が終わると，財務諸表を作成するとともに，次期に繰り越すべき財産や，債権・債務の額を確定するために**決算手続**を行う。決算手続は，次のような流れで行われる。

(1) 残高試算表を作成し，期中に会計帳簿に行われた記録に誤りがないかを確認する（**決算整理前残高試算表**）。

(2) 会計帳簿に行われた記録に誤りがある場合，その誤りを修正するための仕訳を行う（**修正仕訳**）。

(3) 財務諸表を作成するにあたって必要な事項を**棚卸表**にまとめ，これに基づいて，財務諸表を作成するための特別の仕訳を行う（**決算整理仕訳**）。

(4) 改めて残高試算表を作成し，(1)～(3)の内容が正しく各勘定に反映されているかを確認する（**決算整理後残高試算表**）。

(5) その会計期間の収益・費用の額をもとに純損益を計算するとともに，その金額を純資産（繰越利益剰余金）に振り替える（**決算振替仕訳**）。

(6) (4)・(5)をもとに**貸借対照表**，**損益計算書**を作成する。

(7) その会計期間に係る会計帳簿を**締切り**，次期に繰り越すべき財産や，債権・債務の額を確定する。

　なお，英米法とよばれる会計帳簿の記録方法では，(7)と同時に，次期に繰り越された財産や，債権・債務の額を次期の会計帳簿に反映させる作業を行ってしまう（付録A参照）。

第2節 修正仕訳

1．修正仕訳の基本

　修正仕訳とは，会計期間中に行われた仕訳に誤りがあった場合に，その誤りを修正するために行う仕訳のことをいう。修正仕訳は，決算整理前残高試算表を作成したり，現金や商品などの実際の保有額を調べたりした結果，誤りがあることに気づいたときに行われる。

　会計帳簿では，1つのページの記録が終わるごとに，そのページに記録された金額を集計して，次のページに繰り越すこととなっている。このため，決算手続をはじめるにあたって，期中に行った仕訳に誤りがあったことに気づいたとしても，その期中の誤った仕訳を直接修正するわけにはいかない。仕訳を修正すれば，そのページの記録について行われた集計額も

修正しなければならず，これに連動する形で，次のページの集計額，そのまた次の集計額，……とすべて修正しなければならなくなってしまうからである。

そこで，決算手続では，会計期間中に行われた仕訳を直接修正するのではなく，別途，過去の記録を修正するための仕訳（修正仕訳）を行うことで，各勘定の残高金額を正しい金額に直すこととしている。

修正仕訳には，次の3つのタイプのものがある。

(1) 会計期間中に行われるべき仕訳を行っていなかった（失念していた）ため，その仕訳を後から追加で行う（正しい仕訳のみ行う）

(2) 会計期間中に行われるべき仕訳が二重に行われていたため，余分な仕訳を削除する（仕訳の削除のみ行う）

(3) 会計期間中に行われるべき仕訳に誤りがあったため，誤った仕訳を削除したうえで，正しい仕訳を行う（仕訳の削除と正しい仕訳を両方行う）

設例11－1

次のそれぞれの状況について行うべき修正仕訳を示しなさい。

(1) 期中に消耗品5,000円を現金で購入していたが，この取引について仕訳を失念していた。

(2) 期中に普通預金口座から現金40,000円を引き出していたが，誤ってこの仕訳を二重に行ってしまっていた。

⑴ 仕訳を失念していた場合

| （借）消　耗　品　費 | 5,000 | （貸）現　　　　　金 | 5,000 |

会計期間中に仕訳を失念していた場合は，その失念していた仕訳を新たに行えばよい。購入した消耗品の取得原価は消耗品費勘定の借方に，現金の減少額は現金勘定の貸方にそれぞれ記録する（第4章参照）。

⑵ 仕訳を二重に行っていた場合

会計期間中に仕訳を二重に行っていた場合は，余分な1回分を削除するための修正仕訳が必要である。各勘定の記録は，借方と貸方が相互にプラスとマイナスの関係にあるため（第2章参照），余計な仕訳を削除するためには，すでに行われていた仕訳を借方・貸方反対に行えばよい。

普通預金口座から現金を引き出す仕訳では，普通預金勘定の貸方，現金勘定の借方に記録が行われるから（第3章参照），修正仕訳は次のようになる。

誤って二重に行われていた仕訳

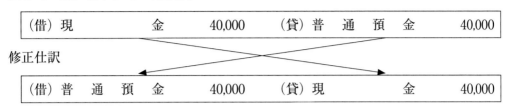

修正仕訳

> 設例11－2
>
>   次のそれぞれの状況について行うべき修正仕訳を示しなさい。
>
> (1)　会計期間中に商品130,000円を掛けで仕入れていたが，誤って借方・貸方ともに160,000円で仕訳していた。
>
> (2)　会計期間中に事務所で使用する目的でメモ帳3,000円を現金で購入していたが，この取引を仕訳する際，誤って借方を仕入勘定としていた。
>
> (3)　会計期間中に従業員の給料から天引きした所得税240,000円を普通預金口座から納付したが，この際，借方，貸方を反対に仕訳していた。

　どのような形で誤りが生じた場合であっても，修正仕訳として行うべきは，①誤った仕訳を取り消すための仕訳（ 設例11－1 (2)と同じ）と，②新たに正しく行う仕訳（ 設例11－1 (1)と同じ）の2つである。

(1)　金額の誤り

　誤って行われていた仕訳

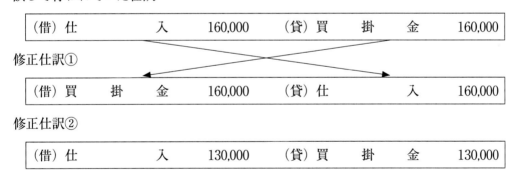

修正仕訳①

修正仕訳②

(2) 勘定の誤り

誤って行われていた仕訳

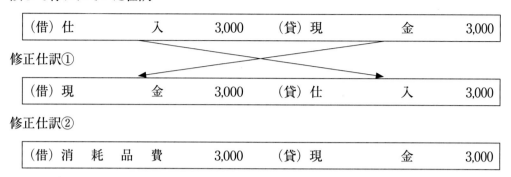

| (借) 仕 入 | 3,000 | (貸) 現 金 | 3,000 |

修正仕訳①

| (借) 現 金 | 3,000 | (貸) 仕 入 | 3,000 |

修正仕訳②

| (借) 消 耗 品 費 | 3,000 | (貸) 現 金 | 3,000 |

(3) 借方・貸方の誤り

誤って行われていた仕訳

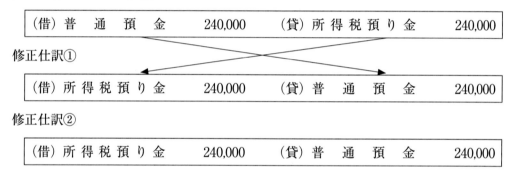

| (借) 普 通 預 金 | 240,000 | (貸) 所 得 税 預 り 金 | 240,000 |

修正仕訳①

| (借) 所 得 税 預 り 金 | 240,000 | (貸) 普 通 預 金 | 240,000 |

修正仕訳②

| (借) 所 得 税 預 り 金 | 240,000 | (貸) 普 通 預 金 | 240,000 |

　借方，貸方を反対に仕訳していた場合，この誤った仕訳を取り消すための仕訳（修正仕訳①）も，正しい仕訳（修正仕訳②）もどちらも同じ仕訳となる。

check

　次の各文章のうち，正しいものには○を，そうでないものには×を答えなさい。

(1) 仕訳を失念していたときの修正仕訳は，本来，行われているべきであった正しい仕訳と同じ仕訳になる。

(2) 仕訳を二重に行っていたとしても，やるべき仕訳を行っているのであるから，決算にあたって修正仕訳を行う必要はない。

(3) 仕訳を借方，貸方反対に行っていたときは，本来の正しい仕訳を2回行うことで誤りが修正される。

2．仕訳の誤りを差額によって修正する場合

　なお，設例11－2のように，会計期間中に行ってしまった誤りのある仕訳を修正する場合，誤った仕訳を取り消すための仕訳（修正仕訳①）と，新たに正しく行う仕訳（修正仕訳②）を1つにまとめて行うこともできる。

　この場合，2つの仕訳に共通して使用される勘定については，残高金額（借方に記録される

金額と貸方に記録される金額の差額。第10章参照）をもって仕訳を行えばよい。

設例11－3

　次のそれぞれの状況について行うべき修正仕訳を示しなさい。なお，修正仕訳は1つにまとめて示すこと（各状況は，**設例11－2**の状況と同じである）。

(1) 会計期間中に商品130,000円を掛けで仕入れていたが，誤って借方・貸方ともに160,000円で仕訳していた。

(2) 会計期間中に事務所で使用する目的でメモ帳3,000円を現金で購入していたが，この取引を仕訳する際，誤って借方を仕入勘定としていた。

(3) 会計期間中に従業員の給料から天引きした所得税240,000円を普通預金口座から納付したが，この際，借方，貸方を反対に仕訳していた。

---

(1)　金額の誤り

修正仕訳①

（借）買　　掛　　金	160,000	（貸）仕　　　　入	160,000

修正仕訳②

（借）仕　　　　入	130,000	（貸）買　　掛　　金	130,000

2つをまとめた修正仕訳

（借）買　　掛　　金	30,000	（貸）仕　　　　入	30,000

　どちらの修正仕訳でも，買掛金勘定，仕入勘定への記録が行われている。このような場合は，各勘定の残高金額を用いて修正仕訳を行う。買掛金勘定は30,000円の借方残高，仕入勘定は30,000円の貸方残高になるため，これらをまとめて仕訳は上記のようになる。

(2)　勘定の誤り

修正仕訳①

（借）現　　　　金	3,000	（貸）仕　　　　入	3,000

修正仕訳②

（借）消　耗　品　費	3,000	（貸）現　　　　金	3,000

2つをまとめた仕訳

（借）消　耗　品　費	3,000	（貸）仕　　　　入	3,000

借方と貸方のどちらか一方の勘定を誤ってしまった場合，誤りがなかった勘定（現金勘定）

の残高金額はゼロとなる。このため，修正仕訳には，元々の仕訳で誤って使ってしまった勘定（仕入勘定）と，本来使われるべきだった正しい勘定（消耗品費勘定）の２つだけが残ることとなる。

(3) 借方・貸方の誤り

修正仕訳①

（借）所 得 税 預 り 金	240,000	（貸）普 通 預 金	240,000

修正仕訳②

（借）所 得 税 預 り 金	240,000	（貸）普 通 預 金	240,000

２つをまとめた仕訳

（借）所 得 税 預 り 金	480,000	（貸）普 通 預 金	480,000

　借方，貸方を反対に仕訳していた場合，①誤った仕訳を削除する仕訳も②正しい仕訳も同じ仕訳となるため，修正仕訳で記録される金額は，正しい仕訳の２倍の金額（正しい仕訳を２回行ったのと同じ金額）となる。

第12章　決算手続②

第1節　売上原価の計算

1．売上原価の計算の必要性

　企業が商品売買取引を通じて獲得した利益の額（**売上総利益**）は，商品を売り上げたときに顧客等から受け取る金額（販売価額）から，その売り上げた商品を仕入れるにあたって企業が支払う金額（取得原価）を差し引くことによって計算される。

　三分法では，会計期間中，商品を仕入れたときに，その取得原価が仕入勘定に記録され，商品を売り上げたときに，その販売価額が売上勘定に記録されるが（第5章参照），売上総利益の計算にあたって，仕入勘定に記録されている商品の取得原価をそのままの形で使用することはできない。当期中に仕入れた商品のなかには，当期中に販売されなかった商品（期末に在庫として保有している商品）も含まれているからである。

　そこで，決算にあたっては，会計期間中の売上総利益を正しく計算するため，当期中の商品の販売価額から差し引くべき取得原価の額を求めるための特別な仕訳が行われる。この商品の販売価額から差し引くべき取得原価の額のことを**売上原価**という。

　なお，この特別な仕訳は，期中に行った仕訳に誤りがあるから行われるものではなく（修正仕訳ではない），あくまでも，売上総利益の額を求めるという決算特有の目的から行われる。このような決算特有の事情のために行われる特別な仕訳のことを**決算整理仕訳**という。

check

　次の各文章のうち，正しいものには○を，そうでないものには×を答えなさい。
　⑴　商品売買取引から得られた利益の額は，期中に売上勘定に記録された商品の販売価額から，期中に仕入勘定に記録された商品の取得原価を差し引くことで計算できる。
　⑵　期中に仕入勘定に記録された金額は，その会計期間における売上原価の額と必ず一致する。

2．売上原価の計算方法

　会計期間中の売上総利益を計算するため，商品の販売価額から差し引くべき売上原価の額は，次の計算式によって求められる。

売上原価＝期首商品棚卸高＋当期商品仕入高－期末商品棚卸高

　当期商品仕入高とは，企業が当期中に仕入れた商品の取得原価（返品等した金額を除いた純額）をいう。当期中に仕入れた商品の取得原価は仕入勘定に記録されているため，仕入勘定

図表 12－1　商品の仕入と売上のタイミングのズレ

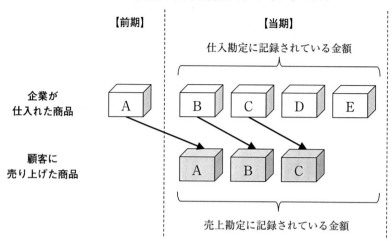

の残高金額がそのまま当期商品仕入高となる（図表 12－1 の B・C・D・E）。

　期首商品棚卸高とは，企業が当期首に保有していた商品をいい，その金額は，前期末に保有していた商品の取得原価に等しい（図表 12－1 の A）。一方，**期末商品棚卸高**とは，企業が当期中に販売せず（できず），期末に保有している商品の取得原価をいう（図表 12－1 の D・E）。

　売上原価は，期首商品棚卸高（A）に当期商品仕入高（B・C・D・E）を加え，そこから当期中に販売されなかった商品の取得原価である期末商品棚卸高（D・E）を差し引いて計算される。この計算の結果，当期中に販売された商品 A・B・C の取得原価が当期の売上原価ということになる。

check

　次の各問いに答えなさい。
　⑴　期首商品棚卸高が 800,000 円，当期商品仕入高が 6,000,000 円，期末商品棚卸高が 1,000,000 円であるとき，当期の売上原価はいくらになるか答えなさい。
　⑵　当期商品仕入高が 4,000,000 円，期末商品棚卸高が 700,000 円であるとき，当期の売上原価はいくらになるか答えなさい（期首商品棚卸高はなかったものとする）。

3．売上原価を計算するための決算整理仕訳

　売上原価の額を計算するための決算整理仕訳には，仕入勘定に記録されている金額を修正する方法と，新たに売上原価勘定を設けてそこで計算する方法の 2 つがある。どちらの方法で計算しても，その結果として得られる売上原価の額は同じになる。

⑴　仕入勘定の金額を修正する方法

　仕入勘定には，期中に仕入れた商品の取得原価（当期商品仕入高）が記録されているため，

図表12－2　仕入勘定の金額を修正する方法（勘定連絡図）

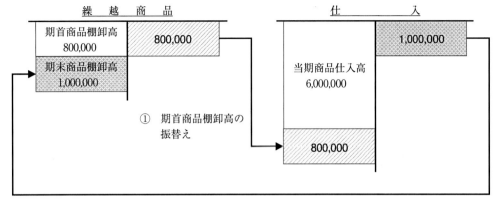

② 期末商品棚卸高の振替え

売上原価を計算するためには，①この金額に期首商品棚卸高を加え，②ここから期末商品棚卸高を差し引けばよい。仕入勘定は費用の勘定なので，加える金額は借方に，差し引く金額は貸方に記録する。

このとき，仕入勘定の相手勘定となるのが**繰越商品勘定**である。繰越商品勘定は，期末に保有している商品の取得原価を次の会計期間に繰り越すために設けられる資産の勘定である。決算整理仕訳では，①まず，前期から繰り越されてきた期首商品棚卸高を仕入勘定に移動させる（振り替える）ために，繰越商品勘定の貸方にその金額を記録するとともに，②次期に繰り越す期末商品棚卸高を仕入勘定から取り除き，その金額を繰越商品勘定の借方に記録する（図表12－2参照）。

設例12－1

期首商品棚卸高が800,000円，当期商品仕入高が6,000,000円，期末商品棚卸高が1,000,000円であるとき，当期の売上原価を計算するための決算整理仕訳を示しなさい。なお，売上原価は仕入勘定で計算するものとする。

〔解答〕

（借）仕　　　　　入	800,000	（貸）繰　越　商　品	800,000
（借）繰　越　商　品	1,000,000	（貸）仕　　　　　入	1,000,000

これら2つの仕訳を繰越商品勘定，仕入勘定に転記すると，それぞれ図表12－2の①，②のようになる。このとき，仕入勘定に残った金額（残高金額）の5,800,000円（＝6,000,000円＋800,000円－1,000,000円）が当期の売上原価になる。なお，当期商品仕入高の記録は，会計期間中に行われているため，決算整理仕訳では何も行う必要はない。

なお，この一連の仕訳を行った後，仕入勘定の残高金額は当期の商品仕入高ではなく，売上原価を表すことになるので注意されたい。

図表12－3　売上原価勘定で計算する方法（勘定連絡図）

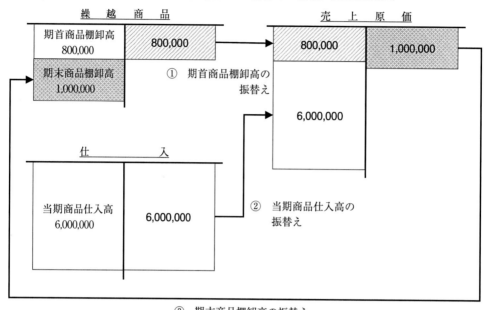

③　期末商品棚卸高の振替え

⑵　売上原価勘定で計算する方法

　これに対して，新たに**売上原価勘定**を設けて計算する方法では，まず，①期首商品棚卸高を繰越商品勘定から，②当期商品仕入高を仕入勘定からそれぞれ売上原価勘定に振り替える。この2つの仕訳を行うことによって，売上原価勘定の借方は，仕入勘定の金額を修正する形で売上原価を計算した場合と同じ状態（期首商品棚卸高と当期商品仕入高が記録されている状態）になる。③ここから期末商品棚卸高を売上原価勘定から繰越商品勘定に振り替えれば，売上原価勘定に残った金額が当期の売上原価となる（図表12－3参照）。

設例12－2
　期首商品棚卸高が800,000円，当期商品仕入高が6,000,000円，期末商品棚卸高が1,000,000円であるとき，当期の売上原価を計算するための仕訳を示しなさい。なお，売上原価は売上原価勘定で計算するものとする。

〔解答〕

（借）売　上　原　価	800,000	（貸）繰　越　商　品	800,000
（借）売　上　原　価	6,000,000	（貸）仕　　　　　入	6,000,000
（借）繰　越　商　品	1,000,000	（貸）売　上　原　価	1,000,000

　これら3つの仕訳を繰越商品勘定，仕入勘定，売上原価勘定に転記すると，それぞれ図表12－3の①，②，③のようになる。このとき，売上原価勘定に残った金額（残高金額）の

5,800,000 円（= 800,000 円 + 6,000,000 円 − 1,000,000 円）が当期の売上原価になる。この金額は，仕入勘定の金額を修正して売上原価を計算した場合と同じ金額となる。

check

次の各問いに答えなさい。

(1) 決算整理を行う直前において繰越商品勘定に記録されている金額は，期首商品棚卸高，当期商品仕入高，期末商品棚卸高のどれか答えなさい。

(2) 売上原価の額を仕入勘定で計算する場合，決算整理仕訳において仕入勘定の貸方に記録される金額は，期首商品棚卸高，当期商品仕入高，期末商品棚卸高のどれか答えなさい。

(3) 売上原価の額を売上原価勘定で計算する場合，決算整理仕訳において仕入勘定の貸方に記録される金額は，期首商品棚卸高，当期商品仕入高，期末商品棚卸高のどれか答えなさい。

(4) 売上原価の額を仕入勘定で計算する場合，決算整理仕訳において当期商品仕入高の処理を行う必要がない理由を説明しなさい。

第2節 未使用の郵便切手，収入印紙の処理

1．未使用の郵便切手，収入印紙の調整の必要性

郵便切手や収入印紙は，購入後，短期間のうちに使用されるものであるため，記帳の手間を削減する目的で，消耗品（第4章参照）と同じように，それらを購入したときに費用の勘定（通信費勘定，租税公課勘定）を使って記録してしまうことが普通である。

損益計算書上，純利益の額は，収益の額から費用の額を差し引くことで計算されるから（第1章参照），郵便切手や収入印紙を購入すれば，それだけ費用の額が増え，純利益の額は減少する。企業に対して課せられる税金のなかには，法人税，住民税，事業税のような企業の純利益に対して課せられるものがあるため（第14章参照），純利益の額を減らすことには，企業が納付すべき税金の額を減らす経済的効果がある。

納税額を減らすために無駄遣いをするというのは本末転倒のようにも思われるが，郵便切手や収入印紙は第三者に売却するなどして現金の形に戻すことができるため，節税をした後，その手段として使った現金を取り戻すこともできる。このため，換金するにあたって若干の負担が生じたとしても，その節税効果まで考えれば単純に「無駄」にはならない。

会計期間中に購入した郵便切手や収入印紙の額をそのまま費用の勘定に計上させておくことには，このような形で問題が生じる可能性があるため，決算にあたって，一定の調整を行う必要がある。

check

次の各文章のうち，正しいものには○を，そうでないものには×を答えなさい。

(1) 郵便切手や収入印紙を費用の勘定に記録している場合，もし決算にあたって何の調整も行わなければ，郵便切手や収入印紙を購入すればするほど純利益の額を減らすことができる。

(2) 未使用の郵便切手や収入印紙は，売却することができる。

図表12 − 4　郵便切手・収入印紙の未使用額の振替え（勘定連絡図）

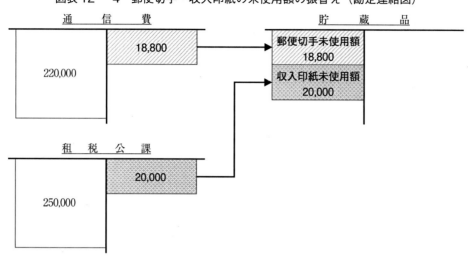

2．未使用の郵便切手，収入印紙を貯蔵品勘定に振り替える仕訳

　期末に未使用の郵便切手，収入印紙を保有している場合，その金額を費用の勘定（通信費勘定，租税公課勘定）から取り除いて，資産の勘定である**貯蔵品勘定**に振り替える。貯蔵品勘定は，企業が保有する資産のうち，企業の営業活動に使用されていないものの取得原価を記録しておくために使用される勘定である（図表12 − 4参照）。

　設例12− 3

　決算にあたり，郵便切手と収入印紙の未使用額を確かめたところ，それぞれ18,800円，20,000円であった。これらの金額を貯蔵品勘定に振り替えるための仕訳を示しなさい。なお，会計期間中に購入した郵便切手，収入印紙の額は，それぞれ通信費勘定，租税公課勘定に記録されており，各勘定の残高金額はそれぞれ220,000円，250,000円であった。

〔解答〕

（借）貯　蔵　品	38,800	（貸）通　信　費	18,800
		租　税　公　課	20,000

　郵便切手も収入印紙も，その未使用額はまとめて貯蔵品勘定に記録してしまってよい。貯蔵品勘定は資産の勘定であり，資産は，貸借対照表上，借方側に記載されるものであるから，その金額は借方に記録する。

　この振り替えを行った結果，通信費勘定，租税公課勘定の残高として計算される当期の費用の額は，それぞれ201,200円（＝ 220,000円− 18,800円），230,000円（＝ 250,000円− 20,000円）となる。

３．再振替仕訳

　期末に未使用の郵便切手，収入印紙の額を貯蔵品勘定に振り替えた場合，新しい会計期間に係る会計帳簿の記録を始めるに先立って，貯蔵品勘定に記録した金額を元の通信費勘定，租税公課勘定に振り戻す。これを**再振替仕訳**という。

　もともと郵便切手や収入印紙が費用の勘定に記録されていたのは，記帳の手間を削減するためであった。郵便切手や収入印紙が資産の勘定（貯蔵品勘定）に記録されたままであると，それらを使用するたびに費用の勘定（通信費勘定，租税公課勘定）に振り替える手間がまた生じることになってしまう。そこで，純利益の額を計算できたら，会計帳簿上の記録を本来の形に戻して，この余計な手間が再び発生しないようにするのである。

|設例12−4|

　|設例12−3| で貯蔵品勘定に振り替えた未使用の郵便切手 18,800 円，収入印紙 20,000 円について，新しい会計期間の記録を始めるにあたって，元の通信費勘定，租税公課勘定に振り戻す。この仕訳を示しなさい。

〔解答〕

（借）通　信　費	18,800	（貸）貯　蔵　品	38,800
租　税　公　課	20,000		

　貯蔵品勘定は資産の勘定であるため，ここに記録されていた金額を元の勘定に戻したいときは，その金額を貸方に記録すればよい。

　◆繰越商品勘定と貯蔵品勘定◆

　繰越商品勘定も貯蔵品勘定も，費用の勘定に記録されている資産（商品，郵便切手・収入印紙）をその費用の勘定から取り除き，資産の勘定に振り替えたときに使用される勘定である点で共通している。

　しかし，繰越商品勘定と貯蔵品勘定では，費用の勘定に振り戻すタイミングに違いがある。繰越商品勘定に計上された金額は翌期の決算手続のなかで仕入勘定（売上原価勘定）に振り戻されるが，貯蔵品勘定に計上された金額は翌期首の開始手続のなかで通信費勘定，租税公課勘定に振り戻される。

　繰越商品勘定に記録した金額が，翌期首の開始仕訳で仕入勘定に振り戻されず，繰越商品勘定のまま据え置かれるのは，期中に仕入れた商品の額を把握したいからである。もし開始仕訳で繰越商品勘定に記録された金額を仕入勘定に振り戻してしまうと，その金額と翌期中に仕入れた商品の額が混じってしまい，仕入勘定の残高金額がその期の商品仕入高を表さなくなってしまう。商品売買取引に係る情報は，企業の経営状況を評価する上で非常に重要なものであり（第５章参照），このような特別な対応がとられている。

check

次の各文章のうち，正しいものには○を，そうでないものには×を答えなさい。

(1) 貯蔵品勘定は，将来的に費用となる通信費や印紙税の額が記録されるものであるから，費用の勘定である。

(2) 前期末に貯蔵品勘定に振り替えた郵便切手の未使用額を，当期首に通信費勘定に振り戻す場合，通信費勘定への記録は借方，貸方のどちらに行われるか答えなさい。

(3) 貯蔵品勘定に係る再振替仕訳は，新しい会計期間の期首と期末のどちらのタイミングで行われるか答えなさい。

第13章　決算手続③

第1節　減価償却

1. 減価償却の必要性

　減価償却とは，有形固定資産の取得原価を，その有形固定資産を企業の営業活動に使用できると見込まれる期間にわたって配分し，少しずつ費用として処理していく手続である。

　費用は，企業の純資産が減少した理由を意味するものであるから，有形固定資産については，その有形固定資産を売却，廃棄等して手放したときに，その金額を費用として処理するのがシンプルな考え方といえよう。しかし，今日の簿記では，このような処理方法は望ましい方法とはされていない。

　それは，今日の簿記では，企業の活動期間を一定期間ごとに区切って，その区切られた期間（会計期間）ごとに純損益の額を計算し，企業の営業活動の成果を明らかにすることが求められているからである（第1章参照）。有形固定資産は1年以上の長期にわたって使用されるものであるため（第4章参照），費用処理を有形固定資産が企業から失われる売却，廃棄等のタイミングまで行わないとすると，同じ有形固定資産を同じように使っているにもかかわらず，各期の純損益の額がその有形固定資産を売却，廃棄等したときだけ大きく減少してしまうという状況が生じてしまう（図表13－1参照）。

　投資者が受け取る配当の額（第9章参照）や，企業が納めるべき一定の税金の額（第14章参照）は，各期の純利益の額をもとに計算される。このため，有形固定資産に係る費用の額

図表13－1　減価償却が各期の純利益の計算に与える影響

(1)　**減価償却を行わなかった場合**

	第1期	第2期	第3期	第4期	第5期
各期の収益の額	400	400	400	400	400
有形固定資産に係る費用の額	0	0	0	0	△500
その他の費用の額	△250	△250	△250	△250	△250
各期の純利益（△は純損失）	150	150	150	150	△350

(2)　**減価償却を行った場合**

	第1期	第2期	第3期	第4期	第5期
各期の収益の額	400	400	400	400	400
有形固定資産に係る費用の額	△100	△100	△100	△100	△100
その他の費用の額	△250	△250	△250	△250	△250
各期の純利益	50	50	50	50	50

が大きく変動してしまうと，これらの配当や税金の額も大きく変動する結果となり，投資者間で不公平感が生じたり，国等を運営するにあたって必要な歳入を安定的に得ることが難しくなったりしてしまう。

　このため，現在，有形固定資産については，その有形固定資産を手放す前から減価償却を通じて少しずつ費用を計上していき，各期の純損益の額に大きな変動が起こらないように処理することが望ましいとされている。

　ただし，有形固定資産のうち，土地については，物理的に存在がなくなってしまうということはなく，その使用後，売却を通じて，無視できない金額の収入を得ることができるため，減価償却は行わないこととなっている。

check

　次の各文章のうち，正しいものには○を，そうでないものには×を答えなさい。
(1)　有形固定資産は，複数の会計期間にわたって継続して使用される。
(2)　減価償却とは，有形固定資産を売却等したときに，その取得原価を一時に費用として処理することをいう。
(3)　土地も有形固定資産であるから，減価償却を行う必要がある。

２．定額法による減価償却費の計算

　減価償却によって，各期に計上される費用の額のことを**減価償却費**という。有形固定資産の価値を客観的に評価することは非常に困難であり，また，できたとしても多くのコストがかかることから，減価償却費の額は，計算式を使って求めることになっている。

　減価償却費の額を計算する方法にはいくつかのものがあるが，ここでは**定額法**とよばれる方法について学習する。定額法では，次の計算式によって，各期に配分される費用の額が計算される。

減価償却費の額（1年分）：（取得原価－残存価額）÷耐用年数

　減価償却費の計算を行うにあたっては，まず，有形固定資産の取得原価から残存価額を差し引く。この金額は，有形固定資産について費用として処理すべき金額の総額を意味し，**要償却額**ともよばれる。**残存価額**とは，その有形固定資産を使用した後，その有形固定資産（部品，原料等を含む）を売却したとした場合に得られると見込まれる金額をいう。将来，その見込み通りに売却することができれば，企業が有形固定資産を購入等したときに支出した金額の一部を回収できることになるため，この金額は減価償却費の計算からは除外される。

　次に，この有形固定資産の要償却額を有形固定資産の耐用年数で割る。**耐用年数**とは，その有形固定資産を企業が使用できると見込まれる年数のことをいう。耐用年数で割ることによって，要償却額のうち，1年分の費用として計上すべき金額を計算することができる。会計期間の長さが1年間であり，かつ，期首から期末まで継続してその有形固定資産を使用していたならば，この金額がその会計期間の減価償却費の額となる。

　これに対して，会計期間の途中で有形固定資産を取得したり，会計期間の途中で有形固定資産を売却，廃棄等したりした場合は，会計期間中の使用期間が1年間よりも短くなる。この場合は，1年分の減価償却費の額を会計期間中の使用月数に応じて按分する**月割計算**とよばれる処理が行われることが一般的である。なお，1か月未満の使用期間がある場合，その期間については，1か月に切り上げて計算する。

減価償却費の額（使用期間が1年未満の場合）：
　　　　　減価償却費の額（1年分）÷ 12 ×当期中の使用月数

check

　次の各問いに答えなさい。

(1) 取得原価 9,000,000 円，残存価額 900,000 円，耐用年数 30 年の建物について，定額法により，当期の減価償却費の額を求めなさい。なお，会計期間は1年間であり，この建物は期首から期末まで継続して使用している。

(2) 取得原価 1,500,000 円，残存価額 0 円，耐用年数 8 年の車両運搬具について，定額法により，当期の減価償却費の額を求めなさい。なお，会計期間は1年間であり，この車両運搬具は，当期中8か月間使用している。

3．減価償却の仕訳の方法

　期末に保有する有形固定資産について減価償却費を計上するために行われる仕訳の方法には，直接法と間接法の2つがある。どちらも減価償却費を計上するための仕訳であるから，その金額が減価償却費勘定に記録されるところは変わらない。直接法と間接法の違いは，減価償却費勘定の相手勘定にある。

　直接法の場合，減価償却費勘定の相手勘定は，有形固定資産を取得したときにその取得原価が記録された勘定（建物勘定，備品勘定，車両運搬具勘定など）となる。直接法では，減価償却費の額が，毎期，有形固定資産の各勘定から減らされていくことになるため，各勘定の残高金額は，有形固定資産の取得原価からそれまでに計上された減価償却費の額を差し引いた残額を意味する。この残額のことを有形固定資産の**未償却残高**という。

　間接法の場合，減価償却費勘定の相手勘定は，**減価償却累計額勘定**となる（建物減価償却累計額勘定，備品減価償却累計額勘定，車両運搬具減価償却累計額勘定のように減価償却を行った有形固定資産の種類ごとに勘定が分けられる場合もある）。減価償却累計額勘定は，有形固定資産の各勘定の金額を減らさない代わりに設けられる特別の勘定である。このような資産の勘定の金額を減らす代わりとして使用される勘定のことを**評価勘定**という。評価勘定を使用することで，有形固定資産の取得原価をその勘定にそのまま維持することができる。評価勘定には，この他にも貸倒引当金勘定（第20章参照）などがある。

図表13－2　直接法と間接法の違い（勘定連絡図）

(1)　直接法で仕訳した場合

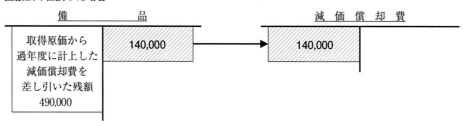

(2)　間接法で仕訳した場合

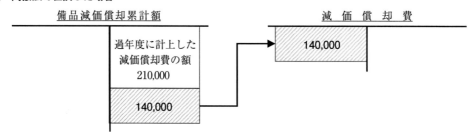

設例13－1

　決算にあたり，当社が保有する備品について定額法により減価償却を行う。この備品の取得原価は700,000円，残存価額は0円，耐用年数は5年である。また，会計期間は1年間であり，この備品は期首から期末まで継続して使用している。

⑴　直接法で仕訳した場合

| （借）減 価 償 却 費 | 140,000* | （貸）備　　　　　品 | 140,000 |

　　＊　（700,000円－0円）÷5年＝140,000円

　企業の会計期間は1年間であり，また，この備品は期首から期末まで継続して使用されているから，1年分の減価償却費の額をそのまま当期の減価償却費の額とすればよい。減価償却費勘定は費用の勘定であり，費用は，損益計算書上，借方側に記載されるから，その金額は借方に記録すればよい。

　直接法において，減価償却費勘定の相手勘定は，有形固定資産の購入時にその取得原価が記録される勘定になるから，この設例の場合は備品勘定を使用することになる。

⑵　間接法で仕訳した場合

| （借）減 価 償 却 費 | 140,000 | （貸）備品減価償却累計額 | 140,000 |

　間接法では，減価償却費勘定の相手勘定として，有形固定資産の取得原価が記録される勘

定の代わりに，減価償却累計額勘定を使用する。なお，ここでは備品の減価償却を行っているため，備品減価償却累計額勘定としている。

check

次の各文章のうち，正しいものには○を，そうでないものには×を答えなさい。

(1) 減価償却の仕訳の方法には直接法と間接法の2つがあり，どちらの方法を採用するかによって減価償却費の額も変わる。

(2) 減価償却の仕訳を直接法で行った場合，有形固定資産の各勘定の残高金額は，その有形固定資産の取得原価と一致しなくなる。

第2節　決算振替仕訳

1．決算振替仕訳の流れ

決算整理仕訳が終わった後は，決算振替仕訳を行う。**決算振替仕訳**とは，収益，費用の各勘定に記録された金額を純資産の勘定に振り替えるために行われる仕訳をいう。

収益，費用は，もともと純資産の増加理由，減少理由として定義されているものであるが，純資産は，企業の営業取引だけでなく，資本取引（第9章参照）によっても増減するため，企業の営業活動の成果を明らかにするためには，両者を区別しておいた方が便利である。そこで，簿記では，企業の営業活動によって生じた純資産の増減額を，直接純資産の勘定に記録するのではなく，いったん収益，費用の各勘定に記録することとしていた（第2章参照）。

しかし，収益，費用とされた金額も純資産の増減額であることに変わりはない。そこで，修正仕訳や決算整理仕訳を通じて，当期の収益，費用の額とすべき金額が確定したら，収益，費用の各勘定に記録されていた金額を，まとめて純資産の勘定に振り替え，純資産の額も増減させる。

決算振替仕訳は，次の2つのステップで行われる（図表13－3参照）。

① 収益，費用の各勘定の残高金額を損益勘定に集める（**損益振替仕訳**）

② 損益勘定の残高金額を純資産の勘定である繰越利益剰余金勘定に振り替える（**資本振替仕訳**）

check

次の各問いに答えなさい。

(1) 決算振替仕訳は，どのような目的で行われる仕訳であるか答えなさい。

(2) 決算振替仕訳には2つの仕訳がある。この2つの仕訳の名前を答えなさい。

2．損益振替仕訳

損益振替仕訳は，収益，費用の各勘定の残高金額を**損益勘定**に集めるために行われる仕訳

図表13－3　決算振替仕訳のイメージ（勘定連絡図）

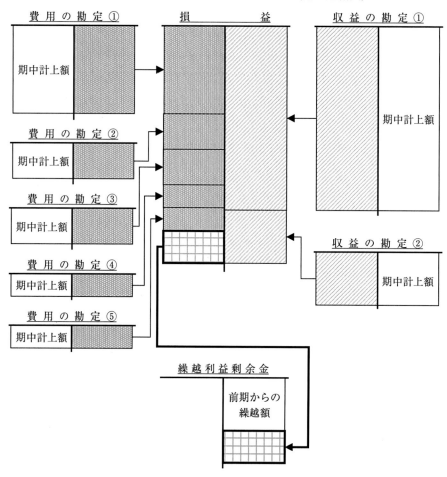

である（図表13－3の細矢印部分）。

　会計期間中，収益の各勘定には貸方に，費用の各勘定には借方に記録が行われているため，これらを損益勘定に集めると，損益勘定の貸方には収益の各勘定に記録された金額が，損益勘定の借方には費用の各勘定に記録された金額が並ぶことになる。

　損益勘定に金額を移したので，収益，費用の各勘定の残高金額はゼロとなっていなければおかしい。そこで，収益の各勘定については借方，費用の各勘定については貸方に損益勘定に移した残高金額を記録することによって，借方合計と貸方合計を一致させる。各勘定の残高金額は，借方合計と貸方合計の差額として計算されるから（第10章参照），これらの金額が一致すれば，各勘定の残高金額はゼロとなる。

設例13−2

決算整理仕訳が終わった後，収益，費用の各勘定の記録は次のようになっていた。この記録をもとに，損益振替仕訳を行うとともに，これを各勘定に転記しなさい。

売 上		受 取 利 息		仕 入	
30	1,200		5	330	30
				20	

給 料		法定福利費		減価償却費	
270		30		220	

旅費交通費		通 信 費		水道光熱費	
85		45	5	30	

支 払 家 賃		租 税 公 課		支 払 利 息	
90		25	5	10	

(1) 損益振替仕訳

(借)売	上	1,170	(貸)損	益	1,170
(借)受 取 利 息		5	(貸)損	益	5
(借)損	益	320	(貸)仕	入	320
(借)損	益	270	(貸)給	料	270
(借)損	益	30	(貸)法 定 福 利 費		30
(借)損	益	220	(貸)減 価 償 却 費		220
(借)損	益	85	(貸)旅 費 交 通 費		85
(借)損	益	40	(貸)通 信 費		40
(借)損	益	30	(貸)水 道 光 熱 費		30
(借)損	益	90	(貸)支 払 家 賃		90
(借)損	益	20	(貸)租 税 公 課		20
(借)損	益	10	(貸)支 払 利 息		10

収益，費用の各勘定のなかには，借方，貸方の両方に金額が記録されているものもあるが，損益振替仕訳では，これらを別々に損益勘定に振り替えるのではなく，各勘定の残高金額（借方合計と貸方合計の差額）を損益勘定に振り替える。

(2) 損益振替仕訳後の各勘定の記録

① 収益，費用の各勘定（損益勘定に振り替えた金額を**太字**で示す）

売 上	
30	1,200
1,170	

受取利息	
5	5

仕 入	
330	30
20	**320**

給 料	
270	**270**

法定福利費	
30	**30**

減価償却費	
220	**220**

旅費交通費	
85	**85**

通 信 費	
45	5
	40

水道光熱費	
30	**30**

支払家賃	
90	**90**

租税公課	
25	5
	20

支払利息	
10	**10**

② 損益勘定

損		益	
仕 入	320	売 上	1,170
給 料	270	受 取 利 息	5
法 定 福 利 費	30		
減 価 償 却 費	220		
旅 費 交 通 費	85		
通 信 費	40		
水 道 光 熱 費	30		
支 払 家 賃	90		
租 税 公 課	20		
支 払 利 息	10		

　なお，損益勘定では，収益，費用のどの勘定からどれだけの金額が移されてきたかを明確にするため，諸口（第2章参照）は使わず，振替元のすべての勘定科目を個別に列挙する。

check

次の各文章のうち，正しいものには○を，そうでないものには×を答えなさい。

(1) 損益振替仕訳を行う直前において，費用の各勘定の残高金額は，通常，貸方残高となっている。

(2) 収益の各勘定の残高金額を損益勘定に振り替える仕訳において，借方に記録が行われるのは損

図表13－4　2つの資本振替仕訳（勘定連絡図）

(1)　収益総額＞費用総額の場合

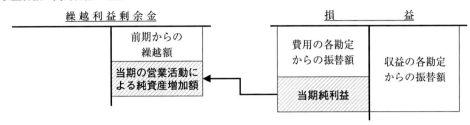

(2)　収益総額＜費用総額の場合

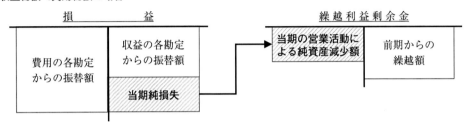

益勘定となる。
(3)　損益振替仕訳を行った後，収益，費用の各勘定の残高金額はすべてゼロとなる。

3．資本振替仕訳

　資本振替仕訳とは，収益，費用の各勘定の残高金額が集められた損益勘定の残高金額を純資産の勘定に振り替えるために行われる仕訳である（図表13－4の太矢印部分）。

　損益勘定の残高金額は，借方残高になることもあれば，貸方残高になることもある。収益の総額の方が大きい場合は貸方残高となり，費用の総額の方が大きい場合は借方残高となる。

　株式会社の場合，損益勘定の残高金額が振り替えられる先の純資産の勘定は**繰越利益剰余金勘定**となるが，損益勘定が貸方残高となる場合は，その金額が繰越利益剰余金勘定の貸方に移され，損益勘定が借方残高となる場合は，その金額が繰越利益剰余金勘定の借方に移される（図表13－4参照）。

　なお，残高金額を繰越利益剰余金勘定に移した後の損益勘定に金額が残っているのはおかしいため，損益勘定についても，合計金額が小さい方に繰越利益剰余金勘定に振り替えた金額を追加して，残高をゼロにする。

　設例13－3

　次の損益勘定の記録をもとに，資本振替仕訳を行うとともに，これを各勘定に転記しなさい。なお，繰越利益剰余金勘定の貸方には前期から繰り越された200円が記録されている。

損			益		
仕	入	320	売	上	1,170
給	料	270	受 取 利 息		5
法 定 福 利 費		30			
減 価 償 却 費		220			
旅 費 交 通 費		85			
通 信 費		40			
水 道 光 熱 費		30			
支 払 家 賃		90			
租 税 公 課		20			
支 払 利 息		10			

⑴ 資本振替仕訳

（借）損 益	60	（貸）繰越利益剰余金	60

　与えられた損益勘定は，借方合計 1,115 円，貸方合計 1,175 円であり，60 円の貸方残高となっている。このため，繰越利益剰余金勘定の貸方にこの 60 円を記録するとともに，損益勘定の借方にこれと同じ金額を記録することで，損益勘定の残高をゼロにする。

⑵ 資本振替仕訳後の各勘定の記録
① 損益勘定（繰越利益剰余金勘定に振り替えた金額を**太字**で示す）

損			益		
仕	入	320	売	上	1,170
給	料	270	受 取 利 息		5
法 定 福 利 費		30			
減 価 償 却 費		220			
旅 費 交 通 費		85			
通 信 費		40			
水 道 光 熱 費		30			
支 払 家 賃		90			
租 税 公 課		20			
支 払 利 息		10			
繰越利益剰余金		**60**			

②　繰越利益剰余金勘定（損益勘定から振り替えられた金額を**太字**で示す）

繰　越　利　益　剰　余　金

	前　期　繰　越	200
	損　　　　益	**60**

　なお，繰越利益剰余金勘定に振り替えられた金額は，その後，株主総会の決議を経て，株主に配当されたり，準備金または積立金として企業内部に留保されたりする（第9章参照）。

check

　次の各文章のうち，正しいものには○を，そうでないものには×を答えなさい。

(1)　資本振替仕訳の結果，損益勘定の残高金額はゼロとなる。

(2)　資本振替仕訳において貸方に損益勘定の記録が行われるのは，収益の総額よりも費用の総額の方が多かったときである。

(3)　株式会社の場合，資本振替仕訳において，損益勘定の残高金額が振り替えられる先の純資産の勘定は資本金勘定である。

　決算振替仕訳が終わったら，総勘定元帳上に設けられたすべての勘定を締切る。この締切りの方法については，付録A（p.220）を参照されたい。

第14章 決算手続④

第1節 財務諸表の作成

1．損益計算書

　損益計算書には，収益，費用，そしてそれらの差額として計算される純損益が記載される（第1章参照）。収益，費用の各勘定の残高金額は，決算振替仕訳の1つである損益振替仕訳によって（第13章参照），すべて損益勘定に集められてしまっているから，損益計算書の作成にあたっては，この損益勘定に行われた記録を利用するのが便利である。

　損益計算書には，総勘定元帳に設けられていた勘定科目ごとに収益，費用の金額を記載していくことが基本となるが，次の2つの勘定の金額については，損益計算書上，特別の名前をつけて表記する。

- ・ 売上勘定……売上高
- ・ 仕入勘定……売上原価（売上原価を仕入勘定で計算した場合）

　損益計算書上，純損益の額は，収益と費用のどちらか小さい方に記載される。費用の方が小さければその金額は借方側に記載され，収益の方が小さければその金額は貸方側に記載される（図表14－1参照）。これは，決算振替仕訳の1つである資本振替仕訳において（第13章参照），繰越利益剰余金勘定に振り替えた金額が記録されるのと同じ側である。なお，純損益は，収益でも費用でもないものであるため，損益計算書上，収益，費用と混同しないように，赤字で表示することになっている。

図表14－1　損益計算書（図表1－3再掲）

(1) 収益＞費用の場合

損　益　計　算　書

費　　　用	収　　　益
純　利　益	

(2) 収益＜費用の場合

損　益　計　算　書

費　　　用	収　　　益
	純　損　失

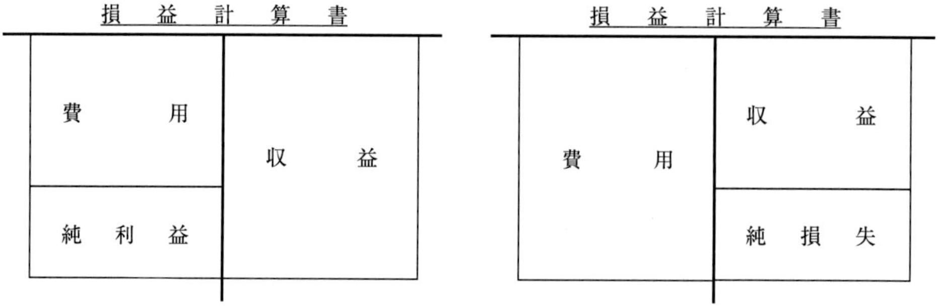

設例14－1

　次の○○株式会社における損益勘定の記録をもとに，損益計算書を作成しなさい。なお，会計期間は，20X1年4月1日から20X2年3月31日までの1年間である。

損		益	
仕　　　　　入	7,300	売　　　　　上	26,000
給　　　　　料	6,600	受　取　地　代	2,000
法 定 福 利 費	700		
減 価 償 却 費	4,300		
旅 費 交 通 費	2,650		
通　　信　　費	1,400		
水 道 光 熱 費	930		
支 払 手 数 料	500		
租 税 公 課	800		
支 払 利 息	20		
繰 越 利 益 剰 余 金	2,800		

損　益　計　算　書

○○株式会社　　20X1年4月1日～20X2年3月31日　　（単位：円）

費用	金額	収益	金額
売　上　原　価	7,300	売　　上　　高	26,000
給　　　　　料	6,600	受　取　地　代	2,000
法 定 福 利 費	700		
減 価 償 却 費	4,300		
旅 費 交 通 費	2,650		
通　　信　　費	1,400		
水 道 光 熱 費	930		
支 払 手 数 料	500		
租 税 公 課	800		
支 払 利 息	20		
当 期 純 利 益	**2,800**		
	28,000		28,000

　損益計算書は，企業外部の人々も目にするものであるから，企業名，会計期間，金額単位なども明記する。また，売上勘定，仕入勘定の残高金額は，売上高，売上原価として記載する。

　この設例では，収益が合計28,000円，費用が合計25,200円であるから，その差額2,800円

は当期の純利益の額を表す。そこで、借方側に列挙されている費用の下に、この2,800円を**当期純利益**として記載する。なお、この金額は費用の金額ではないから、当期純利益の表記は赤字で行う（本書では太字で表記している）。

最後に、借方側、貸方側のそれぞれについて合計金額を計算し、両者が一致することを確認したら損益計算書は完成となる。

check

次の各文章のうち、正しいものには○を、そうでないものには×を答えなさい。
(1) 損益計算書は、損益勘定に行われた記録をそのまま書き写すだけで作成できる。
(2) 売上原価の額を仕入勘定で計算した場合も、損益計算書上は、その金額を売上原価として表記しなければならない。
(3) 損益計算書上、当期純利益は費用と同じ側に記載されるが、当期純損失も費用と同じ側に記載される。

2．貸借対照表

貸借対照表には、資産、負債、純資産が記載される（第1章参照）。資産、負債、純資産の各勘定の残高金額は、収益、費用の勘定のように1か所に集められているわけではないため、貸借対照表を作成する前に、一度、残高試算表を作成してみると、貸借対照表の作成がやりやすくなるだろう。

貸借対照表に記載する項目も、基本的には勘定科目をそのまま使用して構わないが、次の2つについては、貸借対照表上、特別の名前をつけて表記する。

・　普通預金○○支店のように内訳金額を記録するための勘定……普通預金に集約
・　繰越商品勘定……商品

なお、減価償却累計額勘定、貸倒引当金勘定（第20章参照）のような資産の取得価額とあわせて利用される評価勘定の残高金額も、これらとあわせて貸借対照表に記載されるが、これらの勘定の残高金額は貸方ではなく、対応する資産の残高金額が書かれている直下にマイナスの金額として記載する。有形固定資産の未償却残高は、その有形固定資産の取得原価から減価償却累計額を差し引くことによって計算されるため（第13章参照）、取得原価の直下に記載されていた方が、その情報を利用しやすいのである。

設例14－2

次の○○会社における決算振替仕訳後の各勘定の記録をもとに、残高試算表を作成したうえで、貸借対照表を作成しなさい。なお、会計期間は、20X1年4月1日から20X2年3月31日までの1年間である。

現　　金		普通預金		売　掛　金	
1,050		6,600		2,200	

繰越商品		貯　蔵　品		備　　品	
1,100	1,100	450		18,400	
1,300					

車両運搬具		買　掛　金		未　払　金	
12,000			700		9,000

借　入　金		備品減価償却累計額		車両運搬具減価償却累計額	
	5,000		4,600		3,000
			2,300		2,000

資　本　金		繰越利益剰余金	
	8,000		4,600
			2,800

(1)　残高試算表

残　高　試　算　表

借方金額	勘定科目	貸方金額
1,050	現　　　　　金	
6,600	普　通　預　金	
2,200	売　　掛　　金	
1,300	繰　越　商　品	
450	貯　　蔵　　品	
18,400	備　　　　　品	
12,000	車　両　運　搬　具	
	買　　掛　　金	700
	未　　払　　金	9,000
	借　　入　　金	5,000
	備品減価償却累計額	6,900
	車両運搬具減価償却累計額	5,000
	資　　本　　金	8,000
	繰　越　利　益　剰　余　金	7,400
42,000		42,000

⑵　貸借対照表

貸　借　対　照　表

○○株式会社　　　　　　20X2年3月31日現在　　　　　　（単位：円）

資産	金額		負債・純資産	金額
現　　　　金		1,050	買　掛　金	700
普　通　預　金		6,600	未　払　金	9,000
売　　掛　　金		2,200	借　入　金	5,000
商　　　　品		1,300	資　本　金	8,000
貯　　蔵　　品		450	繰越利益剰余金	7,400
備　　　　品	18,400			
減価償却累計額	△　6,900	11,500		
車　両　運　搬　具	12,000			
減価償却累計額	△　5,000	7,000		
		30,100		30,100

　貸借対照表も，企業外部の人々が目にするものであるから，企業名等の記載は必要である。なお，貸借対照表は，損益計算書とは違い，期末の財産の状況を表すものであるから，会計期間ではなく，期末の日付を書く。また，繰越商品勘定の残高金額は，商品として記載する。

　減価償却累計額は，それぞれ対応する有形固定資産の残高金額（取得原価）の下に書く。どちらも総勘定元帳では貸方にその金額が記録されているが，有形固定資産の残高金額の下に書くため，借方側に移動する。なお，未償却残高を計算するにあたって，金額がマイナスされるものであることを明らかにするために，減価償却累計額の金額の前には△を書く。また，減価償却累計額を差し引いた後の未償却残高は，減価償却累計額の横に書く。

　貸借対照表でも，借方側，貸方側のそれぞれについて合計金額を計算し，両者が一致することを確かめる。なお，評価勘定の金額があるものについては，これを差し引いた後の残額（未償却残高等）のみを合計する。

check

　次の各文章のうち，正しいものには○を，そうでないものには×を答えなさい。
⑴　貸借対照表に記載される日付は，期首の日付である。
⑵　貸借対照表上，商品の額として記載される金額は，繰越商品勘定の残高金額と同じである。
⑶　貸借対照表上，減価償却累計額は，対応する資産とともに借方側に記載される。

第2節　法人税・住民税・事業税

　法人税，**住民税**，**事業税**は，企業がその営業活動を通じて稼いだ純利益に対して課される税である。法人税，住民税，事業税の処理は，中間申告と確定申告の2つのタイミングで必要となる。中間申告とは，消費税の中間申告・納付と同じように（第7章参照），当期の納税

額の一部を前納するものであり，確定申告とは，決算手続を経て確定した当期の利益の額を
もとに計算された当期分の確定納税額と中間納付額との差額を追加で申告・納付するもので
ある（中間納付額の方が多い場合は，その差額について還付を受ける）。

　法人税，住民税，事業税の中間申告，納付をした場合，その納付による純資産の減少額は，
仮払法人税等勘定に記録する。ここで納付した金額は，後に，確定申告において納付すべき
金額を減らすことになるため，これが記録される仮払法人税等勘定は資産の勘定である。

　次に，決算手続を経て，当期分の税額が確定したときは，その確定した金額を**法人税，住**
民税及び事業税勘定の借方に記録する。中間納付した税額よりも，ここで確定した税額の方
が多かった場合，法人税，住民税及び事業税勘定の相手勘定として貸方に記録されるのは，
仮払法人税等勘定と**未払法人税等勘定**の２つとなる。仮払法人税等勘定には中間納付した金
額を記録し，未払法人税等勘定には残りの金額を記録する。未払法人税等勘定に記録した金
額は，その後，確定申告において納付しなければならないものであるため，未払法人税等勘
定は負債の勘定である。

　設例14－3
　　次の一連の取引を仕訳しなさい。
　⑴　法人税，住民税，事業税の中間申告を行い，現金 300,000 円を納付した。
　⑵　当期分の法人税，住民税，事業税の額が 780,000 円であることが確定した。この
　　　金額を法人税，住民税及び事業税勘定に計上するとともに，⑴で計上した仮払法
　　　人税等勘定の金額を取り崩し，確定申告において納付すべき税額を未払法人税等
　　　勘定に計上した。
　⑶　⑵において納付すべきこととされた法人税，住民税，事業税の額を現金で納付し
　　　た。

⑴　法人税，住民税，事業税を中間納付したとき

（借）仮 払 法 人 税 等	300,000	（貸）現　　　　　　金	300,000

　法人税，住民税，事業税の中間納付を行ったときは，その金額を仮払法人税等勘定に記録
する。仮払法人税等勘定は資産の勘定であり，資産は，貸借対照表上，借方側に記載される
ものであるから，その記録は借方に行う。

⑵　当期分の法人税，住民税，事業税の額が確定したとき

（借）法人税, 住民税及び事業税	780,000	（貸）仮 払 法 人 税 等	300,000
		未 払 法 人 税 等	480,000

　当期分の法人税，住民税及び事業税の額が確定したときは，その金額を法人税，住民税及
び事業税勘定の借方に記録する。

　次に，中間納付した金額が記録されている仮払法人税等勘定の金額を取り崩す。当期分の税額が確定したため，「仮」の状況ではなくなったからである。仮払法人税等勘定には，中間納付を行ったときにその金額を借方に記録しているから，これを取り崩すときは同じ金額を貸方に記録すればよい。

　この設例では，確定した税額 780,000 円の方が中間納付済みの金額 300,000 円よりも多いため，その後，不足する金額を追加で納付しなければならない。この金額は，未払法人税等勘定に記録する。未払法人税等勘定は負債の勘定であり，負債は，貸借対照表上，貸方側に記載されるから，その金額は貸方に記録する。

⑶　確定申告により残りの法人税，住民税，事業税を納付したとき

（借）未 払 法 人 税 等 480,000	（貸）現　　　　　　　金 480,000

　納付により，法人税，住民税，事業税の未納額がなくなったときは，未払法人税等勘定に記録した金額も消去する必要がある。未払法人税等勘定は負債の勘定であるから，その金額を減らすときは借方に記録を行えばよい。

check

　次の仕訳について，（　　　）に入る金額を答えなさい。

　　（借）法人税, 住民税及び事業税　　500,000　　（貸）仮 払 法 人 税 等　　360,000
　　　　　　　　　　　　　　　　　　　　　　　　　　　　未 払 法 人 税 等 （　　　　　）

第15章　現金の管理

第1節　小口現金

1．小口現金とは何か

　小口現金とは，企業の経理担当部門が，日常的に発生する少額の支払いのための現金として，同じ企業内の他の部門にあらかじめ預けておくものをいう。ここで，経理担当部門から小口現金の管理を任せられた者のことを**用度係**または**小口現金係**という。

　現金は，企業のいたるところで使用される。もし，企業が保有するすべての現金が経理担当部門で保管・管理されていたならば，その企業で働く人々は現金が必要になるたびに経理担当部門に行って，現金の支給を受けなければならなくなる。このような現金管理の方法では，企業の規模が大きくなればなるほど業務の遂行に支障が出てしまう。そうかといって，何のチェックもなしに，各部署に現金をばらまき，自由に使用させるということでは，不適切な形で企業の現金が使用されてしまったり，横領をはじめとする犯罪行為を誘引してしまったりすることにもなりかねない。小口現金は，このような不適切な現金の使用を防ぎつつ，同時に，現金の支給にともなう業務負担を軽減するための仕組みとして，さまざまな企業でとりいれられてきた。

2．定額資金前渡制度（インプレスト・システム）

　定額資金前渡制度（インプレスト・システム）とは，経理担当部門が小口現金を管理する方法の1つであり，用度係から定期的に使用報告を受け，適切な報告があった部分の金額だけを補充するというものである。

　定額資金前渡制度（インプレスト・システム）には，小口現金を管理する手法として3つの長所がある。

　第1に，定期的な報告が必ず行われることである。定額資金前渡制度（インプレスト・システム）では，用度係からの報告がないかぎり，小口現金の補充が行われない。このため，用度係は，使用した小口現金を補充してもらうために，経理担当部門に対して必ず報告を行いに来る。

　第2に，横領等のリスクを抑制できることである。用度係からの報告は，原則として，領収書などの証拠資料（証憑。第1章参照）をもとに行われる。従業員が小口現金を横領等してしまった場合に領収書が発行されることはない。このような場合は経理担当部門がしっかりと確認を行うようになるため，結果として，横領等を早期に発見し，対処することが可能になる。

第3に，用度係が大規模な支出を行うことを防げることである。定額資金前渡制度（インプレスト・システム）では使用額しか補充されないため，用度係に当初の支給額を超える額が渡ることがない。経理担当部門の許可なく，取り返しのつかないような支出が行われてしまう状況を作らせないという意味で，この方法にはメリットがある。

check

次の各文章のうち，正しいものには○を，そうでないものには×を答えなさい。
(1) 小口現金も企業が保有する現金という意味では，経理担当部門が保有，管理している現金と変わらない。
(2) 小口現金を管理する担当者のことを小口現金係という。
(3) 定額資金前渡制度（インプレスト・システム）は，小口現金を管理する方法の1つで，用度係に対して，定期的に同じ金額を支給するものをいう。

3．小口現金の処理

経理担当部門が用度係に対して支給した現金の額は，経理担当部門が保有，管理している現金と区別するために，**小口現金勘定**という別の勘定を用いて記録する。小口現金も企業が保有する現金であることに変わりはないから，その金額が記録される小口現金勘定は資産の勘定である。

なお，小口現金が使用されたときの仕訳は，実際に用度係が小口現金を使用したときではなく，小口現金の使用状況について経理担当部門が報告を受けたときに行われる。用度係が経理担当部門に対して行う報告は，小口現金を使用するつどではなく，一定期間ごとにまとめて行われる。経理担当部門は，用度係が小口現金を何に，どれだけ使用したかをリアルタイムで把握することができないため，仕訳も用度係から報告を受けたときにまとめて行うこととなる。

設例15－1

次の一連の取引を仕訳しなさい。
(1) 営業部門に対して小口現金を支給することとし，1週間分の小口現金として現金50,000円を渡した。なお，当社では，小口現金の管理を定額資金前渡制度（インプレスト・システム）によって行っている。
(2) 営業部門の用度係から，今週分の小口現金の使用状況について，次の通り報告を受けた。

　　　旅費交通費　18,000円　　　消耗品費　13,000円
　　　通　信　費　5,000円　　　雑　　　費　9,000円
(3) (2)で報告を受けた内容に問題がなかったため，小口現金45,000円を現金で補充した。

図表 15 － 1　小口現金（勘定連絡図）

(1) 経理担当部門が直接支出した場合

(2) 用度係に小口現金を支給している場合

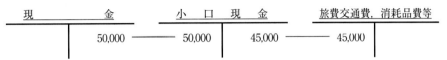

(1)　小口現金を支給したとき

（借）小 口 現 金	50,000	（貸）現　　　　金	50,000

　用度係に小口現金を支給しても，企業が保有する現金の総額に変わりはないが，現金を保有，管理している人が変わっていることを会計帳簿上明らかにするために，支給した金額を現金勘定から小口現金勘定に振り替える。この仕訳は，経理担当部門が管理している現金の額が減り，用度係が管理している現金の額が増えたということを意味している。

(2)　小口現金の使用状況について報告を受けたとき

（借）旅 費 交 通 費	18,000	（貸）小 口 現 金	45,000
消 耗 品 費	13,000		
通 信 費	5,000		
雑 費	9,000		

　用度係から小口現金の使用状況について報告を受けたときは，その報告に基づき，小口現金が何に，いくら使われたかを仕訳する。貸方に記録が行われるのが現金勘定ではなく，小口現金勘定であることに注意されたい。

(3)　小口現金を補充したとき

（借）小 口 現 金	45,000	（貸）現　　　　金	45,000

　小口現金を補充したときの仕訳は，小口現金を支給したときの仕訳と基本的に同じである。なお，小口現金の管理を定額資金前渡制度（インプレスト・システム）で行っている場合，補充される金額は，はじめに支給した金額ではなく，用度係から報告された使用額と同じ金額となる。

　補充の結果，用度係が保有，管理している小口現金の額は，はじめに支給を受けた 50,000 円（＝ 50,000 円 － 45,000 円 ＋ 45,000 円）の状態に戻る。定額資金前渡制度の「定額」とは，補

充後の金額が一定の金額（この設例の場合は 50,000 円）となるところからきている。

◆旅費交通費勘定◆

　移動のために支払った航空機，電車，バス，タクシーなどの料金，宿泊費，出張先での活動費（日当を含む）などの額が記録される費用の勘定である。

---

check

次の各文章のうち，正しいものには○を，そうでないものには×を答えなさい。

(1) 小口現金を支給した場合，その金額は，小口現金勘定の貸方に記録する。

(2) 小口現金の使用に係る仕訳は，用度係が小口現金を使用したときには行われない。

(3) 定額資金前渡制度（インプレスト・システム）が採用されている場合，補充される小口現金の額は，用度係から報告を受けた金額と等しくなる。

第2節　現金過不足

1．現金過不足とは何か

　現金過不足とは，実際に数えて確認した現金の額（現金の**実際有高**）と，会計帳簿上記録されている現金の額（現金の**帳簿残高**）との差額のうち，その差額が生じた原因が明らかでないものをいう。

　現金は，持ち運びが可能な財産であり，かつ，誰もが同じように使える財産であることから，企業の規模が大きくなり，そこで働く人の数が増えてくると，横領等の被害を受けるリスクも高まってくる。現金の管理が適切に行われていない企業では，その被害の額がどんどんと膨らんでいく傾向にあるため，企業は実際に保有している現金の額をリアルタイムで把握し，その結果，おかしなところがあれば，ただちにその原因の調査を始めていく必要がある。現金の状況をしっかりと把握しておくことは，企業の財産を保護するだけでなく，企業のなかから犯罪者を出さないという意味においても重要なことといえる。

2．現金過不足を発見したとき

　会計期間中，現金の実際有高を確認した結果，その金額が現金の帳簿残高と一致しないことが判明したときは，とりいそぎ，現金の帳簿残高を実際有高にあわせて，次のように修正する。

> **現金の実際有高が帳簿残高よりも少なかったとき**
> 　……　現金の帳簿残高も減らす　→　現金勘定の貸方に両者の差額を記録
> **現金の実際有高が帳簿残高よりも多かったとき**
> 　……　現金の帳簿残高も増やす　→　現金勘定の借方に両者の差額を記録

　現金の帳簿残高（現金勘定の残高）を増減させたら，次に，その相手勘定を**現金過不足勘**

定とする。現金取引があった場合，通常，現金勘定の相手勘定には，現金を増減させた理由
が記録されるが（第3章参照），現金過不足が生じたときは，なぜ現金過不足が生じたかがま
だ分からない状態なので，その記録を行うことができない。現金過不足勘定は，現金が増減
した理由が判明するまでの間，この現金の増減理由の代わりに使用される一時的な勘定であ
る。

check
　次のそれぞれの状況について，現金の帳簿残高を増やせばよいか，減らせばよいかを答えなさい。
　(1)　現金の帳簿残高は 48,500 円であり，実際有高は 46,500 円であった。
　(2)　現金の実際有高は，帳簿残高よりも 6,000 円多かった。
　(3)　現金の帳簿残高は，実際有高よりも 4,000 円少なかった。

設例15－2
　現金の実際有高を確認したところ，帳簿残高よりも 2,000 円少なかった。ただちに原
因を調査したが判明しなかったため，先行して現金勘定の記録を修正した。この取引を
仕訳しなさい。

〔解答〕

(借) 現 金 過 不 足	2,000	(貸) 現　　　　金	2,000

　この設例では，現金の実際有高の方が少ないため，まずは，現金の帳簿残高を減らす。現
金勘定は資産の勘定であるから，その減少額は貸方に記録される。現金勘定の修正が終わっ
たら，空いている借方を現金過不足とする。現金過不足勘定は，特別な意味をもたない一時
的な勘定であり，借方，貸方のどちらに記録を行うかは，現金勘定の記録が借方，貸方のど
ちらに行われるか次第である。仕訳にあたっては，現金勘定の修正を必ず先に行う。

3．現金過不足の原因が判明したとき

　その後，現金過不足の原因が判明したときは，その原因となった事項を追加，修正するた
めの記録を先に行う。たとえば，費用を現金で支払ったときの仕訳を失念していた場合は，
まず，その費用の勘定に失念していた記録を行う。

　ここで現金過不足の原因となった事項が記録される勘定の相手勘定は，現金勘定ではな
く，現金過不足勘定とする。現金勘定の修正は，現金過不足が生じていることを発見したと
きに行われているため，このタイミングでも現金勘定の記録を行ってしまうと，せっかく実
際有高にあわせた帳簿残高が，また実際有高とズレてしまう。このため，現金過不足の原因
が判明したときは，現金勘定への記録は基本的に行わない。

図表 15 − 2 　現金過不足の処理（勘定連絡図）

(1)　正しく仕訳が行われていた場合

(2)　先に現金勘定の金額を修正している場合

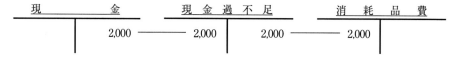

設例15−3

　設例15−2で現金過不足が生じた原因について調査したところ，消耗品 2,000 円を現金で購入したときに仕訳を失念していたことが判明した。この取引を仕訳しなさい。

〔解答〕

| （借）消　耗　品　費 | 2,000 | （貸）現　金　過　不　足 | 2,000 |

　現金過不足が生じた原因が判明したときは，その原因となったことがらについての記録を先に行う。この設例では，消耗品の購入について仕訳を失念していたのであるから，本来，記録が行われるべきであった消耗品費勘定への記録を先に行う。

　現金過不足勘定への記録は，その相手勘定として行う。消耗品費勘定への記録は借方に行われているから，現金過不足勘定への記録は貸方に行われることになる。**設例15−2**で現金過不足を発見したときに現金勘定への記録は貸方に行っているので，この現金過不足勘定への記録は，先行して修正してしまった現金勘定の代わりに行われるものともいえる。

◆**現金過不足の原因が判明したときに現金勘定への記録が行われる場合**◆

　現金過不足の原因が判明したときは，基本的に，現金勘定への記録は行われないが，現金の実際有高の側に問題があった場合は，いったん修正した現金勘定の記録を元に戻すために，現金勘定への記録を行う。現金の実際有高に問題がある場合には，たとえば次のような場合がある。

・　紛失していた現金が見つかった
・　お釣りを渡し間違えた相手（顧客）から返金を受けた
・　窃盗等されていた現金の額が戻ってきた

図表15－3　現金過不足の処理（勘定連絡図）

(1) 現金過不足勘定が借方残高であった場合

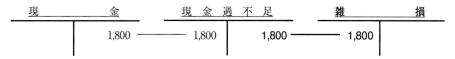

(2) 現金過不足勘定が貸方残高であった場合

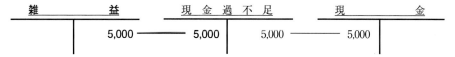

check

次の各文章のうち，正しいものには○を，そうでないものには×を答えなさい。

(1) 現金過不足が生じていることを発見したら，現金勘定の帳簿残高を修正するための仕訳を行う。

(2) 現金過不足は，現金の実際有高と帳簿残高の差額をいうから，この差額が生じた原因が判明したときは，現金過不足勘定への記録を行う必要はない。

(3) 現金過不足勘定は，現金勘定と同じく資産の勘定である。

4．現金過不足の原因が判明しなかったとき

　現金過不足が生じた原因が期末まで判明しなかった場合，決算手続のなかで改めて調査を行い，それでもなおその原因を明らかにすることができなかった場合は，その金額を翌期に繰り越さないため，現金過不足勘定の残高金額を費用の勘定である雑損勘定または収益の勘定である雑益勘定に記録する。

　現金過不足勘定の残高金額が雑損勘定に振り替えられるか，雑益勘定に振り替えられるかは，現金過不足勘定が借方残高であるか，貸方残高であるかによって変わる。現金過不足勘定が借方残高であった場合は，現金の実際有高が帳簿残高よりも少なかったことを意味するので，その金額は**雑損勘定**に振り替える。これに対して，現金過不足勘定が貸方残高であった場合は，現金の実際有高が帳簿残高よりも多かったことを意味するので，その金額は**雑益勘定**に振り替える（図表15－3参照）。

設例15－4

　決算にあたり，現金過不足勘定の借方残高1,800円を雑損勘定に振り替える。この仕訳を示しなさい。

〔解答〕

| （借）雑　　　　損 | 1,800 | （貸）現　金　過　不　足 | 1,800 |

現金過不足勘定は借方残高であるから，その金額を現金過不足勘定から雑損勘定に振り替

える。この仕訳を行うことにより，現金過不足勘定の残高金額はゼロとなり，翌期に現金過不足が繰り越されることがなくなる。

　次の各問いに答えなさい。

(1)　現金過不足勘定の借方合計は 23,000 円，貸方合計は 20,000 円であった。この場合，現金過不足勘定は借方残高であるか貸方残高であるか答えなさい。

(2)　現金過不足勘定の残高金額が借方残高であった場合，決算にあたって，その金額は雑損勘定と雑益勘定のどちらに振り替えられるか答えなさい。

(3)　現金過不足勘定の残高金額が貸方残高であった場合，その金額を雑益勘定に振り替える仕訳では，現金過不足勘定への記録は借方と貸方のどちらに行われるか答えなさい。

第16章　仮払金と仮受金，立替金と預り金

第1節　仮払金と仮受金

1．仮払金

仮払金とは，経理担当部門が現金等を支払っているものの，それが何に，どれだけ使われるか分からない状態にある金額をいう。仮払金は，プリペイドカードを購入したり，チャージ式のIC カードにチャージをしたりといった状況や，役員や従業員に対して出張旅費や交際費の概算額を一時的に前払いするといった状況で発生する。

仮払金は，経理担当部門が実際に支払いの事実を把握しているという点で，現金の実際有高を確認した結果として偶然発見される現金過不足と区別され，また，一定の期間を定めて，その間，用度係にその管理が委ねられる小口現金とも区別される（第15章参照）。また，仮払金は，商品を引き取るという明確な目的のために支払われる内金（手付金）とも異なるため，その金額を前払金勘定に記録することはできない（第6章参照）。

仮払金は，将来の企業の営業活動に使用されるものとして支出されているため，これが記録される仮払金勘定は資産の勘定となる。

設例16－1

次の一連の取引を仕訳しなさい。
(1) これから出張に向かう従業員に対して，その出張にともなう旅費交通費の概算額として30,000円を現金で前渡しした。
(2) 従業員が出張から帰社し，(1)で前渡ししていた概算額のうち24,000円を旅費交通費として使用したとの報告を受けた。なお，使用しなかった6,000円については，現金で返金を受けた。

---

(1) 仮払金を支払ったとき

（借）仮　　払　　金	30,000	（貸）現　　　　　金	30,000

前渡しした30,000円は旅費交通費の概算額として渡したものであるが，このうち実際にどれだけの金額が使用されるかは，実際に出張が終わるまで分からない。このような場合，概算額を前渡しした時点では，その金額を旅費交通費勘定ではなく，仮払金勘定に記録する。

図表 16 － 1　仮払金の処理（勘定連絡図）

(1)　直接現金で費用を支払っている場合

(2)　前もって仮払いを行っている場合

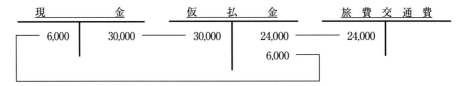

⑵　仮払金の使用目的，使用額が確定したとき

| （借）旅 費 交 通 費 | 24,000 | （貸）仮　　　払　　　金 | 30,000 |
| 現　　　　　金 | 6,000 | | |

　その後，仮払金が何に，どれだけ使われたか（または使われなかったか）が判明したときは，仮払金勘定に記録していた金額を取り崩す。仮払金勘定への記録は，現金等を支払ったときに借方に行っているので，この金額を取り崩すときは貸方に記録すればよい。

　旅費交通費勘定への記録は，従業員から報告を受け，実際の支払額が確認されたこのタイミングで行う。また，使用されなかった現金が返金された場合は，経理担当部門が保有，管理する現金が再び増えたと考えて，その金額を現金勘定の借方に記録する（図表16－1参照）。

check

　次の各文章のうち，正しいものには○を，そうでないものには×を答えなさい。

⑴　経理担当部門が支払った現金等について，それが何に，どれだけ使用されるか分からない場合は，その金額を現金過不足勘定に記録する。

⑵　プリペイドカードは，キャッシュレス決済の手段の１つとして，現金の代わりに使用することができるから，購入したプリペイドカードの額は現金勘定に記録する。

⑶　仮払金勘定に記録した金額のなかには，その後，使用されずに返還される可能性がある金額も含まれる。

２．仮受金

　仮受金とは，経理担当部門が受け取ったことを確認した現金や預金のうち，それがどのような理由によって支払われたものなのかが分からない状態にある金額をいう。仮受金は，預金口座に入金があったものの，振込人の入力が行われておらず，その内容を確認できないといった状況で発生する。

　仮受金は，経理担当部門が実際に受け取った事実を把握しているという点で，現金の実

図表16－2　仮受金の処理（勘定連絡図）

(1) 入金の理由がはじめから明らかな場合

(2) 入金の理由が当初分からなかった場合

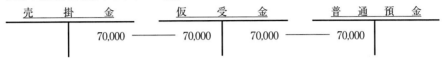

際有高を確認した結果として偶然発見される現金過不足と区別される（第15章参照）。また，仮受金は，その後に引き渡す商品の代金の全部または一部として受け取る内金（手付金）とは異なり，それが何のために受け取った金額なのかが分からない状況にあるため，受け取った内金（手付金）の額が記録される前受金勘定とも区別される（第6章参照）。

　仮受金は，もしそれが誤りであった場合は返還しなければならないという意味で，将来に弁済すべき金額が記録される勘定ともいえるから負債の勘定となる。

設例16－2

　次の一連の取引を仕訳しなさい。
(1) 普通預金口座に70,000円が入金されていることを確認したが，振込人の記載がないため，誰から，どのような目的で振り込まれたものなのか分からなかった。
(2) (1)について調査していたところ，得意先から，掛代金70,000円を支払った際に，振込人の入力を忘れていたとの連絡を受けた。

---

(1) 仮受金の存在を確認したとき

（借）普　通　預　金	70,000	（貸）仮　受　金	70,000

　普通預金口座への入金が確認されているだけの状態のときは，普通預金勘定への記録を行うとともに，仮受金勘定への記録を行う。

(2) 仮受金が生じた原因が判明したとき

（借）仮　受　金	70,000	（貸）売　掛　金	70,000

　その後，仮受金として処理した金額が，どのような理由によって支払われたものであったかが判明したときは，仮受金勘定に記録していた金額を取り崩す。仮受金勘定への記録は，入金があったときに貸方に行っているので，この金額を取り崩すときは借方に行えばよい。

　なお，得意先にとっての掛代金は，当社にとっての売掛金であるから，仮受金の相手勘定は売掛金勘定となる（図表16－2参照）。

check

次の各問いに答えなさい。

(1) 仮受金勘定は，どのような場面で使用される勘定であるか答えなさい。

(2) 現金等が支払われた原因が分からないときは，それが分かるまでの間，その金額を仮受金勘定に記録するが，この仮受金勘定への記録は，借方，貸方のどちらに行われるか答えなさい。

第2節　立替金と預り金

1．立替金

　第三者が負担すべき金額を一時的に立て替えた場合，その金額は**立替金勘定**に記録する。立て替えた金額は，後日，その立て替えた相手から返還を受けることができるから，その金額が記録される立替金勘定は資産の勘定である。なお，企業の従業員や役員に対して立替えを行った場合は，企業外部の人々に対する立替えと区別するために，その金額を立替金勘定とは別に，**従業員立替金勘定**，**役員立替金勘定**に記録する。なお，従業員立替金勘定については，給料日に先立って納付した社会保険料の額を記録するものとして，第8章において学習済みであるが，社会保険料以外のものを立て替えた場合もこの勘定を使用する。

　第三者が必要とする金銭を現金の形で渡して，後日，返済を受ける場合，その金額は貸付金勘定（第19章参照）に記録する。これに対して，立替金勘定は，立替相手に現金の形で渡すのではなく，自らが相手に代わって支払いを行ったときに使用される勘定である。

設例16−3

　次の一連の取引を仕訳しなさい。

(1) 商店会の会合があり，年会費 20,000 円の徴収が行われたが，同じ商店会に属する他の店長に持ち合わせのお金がなかったため，この他店の分も立て替えることとし，合計 40,000 円を現金で支払った。

(2) (1)で商店会の会費を立て替えた店長から，現金 20,000 円の返済を受けた。

---

(1) 立替えを行ったとき

（借）諸　　会　　費	20,000	（貸）現　　　　金	40,000
立　　替　　金	20,000		

　まず，支払った年会費のうち，自社が負担すべき金額については，**諸会費勘定**に記録する。この金額は将来にわたって返済されることがないため，諸会費勘定は費用の勘定である。一方，他の店長のために立て替えた金額は，将来に返済を受けることができる金額であるため，費用の勘定である諸会費勘定ではなく，資産の勘定である立替金勘定に記録しなければならない。

　同じ会費であっても，最終的に自分が負担するか第三者が負担するか，返済を受けることができるかできないかによって使用される勘定が変わることに注意されたい。

図表16－3　立替金の処理（勘定連絡図）

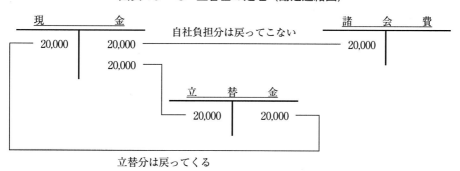

立替分は戻ってくる

(2) 立て替えた金銭の返済を受けたとき

| （借）現　　　　　金 | 20,000 | （貸）立　　替　　金 | 20,000 |

　その後，立て替えた金額について返済を受けたときは，立替金勘定に記録されていた金額を取り崩す。立替金勘定への記録は，立替えを行ったときに借方に行っているので，この金額を取り崩すときは貸方に記録すればよい（図表16－3参照）。

> ◆諸会費勘定◆
> 　同業者団体や商店会など，会費を原資として運営されている団体に対して支払った会費の額が記録される費用の勘定である。

check

次の各文章のうち，正しいものには○を，そうでないものには×を答えなさい。
(1) 第三者のために立替えを行った場合，その立替えにあたって現金等を支払った相手と，立て替えた金額を返還してくれる相手は別人となる。
(2) 立替金勘定は，企業が支払った金額が記録される勘定であるから費用の勘定である。
(3) 会費として支払った金額は，それが自社が負担すべき金額であっても，他者が負担すべき金額であっても，どちらも諸会費勘定に記録する。

2．預り金

　第三者のために金銭を一時的に預かっている場合，その金額は**預り金勘定**に記録する。預かった金額は，将来，その相手に返還したり，第三者に対して支払ったりすることになるが，いずれも企業の手から金銭が離れることになるため，この金額が記録される預り金勘定は負債の勘定である。なお，企業の従業員や役員から現金等を預かった場合は，企業外部の人々に対する貸付けと区別するために，その金額を立替金勘定とは別に，**従業員預り金勘定**，**役員預り金勘定**に記録する。給料を支給するにあたって，その給料の額から天引きした社会保険料や税金の額を社会保険料預り金勘定や所得税預り金勘定・住民税預り金勘定に記録した

図表16 − 4　預り金の処理（勘定連絡図）

が（第8章参照），これらの勘定もこの預り金勘定の一種である。

設例16− 4

　次の一連の取引を仕訳しなさい。

(1)　自動車販売業を営む当社は，顧客に対して新車 2,000,000 円を売り上げ，代金は後日受け取ることにした。なお，当社が顧客から預かり，後日，この顧客の代わりに納付する税金 60,000 円は現金で受け取っている。

(2)　(1)で顧客から預かった税金 60,000 円を現金で納付した。

⑴　金銭を預かったとき

（借）売　掛　金	2,000,000	（貸）売　　　　上	2,000,000
現　　　　金	60,000	預　り　金	60,000

　顧客が納付すべき税金を預かった場合は，その金額を預り金勘定に記録しておく。商品を売り上げたときは，その売り上げによって顧客から受け取ることのできる金額を，収益の勘定である売上勘定に記録することとなっているが（第5章参照），ここで預かった税金の額は，企業がそのまま自分のものとしてよいものではないから，売上に含めて処理してはならない。

⑵　預かった金銭を支払ったとき

（借）預　り　金	60,000	（貸）現　　　　金	60,000

　その後，預かった金額を納付したときは，預り金勘定に記録されていた金額を取り崩す。預り金勘定への記録は，現金を預かったときに貸方に行っているので，この金額を取り崩すときは借方に記録すればよい。

check

　次の各問いに答えなさい。

⑴　預り金勘定は，資産，負債，純資産，収益，費用のどれに該当するか答えなさい。

⑵　預り金と預金は，どのような点で違いがあるか答えなさい。

第17章　小切手，約束手形

第1節　小切手

1．小切手とは何か

　小切手とは，当座預金口座を開設している取引銀行等に対して，それを持参した人に，自らの当座預金口座から金銭を引き出して支払うことを依頼するものである。小切手は，上限額の関係から預金口座への振り込みができない状況や，預金口座を把握していない相手に対して支払いを行う状況などで使用される。

　企業は，支払いを行いたい相手に対して，必要事項を記入した小切手を手渡し（これを小切手の**振出し**といい，小切手を振り出した者のことを**振出人**という），それを自身の代わりに取引銀行等に持参してもらう。支払相手がその小切手を取引銀行に見せて（これを小切手の**呈示**という），支払いを依頼すると，取引銀行は，その小切手に記載されている内容を確認したうえで，振出人の当座預金口座から金銭を引き出し，現金を支払ってくれる（図表17－1参照）。なお，小切手は，原則として，その振出しを受けてから10日以内に通貨と引き換えることとされている（「小切手法」第29条第1項）。

　小切手を使用すれば，支払いのために現金を持ち歩く必要がなくなるため，管理の手間を負担したり，窃盗被害等にあうリスクを負ったりすることも，同じような手間やリスクを相手に負わせることも防ぐことができる。

　なお，小切手を使用するためには，当座預金口座を開設することが条件とされている。当座預金口座を開設するためには審査を通過する必要があり，この審査を通過できなかった企業は，小切手を使用することもできない。

図表17－1　小切手の決済の流れ（直接取りに行く場合）

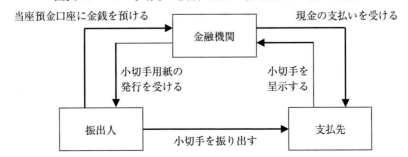

check

次の各文章のうち，正しいものには○を，そうでないものには×を答えなさい。

(1) 小切手を振り出した場合，取引銀行にお金を取りに行くのは，その小切手を受け取った相手側である。

(2) 小切手の振り出しとは，新たに当座預金口座を開設し，はじめて小切手を使用することをいう。

(3) 当座預金口座を開設していない場合，小切手を振り出すことはできない。

2．小切手を振り出したときの処理（振出人の処理）

　小切手を振り出したときは，その小切手に記入した金額を当座預金勘定の貸方に記録する。当座預金勘定は資産の勘定であるため，貸方に金額を記録することには，当座預金勘定の残高金額を減らすという意味がある。

　当座預金口座から実際に支払いが行われるのは，その小切手を相手が取引銀行に持参したときであるが，会計帳簿では，小切手を振り出したタイミングで当座預金が減ったものとして記録を行う。これは，資産の定義によるものである。資産は，将来の営業活動に使用できるものとして定義される（第1章参照）。小切手に記入した金額は，相手に支払うことを約束した金額であるから，その金額については，もう企業が自由に使ってしまうことはできない。そこで，小切手を振り出したタイミングで，資産の勘定である当座預金勘定からはその金額を消してしまうのである。

　なお，このように小切手を振り出したタイミングで当座預金勘定への記録を行ってしまうため，その後，実際に当座預金口座から支払いが行われたときに当座預金勘定への記録を行う必要はない。

設例17－1

　次の一連の取引を仕訳しなさい。

(1) 当座預金口座を開設し，現金 2,000,000 円を預け入れた。

(2) 取引銀行から小切手帳を購入し，発行手数料 10,000 円を現金で支払った。

(3) 買掛金 600,000 円を支払うため，小切手を振り出した。

---

(1) 当座預金口座の開設

（借）当　座　預　金	2,000,000	（貸）現　　　　　金	2,000,000

(2) 小切手帳の購入

（借）支　払　手　数　料	10,000	（貸）現　　　　　金	10,000

　小切手の用紙は，当座預金口座を開設した取引銀行から発行を受けることが一般的である。数十枚の小切手用紙をメモ帳のような形にまとめたものを**小切手帳**といい，頻繁に小切

図表17－2　小切手の振出人の処理（勘定連絡図）

現　　　　金		当　座　預　金		買　　掛　　金	
	2,000,000　──	2,000,000	600,000　──	600,000	

手を振り出す場合にはこちらが購入される。小切手帳を購入したときは，取引銀行に支払った手数料の額を費用の勘定である支払手数料勘定に記録する。

(3)　小切手の振出し

（借）買　　掛　　金	600,000	（貸）当　座　預　金	600,000

　小切手を振り出したときは，当座預金勘定の残高金額を減らすため，その金額を貸方に記録する（図表17－2参照）。なお，この取引では，小切手を振り出す形で買掛金が支払われているため，同額の買掛金をあわせて減らす必要がある。

check

　次の各文章のうち，正しいものには○を，そうでないものには×を答えなさい。
- (1)　小切手を振り出しても，当座預金口座の残高は支払先がその小切手を取引銀行に呈示するまで減らないため，当座預金勘定への記録を行う必要はない。
- (2)　小切手帳は，取引銀行から無料で発行を受けることができる。
- (3)　小切手に記入した金額については，普通預金口座から支払うこともできる。

3．小切手を受け取ったときの処理

　第三者が振り出した小切手のことを**他人振出小切手**というが，他人振出小切手は通貨代用証券の1つであり，通貨と同様に現金勘定に記録することになっている（第3章参照）。したがって，振出人から小切手を受け取ったときは，現金勘定の借方にその金額を記録する。

　他人振出小切手は，金融機関の窓口に呈示することで，同額の通貨と引き換えることができる。通貨と引き換える前は通貨の形をしていないが，かりに通貨の形で保有しているものであっても，実際に使われる場面でなければ，それがどのような形で保有されていても問題とはならない。このため，簿記では，通貨も通貨代用証券も区別せずに記録を行ってしまうことにしている。

　なお，このように小切手を受け取ったタイミングで現金勘定への記録を行ってしまうため，その後，実際にその小切手を金融機関に呈示し，通貨と引き換えたときに現金勘定への記録を行う必要はない。

設例17－2

次の一連の取引を仕訳しなさい。

⑴ 商品3,000,000円を売り上げ，代金は掛けとした。

⑵ ⑴の売掛金3,000,000円を先方振出の小切手で受け取った。

⑴ 掛売上げによる債権の発生

（借）売　　掛　　金	3,000,000	（貸）売　　　　　　上	3,000,000

⑵ 他人振出小切手の受取り

（借）現　　　　　　金	3,000,000	（貸）売　　掛　　金	3,000,000

　他人振出小切手を受け取った場合には，その金額を現金勘定の借方に記録する。なお，この取引では，小切手を受け取ったことにより売掛金は回収されているため，売掛金も減少させる必要がある。

check

次の各文章のうち，正しいものには○を，そうでないものには×を答えなさい。

⑴ 小切手を受け取った場合，その金額は当座預金勘定の借方に記録する。

⑵ 他人振出小切手とは，第三者から振り出しを受けた小切手のことをいい，自らが振り出した小切手は他人振出小切手とはいわない。

⑶ 受け取った小切手を金融機関に呈示して，通貨と引き換えたときに仕訳を行う必要はない。

4．小切手の取立てを金融機関に依頼する場合

　小切手を受け取った場合，現金との引き換えは，その振出人が当座預金口座を開設している金融機関の本店・支店・営業所等において行われる。この金融機関の本店・支店・営業所等が遠方にあるなどの理由で，自ら足を運んで小切手を呈示することができない場合や，**線引小切手**のように直接，金融機関の窓口で支払いを受けることができないようにされている場合は，自らが利用している金融機関に，自らの代わりに金銭を受け取ってきてもらうことができる。これを金融機関に対する**取立ての依頼**という。

　小切手の取立てを依頼した場合，後日，自らが開設している預金口座に，一定の手数料を差し引かれた残りの金額が入金されることとなる。

設例17－3

次の一連の取引を仕訳しなさい。

(1) 商品 3,000,000 円を売り上げ，代金は先方振出の小切手で受け取った。

(2) (1)で受け取った小切手を，自らの取引銀行に持参し，取立ての依頼を行ったところ，手数料 1,000 円が差し引かれた残額が当座預金口座に入金された。

---

(1) 他人振出小切手の受取り

（借）現 金	3,000,000	（貸）売 上	3,000,000

(2) 小切手金額の入金

（借）支 払 手 数 料	1,000	（貸）現 金	3,000,000
当 座 預 金	2,999,000		

　小切手について取立ての依頼をしたときは，(1)で受け取った小切手を自らの取引銀行に渡すことになる。そこでまずはその小切手を受け取ったときに現金勘定に記録した金額を取り崩すため，その金額を現金勘定の貸方に記録する。

　取立ての依頼をした場合，手数料が差し引かれるため，当座預金口座に入金される金額は，小切手に記入されていた金額よりも少なくなる。なお，ここで差し引かれた手数料の額は，支払手数料勘定に記録する。

check

次の各問いに答えなさい。

(1) 受け取った小切手を銀行等に持参し，自分の代わりに金銭を受け取ってきてもらうことを何というか答えなさい。

(2) 受け取った小切手について取立ての依頼をした場合，預金口座に入金される金額は，その小切手に記入されていた金額とは等しくならないが，その理由を答えなさい。

第2節　約束手形

1．約束手形とは何か

　約束手形とは，特定の第三者（**名宛人**）に対して，特定の期日（**支払期日**）に，特定の金額を当座預金口座から支払うことを約束するものである。

　約束手形は，小切手と同じように，第三者に振り出す形で使用するものであるが，その支払期日を指定できるため，当座預金口座の残高や今後の支払予定などの都合から，すぐには支払いができないような状況においても利用することができる。

図表 17 － 3　約束手形の決済の流れ（取立てを依頼する場合）

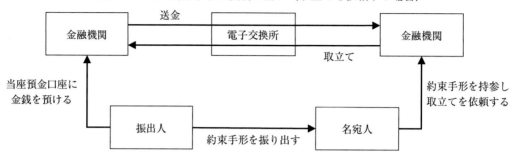

　なお，約束手形を使用する場合も，当座預金口座を開設することが条件とされている。当座預金口座を開設できなかった場合は，約束手形を使用することもできない。

```
◆電子交換所◆
　金融機関間で行われる小切手や約束手形のやりとりは，かねてから手形交換所とよばれる場所
で行われてきたが，2022 年 11 月にこの手形交換所は廃止され，決済情報をインターネットを介
してやりとりする電子交換所での取扱いに変わっている。
```

`check`

次の各問いに答えなさい。
(1)　約束手形において，振出人が支払いを行う相手のことを何というか答えなさい。
(2)　約束手形において，当座預金口座からの支払いが行われる期日のことを何というか答えなさい。

2．振出人の処理

　約束手形では，支払期日を指定することができるため，その支払期日が到来するまでの間は，当座預金口座に預け入れた金銭を自由に使用することができる。このため，約束手形を振り出したときは，小切手を振り出したときとは違い，当座預金を減らす処理は行わない。その代わりに，将来の支払期日に支払うことを約束した金額を負債の勘定である**支払手形勘定**に記録する。

```
設例17－4
　次の一連の取引を仕訳しなさい。
(1)　取引銀行から約束手形帳を購入し，発行手数料 10,000 円を現金で支払った。
(2)　買掛金 1,530,000 円について，同額の約束手形を振り出して支払った。
(3)　(2)で振り出した約束手形の支払期日が到来し，当座預金口座から 1,530,000 円が
　　支払われた。
```

図表 17 － 4　約束手形の振出人の処理（勘定連絡図）

当　座　預　金		支　払　手　形		買　掛　金	
	1,530,000 ──	1,530,000	1,530,000 ──	1,530,000	

(1)　約束手形帳の購入

（借）支 払 手 数 料	10,000	（貸）現　　　　金	10,000

　約束手形の用紙についても，当座預金口座を開設した取引銀行から発行を受けることが一般的である。数十枚の約束手形用紙をメモ帳のようにまとめたものを**約束手形帳**といい，頻繁に約束手形を振り出す場合にはこちらが購入される。約束手形帳を購入したときは，取引銀行に支払った手数料の額を費用の勘定である支払手数料勘定に記録する。

(2)　約束手形の振出し

（借）買　　掛　　金	1,530,000	（貸）支 払 手 形	1,530,000

　約束手形を振り出したときは，その約束手形によって将来に支払うことを約束した金額を支払手形勘定の貸方に記録する。

　一方，支払手形勘定の相手勘定として借方に記録されるのは買掛金勘定となる。買掛金勘定は負債の勘定であるから，借方に金額が記録されるのは，買掛金がなくなったことを意味する。この設例の場合，買掛金の額を実際に支払うことになるのは，約束手形の支払期日が到来したときとなるが，約束手形を振り出したタイミングで買掛金を減らしてしまう。これは，後日，仕入先から直接請求され，支払いを行わなければならない買掛金が，支払期日になると自動的に支払処理を行ってもらえる約束手形に置き換わったことを，会計帳簿上，明確にできるようにするためである。

(3)　手形金額の支払い

（借）支 払 手 形	1,530,000	（貸）当 座 預 金	1,530,000

　その後，約束手形の支払期日が到来し，当座預金口座から支払いが行われたときは，企業は，将来に支払いを行う義務から解放されるので，約束手形を振り出したときに行った支払手形勘定への記録を消去するため，その金額を支払手形勘定の借方に記録する。

図表17－5　約束手形の名宛人の処理（勘定連絡図）

次の各文章のうち，正しいものには○を，そうでないものには×を答えなさい。

(1) 約束手形を振り出したときも，小切手を振り出したときと同じように，その支払いは当座預金口座から行われる。

(2) 約束手形を振り出したときも，小切手を振り出したときと同じように，その振出しを行ったタイミングで，その金額を当座預金勘定の貸方に記録する。

(3) 支払手形勘定は，約束手形を使って支払った金額が記録される勘定であるから，費用の勘定である。

3．名宛人の処理

　約束手形を受け取ったときは，その約束手形により，将来に支払いを受けることが約束された金額を資産の勘定である**受取手形勘定**に記録する。なお，得意先から約束手形を受け取った場合も，原則として支払期日が到来するまでの間，金銭を受け取ることができないため，現金勘定などへの記録を行うことはしない。

設例17－5

　次の一連の取引を仕訳しなさい。

(1) 売掛金1,800,000円について，先方振出の約束手形で回収した。

(2) (1)の約束手形について支払期日が到来し，取引銀行に取立てを依頼したところ，取立手数料1,000円が差し引かれた残額1,799,000円が当座預金口座に入金された。

---

(1) 約束手形の受取り

(借) 受　取　手　形　　1,800,000	(貸) 売　　掛　　金　　1,800,000

　約束手形を受け取ったときは，その約束手形によって将来に受け取ることができる金額を受取手形勘定の借方に記録する。

　一方，受取手形勘定の相手勘定として貸方に記録されるのは売掛金勘定となる。売掛金勘定は資産の勘定であるから，貸方に金額が記録されるのは，売掛金がなくなったことを意味する。この設例の場合，売掛金の額を実際に受け取ることになるのは，約束手形の支払期日

が到来したときとなるが，約束手形を受け取ったタイミングで売掛金を減らしてしまう。これは，後日，得意先に対して直接支払いを請求する必要がある売掛金が，金融機関に取立てを依頼するだけでよい約束手形に置き換わったことを，会計帳簿上，明確にできるようにするためである。

⑵　約束手形の取立て

(借)支　払　手　数　料	1,000	(貸)受　　取　　手　　形	1,800,000
当　　座　　預　　金	1,799,000		

　取引銀行に対して約束手形の取立てを依頼した場合の処理は，小切手について取立ての依頼を行った場合の処理と同じである。なお，このとき受取手形勘定に記録される金額は，実際に当座預金口座に入金された金額ではなく，手数料が差し引かれる前の金額であることに留意されたい。

check

　次の各文章のうち，正しいものには○を，そうでないものには×を答えなさい。
⑴　得意先から約束手形の振出しを受けたときは，その金額を受取手形勘定に記録する。
⑵　受け取った約束手形について取立てを依頼し，手形金額の入金を受けたとき，受取手形勘定に記録される金額は，その取立てによって実際に預金口座に入金された金額である。

第18章 電子記録債権と電子記録債務，当座借越

第1節 電子記録債権・電子記録債務

1．電子記録債権・電子記録債務とは何か

　現在，政府は，小切手や約束手形（第17章参照）のペーパーレス化を進めている。**電子記録債権・電子記録債務**とは，従来の小切手や約束手形によって生じる金銭債権（金銭を受け取る権利）・金銭債務（金銭を支払う義務）を電子化（データ化）したものをいう。

　電子記録債権・電子記録債務は，企業が取引銀行に対して電子債権登録機関が管理するデータベースへの書き込みを依頼することで発生する。データベースに書き込まれる記録にはいくつかのものがあるが，このうち電子記録債権・電子記録債務を発生させるための記録のことを**発生記録**という。発生記録の請求は，支払側が行うことが基本であるが，受取側が行うこともできる。

　電子記録債権・電子記録債務は，データベース上に記録されるものであるため，小切手や約束手形を受け取ったときのように，支払いを受ける側が金融機関の窓口に何かを持参して，支払いを請求する必要はない。支払いの処理は，支払期日が到来したタイミングで銀行間で行われる（図表18－1参照）。

　なお，電子記録債権・電子記録債務を使用するためには，あらかじめ支払側，受取側がともに利用者登録を行っておく必要がある。

図表18－1　電子記録債権の決済の流れ（支払人が発生記録請求を行う場合）

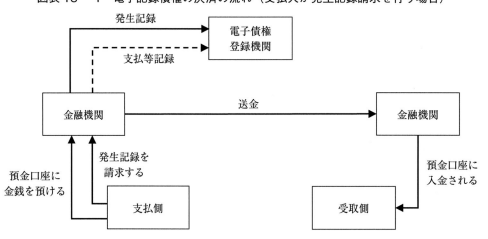

check

次の各文章のうち，正しいものには○を，そうでないものには×を答えなさい。

(1) 電子記録債権・電子記録債務を利用するためには，小切手や約束手形のように，取引銀行から専用の用紙を購入しなければならない。

(2) 電子記録債権・電子記録債務のデータベースへの記録は，支払いをする企業しか行うことができない。

(3) 電子記録債権については，支払期日が到来しても，小切手や約束手形のように受取側の企業が取立ての依頼を行う必要がない。

2．支払側の処理

電子記録債務の発生記録が行われ，企業が将来の支払期日に支払うこととなった金額は，負債の勘定である**電子記録債務勘定**に記録する。

なお，電子記録債務が発生した場合も，約束手形を振り出した場合と同様，企業は，将来の支払期日が到来するまでの間，預金口座に預け入れている金額を自由に使えるので，このタイミングで預金の勘定に記録されている金額を減らす必要はない。

設例18－1

次の一連の取引を仕訳しなさい。

(1) 買掛金900,000円を支払うため，取引銀行に電子記録債務の発生記録を依頼した。手数料800円は当座預金口座から引き落とされた。

(2) (1)の電子記録債務の支払期日となり，当座預金口座から900,000円が支払われた。

---

(1) 電子記録債務の発生

(借) 買　掛　金	900,000	(貸) 電 子 記 録 債 務	900,000
支 払 手 数 料	800	当 座 預 金	800

新たに電子記録債務が発生したときは，将来に支払うこととなる金額を電子記録債務勘定の貸方に記録する。また，電子記録債務を発生させたことにより，買掛金は電子記録債務に置き換わるため，買掛金勘定に記録されていた金額は消去する必要がある（第17章参照）。

なお，電子記録債務の発生記録を依頼したことによる手数料は，電子記録債務とは別に支払手数料勘定に記録する。手数料の額は，仕入先に対して支払う金額ではないので，電子記録債務勘定の額に含めたり，買掛金の減少額に含めたりしてはならない。

(2) 支払期日が到来したときの処理

(借) 電 子 記 録 債 務	900,000	(貸) 当 座 預 金	900,000

その後，電子記録債務の支払期日が到来し，支払いが行われたときは，企業は，将来に支

図表18－2　電子記録債務の処理（勘定連絡図）

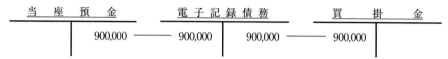

当　座　預　金		電　子　記　録　債　務		買　掛　金
	900,000 ———	900,000	900,000 ——— 900,000	

払いを行う義務から解放されるので，電子記録債務を発生させたときに行った電子記録債務勘定への記録を消去するため，その金額を電子記録債務勘定の借方に記録する（図表18－2参照）。

check

　次の各問いに答えなさい。
(1)　電子記録債務勘定は，資産，負債，純資産，収益，費用のどれに該当する勘定であるか答えなさい。
(2)　電子記録債務の発生記録を行った場合，将来に支払うことを約束した金額は，電子記録債務勘定の借方，貸方どちらに記録するか答えなさい。

3．受取側の処理

　電子記録債権の発生記録が行われ，企業が支払いを受けることになった金額は，資産の勘定である**電子記録債権勘定**に記録する。なお，電子記録債権が発生した場合も，約束手形を受け取った場合と同様，支払期日が到来するまでの間，金銭を受け取ることができないため，現金勘定などへの記録を行うことはできない。

　設例18－2

　次の一連の取引を仕訳しなさい。
(1)　売掛金900,000円を電子記録債権で回収することにした。発生記録は得意先が行うため，当社が負担する手数料の額はない。
(2)　(1)の電子記録債権の支払期日となり，当座預金口座に決済手数料200円が差し引かれた残りの899,800円が入金された。

---

(1)　電子記録債権の発生

（借）電　子　記　録　債　権	900,000	（貸）売　　掛　　金	900,000

　電子記録債権の発生記録が行われたときは，将来に受け取ることができる金額を電子記録債権勘定の借方に記録する。また，電子記録債権の発生により，売掛金は電子記録債権に置き換わるため，売掛金勘定に記録されていた金額は消去する必要がある（第17章参照）。

　なお，電子記録債権の発生記録を自ら行った場合は，支払側が発生記録を依頼した場合と同じように手数料の記録を行うことも必要になるが，本問の場合は得意先が行うこととなっているため，その必要はない。

図表18 − 3　電子記録債権の処理（勘定連絡図）

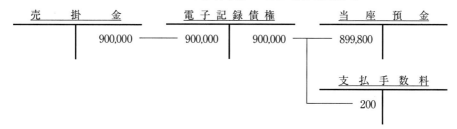

⑵　支払期日が到来したときの処理

（借）支 払 手 数 料	200	（貸）電 子 記 録 債 権	900,000
当 座 預 金	899,800		

　電子記録債権の支払期日が到来したときは，一定の決済手数料が差し引かれた残額が預金口座に入金される。なお，このとき電子記録債権勘定に記録される金額は，実際に預金口座に入金された金額ではなく，手数料が差し引かれる前の金額であることに留意されたい（図表18 − 3参照）。

check

　次の各文章のうち，正しいものには○を，そうでないものには×を答えなさい。
⑴　電子記録債権勘定は，資産の勘定である。
⑵　電子記録債権の支払期日が到来し，預金口座に入金があったとき，電子記録債権勘定の貸方に記録される金額は，決済手数料が差し引かれた後の実際の入金額となる。

第2節　当座借越

1．当座借越契約

　小切手の振出しを受けた人が金融機関の窓口にその小切手を呈示したとき，小切手や約束手形の取立てが行われたとき，さらには電子記録債務の支払期日が到来したときに，小切手や約束手形に記入されている金額や，電子記録債務として記録されている金額よりも，支払側の当座預金口座の残高の方が少なかった場合，金融機関はその支払いに応じることができない。この預金残高の不足により支払いができないことを**不渡り**という。

　企業は，一度不渡りを起こしてから6か月以内にもう一度不渡りを起こしてしまうと，**銀行取引停止処分**を受けることとなり，当座預金が閉鎖され，融資を受けることもできなくなる。このような強いペナルティを受けるため，銀行取引停止処分を受けた企業は，事実上，倒産したものとして取り扱われてしまう。

　このような事態を防ぐため，企業は，当座預金口座を開設するにあたって，取引銀行との間で**当座借越契約**を結んでおくことがある。当座借越契約とは，当座預金口座の残高が不足

図表18 − 4　当座預金勘定の貸方残高の当座借越勘定への振替え

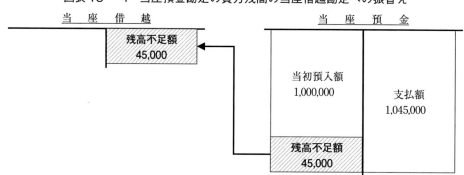

する場合に，取引銀行が自動的に不足額を貸し付けてくれるという契約である。この自動的に貸し付けてくれる金額には限度額（**借越限度額**）が設けられているが，不足額がその限度額の範囲内に収まっているかぎり，企業は不渡りを出さずに済む。

check

次の各文章のうち，正しいものには○を，そうでないものには×を答えなさい。
(1)　取引銀行と当座借越契約を結んでいない場合，当座預金口座の残高が不足しているときは，自らが振り出した小切手や約束手形について支払いをしてもらえない。
(2)　当座借越契約を結んでおけば，取引銀行はいくらでもお金を貸してくれる。
(3)　銀行取引停止処分を受けると，事実上，その企業は倒産したものとして取り扱われる。

2．当座借越契約が結ばれている場合の処理

当座借越契約が結ばれている場合であっても，会計期間中の処理方法に違いはない。当座預金勘定は資産の勘定であるから，当座預金が増えたときは借方に，当座預金が減ったときは貸方にその金額を記録すればよい。当座預金勘定は，通常，借方残高となるが，当座預金口座の残高が不足し，取引銀行から貸付けを受けている状況では，例外的に貸方残高となる。

ただし，当座預金勘定が貸方残高となっている場合には，決算にあたって，一定の調整が必要となる。本来，資産として借方側に記載されるはずの当座預金が，負債が列挙されている貸方側に記載されているのはおかしいからである。この場合，当座預金勘定の残高金額（貸方残高）と同じ金額を当座預金勘定の借方に記録して，当座預金勘定の貸方残高をなくしてしまったうえで，当座預金勘定のもともとの残高金額（貸方残高）を**当座借越勘定**の貸方に計上する。この金額は，その後，金融機関に対して返済しなければならない金額であるから，これが記録される当座借越勘定は負債の勘定である（図表18 − 4参照）。

なお，決算にあたって，当座預金勘定の貸方残高を当座借越勘定に振り替えた場合，翌期首付けで，その金額を当座預金勘定の貸方に振り戻す（**再振替仕訳**）。当座借越勘定への振替えは，貸借対照表上への表示のされかたを修正しようとするものであり，期中の処理には何ら関係がない。そこで，新しい会計期間の記録を始める前に，当座預金勘定の残高金額を，

決算整理仕訳前の貸方残高に戻してしまうのである。

設例18－3

次の一連の取引を仕訳しなさい。

(1) 当座預金口座を開設し，現金1,000,000円を預け入れた。なお，この当座預金口座の開設にあたって，取引銀行との間で当座借越契約（借越限度額200,000円）を結んでいる。

(2) 備品950,000円（税抜）を購入し，代金は消費税95,000円とあわせて小切手を振り出して支払った。なお，消費税の処理は税抜方式によること。

(3) 決算にあたり，当座預金勘定の貸方残高45,000円を当座借越勘定に振り替える。

(4) 翌期首となり，(3)で当座借越勘定に計上した金額を当座預金勘定に振り戻す。

---

(1) 当座借越契約を結んだときの処理

（借）当 座 預 金	1,000,000	（貸）現　　　　金	1,000,000

当座預金口座を開設し，現金を預け入れたときは，当座預金の増加額を当座預金勘定の借方に，現金の減少額を現金勘定の貸方に記録する（第3章参照）。なお，当座借越契約やこの契約のなかで定められる借越限度額は，当座預金口座の残高が不足している場合に問題になる話であり，当座預金口座を開設したときの仕訳には関係がない。

(2) 小切手を振り出したときの処理

（借）備　　　　品	950,000	（貸）当 座 預 金	1,045,000
仮 払 消 費 税	95,000		

小切手を振り出したときは，その金額を当座預金勘定の貸方に記録する（第17章参照）。備品勘定への記録はその取得原価で行う必要があるが，消費税の額は取得原価に含めず，仮払消費税勘定に記録するため，備品勘定に記録される金額は消費税抜きの金額（税抜価額）となる（第7章参照）。

(3) 決算整理：当座借越勘定への振替え

（借）当 座 預 金	45,000	（貸）当 座 借 越	45,000

決算にあたって，当座預金勘定の残高金額が貸方残高となっている場合は，その金額を当座預金勘定の借方に記録して，当座預金勘定の残高金額をゼロとする。その代わりに，当座借越契約に基づき，取引銀行から貸付けを受けている金額を当座借越勘定に記録する。当座借越勘定は負債の勘定であるから，その記録は貸方に行う（図表18－4参照）。

⑷　翌期首：再振替仕訳

（借）当　座　借　越	45,000	（貸）当　座　預　金	45,000

　決算にあたって，当座借越勘定への記録を行った場合，翌期首付けで，その金額を当座預金勘定に振り戻す。この仕訳を行った結果，当座借越勘定の残高金額はゼロとなり，当座預金勘定の残高金額は 45,000 円の貸方残高となる（決算整理仕訳前の状態に戻る）。

check

　次の各問いに答えなさい。

⑴　当座借越契約を結んでいる場合，会計期間中，小切手や約束手形の支払いによって当座預金口座の残高が不足したときに，当座預金勘定の残高金額は借方残高になるか貸方残高になるか答えなさい。

⑵　当座借越勘定の金額は，貸借対照表上，資産として表示されるか，負債として表示されるか答えなさい。

第19章 貸付金と借入金, 手形貸付金と手形借入金

第1節 貸付金と借入金

1．貸付側の処理

　取引先等に対して金銭を貸し付けた場合，将来に返済を受ける元本の額（貸付金額）を資産の勘定である**貸付金勘定**に記録する。なお，企業の従業員や役員に対して金銭を貸し付けた場合は，企業外部の人々に対する貸付けと区別するために，その金額を貸付金勘定とは別に，**従業員貸付金勘定**，**役員貸付金勘定**に記録する。

　なお，金銭を貸し付けた場合，通常，その対価として貸付先から利息の支払いを受けることになるが，貸付時，この利息の額は，貸付金勘定にも，その他の資産の勘定にも記録しない。利息は，時間の経過に応じて発生していくものであり，貸付けを行った時点ではまだ1円も生じていないからである。

　会計期間中，貸付けに係る利息が記録されるのは，貸付けを行ったときではなく，実際に貸付先から利息の支払いを受けたタイミングとなる。受け取った利息の額は，**受取利息勘定**に記録する。利息を受け取ることにより，企業の純資産は増加するが，この純資産の増加は企業の営業活動の一環として生じたものであるため，受取利息勘定は収益の勘定となる。

設例19－1

　次の一連の取引を仕訳しなさい。
(1)　取引先に対して，貸付けのため小切手 4,000,000 円を振り出した。
(2)　(1)の貸付金 4,000,000 円について，この貸付けに係る利息 20,000 円とあわせて当座預金口座に振り込まれた。

---

(1)　貸付けを行ったときの処理

（借）貸　付　金	4,000,000	（貸）当　座　預　金	4,000,000

　貸付けを行ったときは，その金額を貸付金勘定の借方に記録する。なお，この時点では，将来に受け取ることになる利息の額についての記録は行わない。

図表19 − 1　貸付金の処理（勘定連絡図）

(2)　貸付金の返済を受けたときの処理

| （借）当　座　預　金 | 4,020,000 | （貸）貸　　　付　　　金 | 4,000,000 |
| | | 受　取　利　息 | 20,000 |

　貸付金の返済を受けたときは，貸付けを行ったときに貸付金勘定に記録した金額を取り消すため，その返済を受けた金額を貸付金勘定の貸方に記録する。また，利息の受取額については，その全額を受取利息勘定の貸方に記録する（図表19 − 1参照）。

check

　次の各文章には誤りがある。その誤りを指摘し，正しい文章に直しなさい。
⑴　貸付けを行ったとき，貸付金勘定に記録する金額は，その貸付けによって将来に受け取ることができる金額であり，具体的には，貸し付けた金額とその貸付けに係る利息の額の合計額である。
⑵　利息を受け取ることによって，企業が保有する財産の額は増えるから，これが記録される受取利息勘定は純資産の勘定である。

2．借入側の処理

　金融機関等から金銭を借り入れた場合，将来に返済しなければならない元本の額（借入金額）を負債の勘定である**借入金勘定**に記録する。なお，企業の役員から金銭を借り入れた場合は，企業外部の人々からの借入れと区別するために，その金額を借入金勘定とは別に，**役員借入金勘定**に記録する。

　なお，利息については，貸付けを行った場合と同様，借入れを行ったタイミングでは処理しない。借入れに係る利息は，実際に金融機関等に対して利息を支払ったタイミングで，費用の勘定である**支払利息勘定**に記録する。

図表19 − 2　借入金の処理（勘定連絡図）

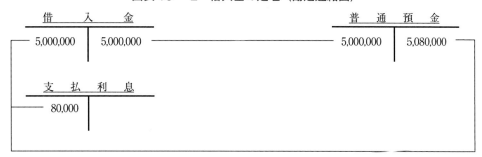

設例19− 2

次の一連の取引を仕訳しなさい。

(1)　金融機関から5,000,000円を借り入れ，全額，普通預金口座に入金された。

(2)　(1)の借入金5,000,000円について，普通預金口座から利息80,000円とあわせて引き落とされた。

(1)　借入れを行ったときの処理

（借）普　通　預　金	5,000,000	（貸）借　　入　　金	5,000,000

借入れを行ったときは，その金額を借入金勘定の貸方に記録する。なお，将来に支払うことになる利息の額についての記録は行わない。

(2)　借入金を返済したときの処理

（借）借　　入　　金	5,000,000	（貸）普　通　預　金	5,080,000
支　払　利　息	80,000		

借入金を返済したときは，借入れを行ったときに借入金勘定に記録した金額を取り消すため，その返済した金額を借入金勘定の借方に記録する。また，利息の支払額については，その全額を支払利息勘定の借方に記録する（図表19 − 2参照）。

check

次の各文章のうち，正しいものには○を，そうでないものには×を答えなさい。

(1)　借入れを行った際は，将来に返済すべき元本の額を借入金勘定に記録する。この際，借入れに対して利息を支払うことを約束していたとしても，その金額を借入金勘定に記録してはならない。

(2)　借入金を返済したときは，その金額を借入金勘定の貸方に記録する。

第2節　手形貸付金と手形借入金

1．貸付側の処理

　取引先等に金銭を貸し付ける際，その取引先等に対して約束手形を振り出すことを求めることがある。約束手形を持っていると，将来，その約束手形に記載された金額を受け取ることができるが（第17章参照），この将来に金銭を受け取る権利は，支払期日の前であれば，他人に譲渡したり，金融機関に買い取ってもらうこともできる（手形の裏書き・割引）。このため，返済期日を待たずに資金を回収してしまいたい場合などには，貸付けと同時に約束手形の振出しを求めることがある。このような形で行われる金銭の貸付けのことを**手形貸付け**といい，このような目的で使用される約束手形のことを**金融手形**という。

　この場合，金融手形として振り出される約束手形には，貸付けた金額（元本）に，貸付けを行った日から返済日までの期間に対応する利息の額を加えた金額が記入される。これは，貸付金もこの貸付けに係る利息も一度で回収してしまえるようにするためである。

　手形貸付けを行った場合は，貸付先から受け取った約束手形に記入されている金額を**手形貸付金勘定**に記録する。手形貸付金勘定は，将来に支払いを受ける金額が記録される勘定であるため資産の勘定となる。手形貸付けを行った場合は，貸し付けた金額を貸付金勘定に記録したり（第1節参照），受け取った約束手形の額を受取手形勘定に記録したり（第17章参照）することはしない。

　なお，手形貸付金勘定に記録される金額には，この貸付けに係る利息相当額が含まれる。このタイミングではまだ利息は発生していないが，将来に受け取ることができる金額が確定しているため，受取利息勘定への記録も行ってしまう。なお，ここで記録した利息の額に翌期以降の期間に対応する金額が含まれている場合は，決算にあたってその金額を取り除くための調整が必要になる（第25章参照）。

設例19－3

　次の一連の取引を仕訳しなさい。

(1) 取引先に対して，貸付けのため小切手4,000,000円を振り出した。この取引先から，この貸付金の返済日を支払期日とする約束手形4,020,000円の振出しを受けた。貸付金額と約束手形の金額の差額は，この貸付けに係る利息相当額である。

(2) (1)で振出しを受けた約束手形4,020,000円について，支払期日が到来した。取引銀行に取立てを依頼した結果，手数料1,000円が差し引かれた4,019,000円が当座預金口座に入金された。

図表19 − 3　手形貸付金の処理（勘定連絡図）

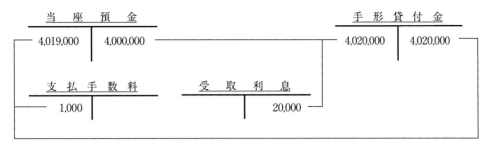

(1)　手形貸付けを行ったときの処理

（借）手 形 貸 付 金	4,020,000	（貸）当 座 預 金	4,000,000
		受 取 利 息	20,000

　手形貸付けを行ったときは，約束手形に記入されている金額を手形貸付金勘定の借方に記録する。貸付金勘定や受取手形勘定への記録は行ってはならない。なお，この手形貸付金勘定に記録された金額に含まれている利息相当額は，受取利息勘定の貸方に記録する。

(2)　約束手形を保有したまま支払期日が到来したときの処理

（借）支 払 手 数 料	1,000	（貸）手 形 貸 付 金	4,020,000
当 座 預 金	4,019,000		

　貸付けにあたって振出しを受けた約束手形を第三者に譲渡せず，支払期日まで保有していたときは，通常の約束手形について支払期日が到来したとき（第17章参照）と同様に，金融機関に対して取立ての依頼をし，預金口座に入金してもらう（図表19 − 3参照）。

　その際，手形貸付金勘定に記録されるのは，取立てに係る手数料が差し引かれた実際の入金額ではなく，手数料が差し引かれる前の約束手形にもともと記入されていた金額である。手形貸付金勘定に記録される金額は，将来に支払いを受けることができる金額であったから，自らが受け取ることができなくなった金融機関に対する手数料の額についても，手形貸付金勘定から取り除く必要がある。

　なお，この貸付けに係る利息については，貸付けを行ったタイミングで受取利息勘定への記録を済ませているため，返済日に処理する必要はない。

check

次の各文章のうち，正しいものには○を，そうでないものには×を答えなさい。
(1)　手形貸付けを行った場合，貸し付けた金額に相当する金額を，もともと予定していた返済日よりも前に受け取ってしまうこともできる。
(2)　取引先に現金1,000,000 円を貸付期間１年間，利息20,000 円の条件で貸し付けた。このとき，取

引先に対して約束手形の振出しを求めずに貸付金勘定に記録される金額と，取引先に対して約束手形の振出しを求めたうえで手形貸付金勘定に記録される金額は同じになる。

(3) 手形貸付けを行ったときには，まだこの貸付けに係る利息は生じていないから，受取利息勘定への記録を行う必要はない。

2．借入側の処理

取引先等から金銭を借り入れるにあたって，貸手側からの求めに応じて約束手形を振り出すことがある。これを**手形借入れ**という。

手形借入れを行った場合，貸手側に振り出した約束手形に記入した金額を**手形借入金勘定**に記録する。手形借入金勘定は，将来に支払うことを約束した金額が記録される勘定であるため，負債の勘定となる。手形借入れを行った場合は，借り入れた金額を借入金勘定に記録したり（第1節参照），振り出した約束手形の額を支払手形勘定に記録したり（第17章参照）することはしない。

なお，手形借入金勘定に記録される金額には，この借入れに係る利息相当額が含まれる。このタイミングではまだ利息は発生していないが，将来に支払う金額が確定しているため，支払利息勘定への記録も行ってしまう。なお，ここで記録した利息の額に翌期以降の期間に対応する金額が含まれている場合は，決算にあたってその金額を取り除くための調整が必要になる（第25章参照）。

設例19－4

次の一連の取引を仕訳しなさい。

(1) 取引先から借入れを行い，当座預金口座に 3,000,000 円が入金された。この借入れにあたり，取引先から約束手形を振り出すことを求められたため，約束手形3,060,000 円を振り出した。なお，借入額と約束手形に記入した金額との差額は，この借入れに係る利息相当額である。

(2) (1)で振り出した約束手形 3,060,000 円について支払期日が到来し，当座預金口座から支払いが行われた。

⑴ 借入れを行ったときの処理

（借）当 座 預 金	3,000,000	（貸）手 形 借 入 金	3,060,000
支 払 利 息	60,000		

手形借入れを行ったときは，約束手形に記入した金額を手形借入金勘定の貸方に記録する。借入金勘定や支払手形勘定への記録は行ってはならない。なお，この手形借入金勘定に記録された金額に含まれている利息相当額は，支払利息勘定の借方に記録する。

図表 19 － 4　手形借入金の処理（勘定連絡図）

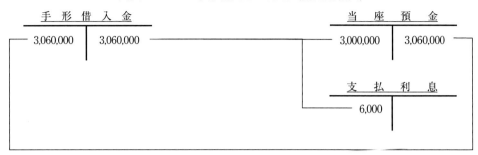

(2)　約束手形の支払期日が到来したときの処理

（借）手 形 借 入 金	3,060,000	（貸）当 座 預 金	3,060,000

　借入れにあたって振り出した約束手形の支払期日が到来し，支払いが行われたときは，当座預金勘定の残高を減らすとともに，手形借入金勘定の残高も減らす処理を行う。手形借入金勘定は負債の勘定であるから，その記録は借方に行えばよい（図表19－4参照）。

　なお，この借入れに係る利息については，借入れを行ったタイミングで支払利息勘定への記録を済ませているため，返済日に処理する必要はない。

check

　次の各問いに答えなさい。

(1)　手形借入れを行ったとき，手形借入金勘定に記録される金額はどのような金額となるか答えなさい。

(2)　手形借入れに係る利息の額が支払利息勘定に記録されるのはいつか答えなさい。

第20章　金銭債権の貸倒れ，保証金

第1節　貸倒れとは何か

　貸倒れとは，売掛金（第5章参照）や貸付金（第19章参照）のような将来に金銭を受け取ることができる権利（金銭債権）について，相手側の倒産その他の事情によって，支払いを受けられなくなってしまうことをいう。

　簿記では，実際にはまだ金銭を受け取っていなくても，将来にそれを受け取ることができると見込まれる場合は，その権利を資産として会計帳簿に記録することになっているが（第1章参照），このような処理が認められているのは，今日，営業活動を行うにあたって最も重要となる信用が簡単に反故にされてしまうはずはないし，そのような事態を防ぐための措置もとられているであろうという前提があるからである。

　しかし，実際のところ，このような期待が裏切られ，受け取れるはずの金銭を受け取れなくなってしまうことはある。このような場合は，実際に起こったことを認めて，会計帳簿からそれらの金銭債権に係る記録を消去する。

check

　次の各文章のうち，正しいものには○を，そうでないものには×を答えなさい。
- (1) 売掛金や貸付金は，将来に支払いや返済を受けることが約束された金額であるから，企業はその金額を必ず受け取ることができる。
- (2) 貸付金について貸倒れが起きたときは，貸付金の返済を受けたときと同じように，その貸付金について貸付金勘定に記録されていた金額を消去する必要がある。

第2節　貸倒損失

　売掛金や貸付金のような金銭債権は，会計帳簿上，資産として記録されているから，その記録を消去したときは，それだけ純資産の額も減少することとなる。この貸倒れによって生じた純資産の減少額は，費用の勘定である**貸倒損失勘定**に記録する。

┌───┐
設例20−1

　次の一連の取引を仕訳しなさい。
- (1) 取引先に現金2,000,000円を貸し付けた。
- (2) (1)で貸付けを行った取引先が倒産し，同社に対する貸付金が全額貸し倒れた。
└───┘

図表20−1　貸倒損失の処理（勘定連絡図）

(1) 貸倒れが生じなかった場合

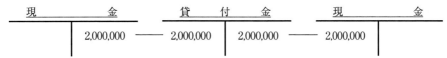

(2) 貸倒れが生じた場合

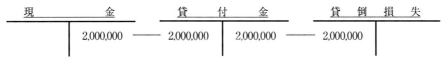

(1)　金銭債権が発生したときの処理

（借）貸　　付　　金	2,000,000	（貸）現　　　　　金	2,000,000

(2)　金銭債権が貸し倒れたときの処理

（借）貸　倒　損　失	2,000,000	（貸）貸　　付　　金	2,000,000

　貸倒れが起こったときは，まず，将来に受け取ることができなくなった金銭債権の額をその金銭債権が記録されている勘定から取り除く。この設例では，その金額が貸付金勘定に記録されているため，この記録を取り除くために，貸倒れになった2,000,000円を貸方に記録する。

　このとき，貸付金勘定の相手勘定とするのが貸倒損失勘定である。貸倒損失勘定は費用の勘定であり，その金額は借方に記録する（図表20−1参照）。

check

次の各問いに答えなさい。
(1) 貸倒損失勘定は，資産，負債，純資産，収益，費用のどれに該当するか答えなさい。
(2) 貸倒損失が生じた場合，その金額は，貸倒損失勘定の借方，貸方のどちらに記録されるか答えなさい。

第3節　貸倒引当金

1．貸倒引当金とは何か

　金銭債権の貸倒れは，基本的に相手（債務者）の都合によって生じるものであるから，金銭債権を有する企業の側で，そのリスクを完全にゼロにすることはできない。今日の簿記では，公表された財務諸表を利用する人々に対して，この貸倒れが生じるリスクの存在を理解してもらうために，将来に貸し倒れる可能性があると見込まれる金額を，貸借対照表上に記

載することが推奨されている。

　金銭債権が貸し倒れたときは，その金銭債権の額を会計帳簿上の記録から取り除くことになるが，まだ実際に貸倒れが生じていないのに，その金額を会計帳簿から取り除いてしまうことは望ましくない。そこで，簿記では，貸倒れが見込まれる金額を金銭債権の勘定とは別に**貸倒引当金勘定**に計上する。貸倒れによる金銭債権の減少額は，それらが記録される勘定の貸方に記録されるから，その代わりに使われる貸倒引当金勘定への記録も貸方に行われる。なお，貸倒引当金勘定は減価償却累計額勘定（第13章参照）と同じ，評価勘定の1つである。

2．貸倒引当金の設定

　貸借対照表を作成するにあたっては，期末に保有する金銭債権のうち，貸倒れが見込まれる金額を見積もらなければならないが，この見積もりは簡単ではない。そこで，ここでは，過去に実際に起こったのと同じ程度の貸倒れが今後も生じると仮定して，貸倒引当金とすべき金額を計算する方法を学習する。

　この方法では，次の計算式を使って貸倒引当金とすべき金額を求める。

貸倒引当金とすべき金額＝金銭債権の期末残高×貸倒実績率

　ここで，**貸倒実績率**とは，過去の金銭債権の残高金額に占める貸倒損失の割合をいい，税務上は，過去3年分の実績をもとに計算される。

　金銭債権の貸倒れが起きた場合，金銭債権の額を減少させた相手勘定として，貸倒損失勘定を使用した。しかし，貸倒引当金を設定するときは，まだ貸倒れが発生しているわけではないので，貸倒損失として処理することは適切ではない。

　そこで，貸倒引当金勘定の貸方に貸倒引当金とすべき金額を計上した場合は，その相手勘定として，貸倒損失勘定とは別に**貸倒引当金繰入勘定**を使用する。貸倒引当金繰入勘定に計上した金額は，当期の費用として処理することが認められる。

◆**貸倒引当金繰入額の費用処理**◆

　貸倒引当金は，実際に貸倒れが生じる前に計上されるものであり，貸倒引当金を計上したときに，同時に貸倒引当金繰入勘定に計上される金額も，実際には生じていない「予想上の金額」を計上したものになる。

　この「予想上の金額」を費用として処理すると，純利益の額は，「実際の金額」よりも少なくなる。これには，実際に貸倒れが起こったときに生じる損失が前倒しで計上される効果がある。

設例20－2

　決算にあたり，売掛金2,500,000円について貸倒引当金を設定する。なお，貸倒引当金とすべき金額は貸倒実績率を用いて計算し，貸倒実績率は2％であった。

〔解答〕

（借）貸 倒 引 当 金 繰 入	50,000	（貸）貸 倒 引 当 金	50,000*

＊　2,500,000 円 × 2 ÷ 100 = 50,000 円

　貸倒引当金勘定は，貸倒れが起きたときの金銭債権の減少額をその金銭債権が記録される勘定の代わりに使用される勘定であるから，その記録は貸方に行う。このとき，貸倒引当金勘定の相手勘定となる貸倒引当金繰入勘定に記録した金額は，当期の費用として処理される。

3．貸倒れが生じたときの処理

　貸倒引当金が計上されている場合，これに見合う金額（貸倒引当金繰入勘定に記録した金額）が費用として処理されているため，その後，金銭債権が実際に貸倒れたときに，その貸倒れた金額のすべてを貸倒損失として処理することは適切ではない。同じ金銭債権について，二重に損失（費用）を計上することになってしまうからである。

　そこで，貸倒引当金が計上されている状況で，金銭債権の貸倒れが生じてしまったときは，貸倒れとなった金銭債権の額のうち，貸倒引当金に相当する金額だけ貸倒損失の額を減らす必要がある。

　設例20－3
　　取引先に対する貸付金 2,000,000 円（前期以前に発生したもの）が貸し倒れた。貸倒引当金の残高がそれぞれ次の通りであったとき，貸倒れが起こったときの仕訳を示しなさい。
　　(1)　貸倒引当金の残高が 0 円であったとき
　　(2)　貸倒引当金の残高が 1,500,000 円であったとき
　　(3)　貸倒引当金の残高が 3,000,000 円であったとき

---

(1)　貸倒時に貸倒引当金の残高がなかったとき　設例20－1 (2)参照)

（借）貸　倒　損　失	2,000,000	（貸）貸　付　金	2,000,000

(2)　貸倒時の貸倒引当金の残高が貸倒れとなった金銭債権の額よりも少なかったとき

（借）貸 倒 引 当 金	1,500,000	（貸）貸　付　金	2,000,000
貸 倒 損 失	500,000		

　貸倒引当金の残高が貸倒れとなった金銭債権の額よりも少なかったときは，まず，貸倒引当金をすべて取り崩す。貸倒引当金を計上したとき，その計上額は貸倒引当金勘定の貸方に記録しているため，この金額を取り崩す場合は，貸倒引当金勘定の借方に記録する。

　この設例において，貸倒れとなった貸付金の額は 2,000,000 円であったが，そのうち

図表 20 − 2　貸倒引当金がある場合の貸倒れの処理（勘定連絡図）

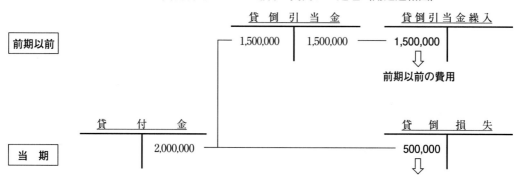

1,500,000 円については，前期以前に費用として処理されているため，当期の損失として処理することができる金額は，残りの 500,000 円のみである。このため，貸倒損失勘定に記録されるのはこの 500,000 円となる（図表 20 − 2 参照）。

(3)　貸倒時の貸倒引当金の残高が貸倒れとなった金銭債権の額よりも多かったとき

> （借）貸 倒 引 当 金　　2,000,000　　（貸）貸　　付　　金　　2,000,000

　貸倒引当金の残高が貸倒れとなった金銭債権の額よりも多かったときは，貸倒れとなった金銭債権の額だけ貸倒引当金を取り崩すことができるため，当期の損失として処理する金額はゼロとなる。

　この場合，貸倒引当金を取り崩した後も，貸倒引当金勘定に一定の金額（この設例の場合は 1,000,000 円）が残ることになるが，この金額は，同じ会計期間中に別の金銭債権が貸し倒れたときのためにそのままとっておく。

check

　売掛金 700,000 円が貸し倒れた。貸倒引当金の残高金額が次の通りであったとき，貸倒損失勘定に計上される金額を答えなさい。

　(1)　貸倒引当金の残高が 800,000 円であったとき
　(2)　貸倒引当金の残高が 500,000 円であったとき
　(3)　貸倒引当金の残高が 0 円であったとき

4．貸倒引当金の残高がある場合の貸倒引当金の設定

　前期以前に計上した貸倒引当金が期末まで残っていることがある（ 設例20−3 (3)参照）。このような場合，決算にあたって貸倒引当金を設定するための仕訳の方法には，洗替法と差額補充法の 2 つがある。

洗替法

　洗替法とは，貸倒引当金の残額をいったんすべて取り崩したうえで，新しく当期の金銭債権の額と貸倒実績率等に応じて計算された貸倒引当金の額を計上しなおす方法である。

　貸倒引当金の残額を取り崩したときの貸倒引当金勘定の相手勘定は，**貸倒引当金戻入勘定**とする。貸倒引当金戻入勘定に記録した金額は，当期の収益として処理される。当期の純利益の額は，収益と費用の差額として計算されるため（第1章参照），収益として処理することで，その金額を費用として処理した貸倒引当金勘定への繰入額と相殺することができる。

　設例20－4

　　決算にあたり，期末に保有する金銭債権に対して 40,000 円の貸倒引当金を洗替法により設定する。期末の貸倒引当金の残高が 30,000 円であったとき，貸倒引当金の設定について必要な仕訳を示しなさい。

〔解答〕

（借）貸 倒 引 当 金	30,000	（貸）貸 倒 引 当 金 戻 入	30,000
（借）貸 倒 引 当 金 繰 入	40,000	（貸）貸 倒 引 当 金	40,000

　1つ目の仕訳が貸倒引当金の残高を取り崩すための仕訳である。貸倒引当金を計上したときは，貸倒引当金勘定の貸方にその金額が記録されているから，これを取り崩すときは，その反対の借方に記録を行えばよい。したがって，その相手勘定となる貸倒引当金戻入勘定への記録は貸方に行われることとなる。

　貸倒引当金勘定の残高を取り崩したら，後は，設例20－2 と同じように当期分の貸倒引当金を計上すればよい。

差額補充法

　差額補充法とは，貸倒引当金の残額と当期に計上すべき貸倒引当金の額を比べて，貸倒引当金の残額の方が少なければその不足額を追加し，貸倒引当金の残額の方が多ければ，その多すぎる金額を取り除く方法である。

　この場合，貸倒引当金勘定の相手勘定となるのは，貸倒引当金を追加したときは貸倒引当金繰入勘定，貸倒引当金を取り除いたときは貸倒引当金戻入勘定となる。

　設例20－5

　　決算にあたり，期末に保有する金銭債権に対して 40,000 円の貸倒引当金を差額補充法により設定する。期末の貸倒引当金の残高がそれぞれ次の通りであったとき，貸倒引当金の設定について必要な仕訳を示しなさい。
　　⑴　貸倒引当金の残高が 30,000 円であったとき
　　⑵　貸倒引当金の残高が 60,000 円であったとき

⑴　貸倒引当金の残高が当期に計上すべき貸倒引当金の額よりも少なかったとき

（借）貸 倒 引 当 金 繰 入	10,000	（貸）貸 倒 引 当 金	10,000*

＊　40,000 円 − 30,000 円 = 10,000 円

　貸倒引当金の残高が当期に計上すべき貸倒引当金の額よりも少なかったときは，不足する金額だけ貸倒引当金を追加する。この場合，新たに貸倒引当金を計上するときと同じように繰入れの仕訳を行えばよい。

⑵　貸倒引当金の残高が当期に計上すべき貸倒引当金の額よりも多かったとき

（借）貸 倒 引 当 金	20,000*	（貸）貸 倒 引 当 金 戻 入	20,000

＊　60,000 円 − 40,000 円 = 20,000 円

　貸倒引当金の残高が当期に計上すべき貸倒引当金の額よりも多かったときは，この多すぎた金額だけ貸倒引当金を取り崩す。この場合，洗替法で貸倒引当金を取り崩すときと同じように戻入れの仕訳を行えばよい。

check

　次の各問いに答えなさい。
⑴　洗替法において，貸倒引当金繰入勘定に記録される金額はどのように計算されるか答えなさい。
⑵　差額補充法において，貸倒引当金を追加する必要が生じた場合，貸倒引当金勘定への記録は借方に行われるか貸方に行われるか，および，その相手勘定を答えなさい。

第4節　償却債権取立益

　貸倒れとなった金銭債権については，その後，その全部または一部を回収できる場合がある。貸し倒れた金額は，貸倒れが起こったときに金銭債権の勘定から取り除いてしまっているため，その後，その全部または一部を回収しても，それらの勘定には，取り崩すべき金額が残っていない。

　そこで，貸倒れた金銭債権を回収したときは，新たに現金等を受け取ったと考えて，予定通り金銭債権を回収できたときとは別の処理を行う。ここで，現金等を受け取ったことによる純資産の増加額は，収益の勘定である**償却債権取立益勘定**に計上する。

> 設例20−6
>
> 次の一連の取引を仕訳しなさい。
> (1) 売掛金 900,000 円が貸し倒れた。なお，貸倒引当金の残高が 500,000 円あり，残りの 400,000 円を貸倒損失として処理した。
> (2) (1)で貸し倒れた金額のうち 100,000 円を現金で回収することができた。（貸倒損失の額を修正する必要はない）

(1) 貸倒れが発生したときの処理

| （借）貸 倒 引 当 金 | 500,000 | （貸）売　　掛　　金 | 900,000 |
| 貸 倒 損 失 | 400,000 | | |

　貸し倒れた売掛金の額が 900,000 円，貸倒引当金の残高が 500,000 円であるから，その差額の 400,000 円が当期の貸倒損失の額となる（設例20−3 (2)参照）。

(2) 貸倒れた金銭債権を回収できたときの処理

| （借）現　　　　　金 | 100,000 | （貸）償却債権取立益 | 100,000 |

　貸し倒れた金銭債権の一部を回収できたときは，まず，その回収できた金額を現金勘定等に記録する。この設例では，現金 100,000 円を受け取っているため，その金額を現金勘定の借方に記録する。

　このとき，現金勘定等の相手勘定となるのが償却債権取立益勘定である。償却債権取立益勘定は収益の勘定であり，その記録は貸方に行う。

check

次の各文章のうち，正しいものには◯を，そうでないものには×を答えなさい。
(1) 一度，貸倒れになった金銭債権の額は，絶対に取り戻すことができない。
(2) 償却債権取立益勘定に記録される金額は，貸倒れになった元々の金銭債権の額と同額である。
(3) 償却債権取立益勘定は，金銭債権の回収額を記録する勘定であるから，金銭債権が記録される勘定と同じく，資産の勘定である。

第5節　保証金

　商品を掛けで販売したり，不動産を貸し付けたりする契約を結んだときに，商品の買手や不動産の借手に対して，一定の**保証金**（不動産の場合，**敷金**などとよばれることもある）の支払いを求めることがある。この保証金の受取りは，契約期間中に，代金や賃料が支払われなかったり，貸し付けた不動産に事故（破損，火災など）が生じたりしたときに，その損失を穴

埋めするために行われる。このため，契約期間中に問題がなければ，保証金として受け取った金額は，その契約が終了したときにそのまま買手や借手に返還されることになる。

　このような保証金を受け取ったときは，その金額を**預り保証金勘定**に記録する。受け取った保証金は，契約期間中に問題がなければ返還しなければならないものであるため，この金額が記録される預り保証金勘定は負債の勘定となる。

　一方，保証金を支払ったときは，その金額を**差入保証金勘定**に記録する。支払った保証金は，契約期間中に問題を起こさなければ返還されるものであるため，この金額が記録される差入保証金勘定は資産の勘定となる。

◆敷　金◆

　不動産賃貸の場合，貸手側が借手側に対して敷金を求めることが一般的である。敷金は，貸付期間中，家賃や地代を支払わなかったときの穴埋めのため，貸し付けていた土地や建物に問題（汚損，破損等）が生じた場合の修理費用等として使うためにあらかじめ受け取っておくものである。

　簿記では，このうち契約終了時に返還される部分を保証金として取り扱う。実務では，敷金のうち一定割合の金額を返還しないことが慣例となっている場合もあるが，このような返還されない金額については，家賃や地代と同様に取り扱い，保証金としては取り扱わない。

設例20－7

　次の一連の取引を仕訳しなさい。

(1) 新たな得意先と掛取引をはじめるにあたって，掛代金の支払いが行われなかったときの保証金として 500,000 円を先方振出の小切手で受け取った。

(2) (1)の得意先と契約を終了し，契約開始時に受け取った保証金 500,000 円を小切手を振り出して返還した。

⑴　保証金を受け取ったときの処理

（借）現　　　　金	500,000	（貸）預　り　保　証　金	500,000

　得意先から受け取った保証金は，預り保証金勘定に記録する。預り保証金勘定は負債の勘定であるから，その記録は貸方に行えばよい。

⑵　保証金を返還したときの処理

（借）預　り　保　証　金	500,000	（貸）当　座　預　金	500,000

　保証金を返還することで，企業は，その金額を返還する義務から解放される。この場合，預り保証金勘定に記録した金額を取り崩すため，借方にその金額を記録する。

> 設例20-8
>
> 次の一連の取引を仕訳しなさい。
>
> (1) 事務所として使用するため建物を借り入れた。契約にあたり，向こう2か月分の家賃600,000円，敷金1,500,000円（敷金は，契約期間中問題がなければ，全額，契約終了時に返還されるものである）を小切手を振り出して支払った。
>
> (2) (1)の賃借契約を終了し，契約開始時に支払った敷金1,500,000円が普通預金口座に入金された。

(1)　敷金（保証金）を支払ったときの処理

（借）支 払 家 賃	600,000	（貸）当 座 預 金	2,100,000
差 入 保 証 金	1,500,000		

　この設例では，支払った敷金の全額が返還されるものとされているため，会計帳簿上，この敷金を保証金として処理する。企業が支払った保証金の額は，資産の勘定である差入保証金勘定に記録する。

(2)　敷金（保証金）の返還を受けたときの処理

（借）普 通 預 金	1,500,000	（貸）差 入 保 証 金	1,500,000

　敷金の返還を受けたときは，その敷金を支払ったときに差入保証金勘定に記録した金額を取り崩す。この記録は貸方に行う。

check

　次の各文章のうち，正しいものには○を，そうでないものには×を答えなさい。

(1) 不動産の賃貸借契約をはじめるときにやりとりされる保証金は，借主から貸主（大家や地主）に対して支払われる。

(2) 保証金は，契約期間中に生じる損害を補うために支払われるものであるから，契約期間中に損害を生じさせなければ，原則として，その契約が終了したときに返還される。

第21章 有形固定資産の売却，
月次決算を行う場合の減価償却

第1節　有形固定資産の売却

　有形固定資産は，企業が1年以上の長期間にわたって使用する目的で取得等する資産であり（第4章参照），決算にあたっては，毎期，減価償却を通じた費用（減価償却費）の計上が行われている（第13章参照）。

　減価償却費は，企業が見積もった有形固定資産の使用期間（耐用年数）に基づいて計算されるが，企業は，この事前に見積もった使用期間が到来する前に有形固定資産を売却してしまうこともある。その理由は，市場環境や経営環境の変化によるものであったり，有形固定資産自体の問題（破損，老朽化など）であったりさまざまである。

　会計帳簿上，有形固定資産を売却した場合は，その有形固定資産に関する記録（帳簿価額）をすべて取り去ったうえで，売却によって得られた利益または損失を計上する処理が必要となる。

第2節　有形固定資産を売却したときの処理

1．土地の売却
　土地については，減価償却が行われない（第13章参照）。このため，土地については，その取得時に土地勘定に計上した取得原価をそのまま使って，売却による利益や損失の額を計算することとなる。

　土地を売却した場合，その売却価額からその取得原価と売却に要する費用（売却費用）の合計額を差し引いた残額を，**固定資産売却益勘定**または**固定資産売却損勘定**に記録する。売却価額が取得原価と売却費用の合計額よりも大きい場合は固定資産売却益勘定，逆に，売却価額が取得原価と売却費用の合計額よりも小さい場合は固定資産売却損勘定を使用する。売却によって，企業の純資産は増減することになるから，固定資産売却益勘定は収益の勘定となり，固定資産売却損勘定は費用の勘定となる。

　なお，土地の売却価額の全部または一部を後日受け取る場合は，その後日受け取ることができる金額を**未収入金勘定**に記録する。商品を売り上げたときに，後日，支払いを受ける金額は売掛金勘定に記録するが（第5章参照），売掛金勘定は商品の販売代金の未回収額を記録するための専用の勘定であり，商品以外のものに係る将来の収入金額を記録するときに使う

ことはできない。

設例21－1

次の一連の取引を仕訳しなさい。

(1) 土地 200m² を 1m² あたり 40,000 円で購入し，代金は諸費用 600,000 円とあわせて小切手を振り出して支払った。

(2) (1)で購入した土地を 9,000,000 円で売却し，代金は後日受け取ることにした。なお，この売却にあたって，当社が負担する費用 800,000 円は小切手を振り出して支払った。

(3) (2)の土地の売却代金のうち，3,000,000 円が当座預金口座に振り込まれた。

⑴　土地を購入したときの処理

（借）土　　　　　　地	8,600,000*	（貸）当　座　預　金	8,600,000

＊　200m² × 40,000 円 + 600,000 円 = 8,600,000 円

⑵　土地を売却したときの処理

（借）未　収　入　金	9,000,000	（貸）土　　　　　　地	8,600,000
固定資産売却損	400,000*	当　座　預　金	800,000

＊　（8,600,000 円 + 800,000 円）− 9,000,000 円 = 400,000 円

土地を売却したときの仕訳は，次の順で行う。

① 売却した土地の取得原価を土地勘定の貸方に記録する。

② 売却にあたって支出する現金等の額（売却費用の額）を記録する。

③ 売却にあたって受け取る現金等の額（売却価額）を記録する。

④ 貸借差額を固定資産売却益または固定資産売却損として処理する。

　第1に，売却した土地の取得価額を土地勘定から取り除くため，その金額を土地勘定の貸方に記録する。土地については，減価償却が行われないため，後述する他の有形固定資産のように，減価償却について考える必要はない。

　第2に，土地の売却にあたって支出する現金等の額を記録する。なお，この設例では，売却と同時に支払いを行っているが，売却費用を後日支払う場合は，その金額を未払金勘定に記録する（商品に係る支出ではないため，買掛金勘定は使用しない）。

　第3に，売却によって受け取る現金等の額を記録する。この設例では，売却価額の全額を後日受け取ることとされているから，この金額は未収入金勘定に記録することとなる。未収入金勘定は資産の勘定であるから，その記録は借方に行う。

　最後に，固定資産売却益または固定資産売却損を計上する。この設例では，土地の売却

図表 21 - 1 土地を売却したときの処理 (勘定連絡図)

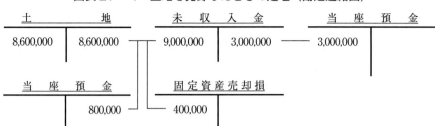

にあたって，合計9,400,000円（= 8,600,000円 + 800,000円）の資産を手放しているが，これに対して，売却相手から受け取る金額は9,000,000円しかない。このため，この取引では，400,000円（= 9,400,000円 - 9,000,000円）の売却損となる。なお，売却にあたって企業が手放す資産の額は貸方，企業が受け取る資産の額は借方に記録されているから，この金額は，借方に記録された金額と貸方に記録された金額との差額（貸借差額）としても求められる。

　なお，固定資産売却損勘定は費用の勘定であるから，その記録は借方に行えばよい。

⑶　後払いとされた金額の支払いを受けたときの処理

（借）当　座　預　金	3,000,000	（貸）未　収　入　金	3,000,000

　未収入金勘定は資産の勘定であるから，実際に支払いを受け，将来に受け取ることができる金額が減少したときは，その金額を貸方に記録すればよい（図表21 - 1参照）。

check

　次の各文章のうち，正しいものには○を，そうでないものには×を答えなさい。
⑴　固定資産売却益または固定資産売却損の額の計算は，土地の売却にあたって支払った費用の額も含めて行う。
⑵　土地の売却価額を後日受け取ることとした場合，その金額は，売掛金勘定に記録する。
⑶　土地を売却したとき，その取得原価よりも売却価額の方が多ければ，必ず売却益が出る。

2．土地以外の有形固定資産の売却

　土地以外の有形固定資産については，毎期，減価償却が行われる（第13章参照）。各期の減価償却費の額は，その会計期間中に有形固定資産を使用した期間の長さに応じて計算されるが，期中に有形固定資産を売却した場合は，まず，その会計期間の期首から売却時までの期間の長さに応じて，その期の減価償却費の額を計算しなければならない。減価償却は，通常，決算のタイミングで行われるものであるが，有形固定資産を売却したときは，例外的に，その売却時にも行うこととなる。

　また，有形固定資産を売却したときは，その売却した有形固定資産について行われていた記録を消去する必要があるが，土地以外の有形固定資産を売却したときは，その取得原価に

関する記録だけでなく，それまでの減価償却の処理がどのように行われてきたかについても考慮しなければならない。減価償却の処理方法には，直接法と間接法の 2 つがあり，そのどちらを選択しているかによって，使用される勘定や各勘定に記録されている金額にも違いがあるからである（第 13 章参照）。

減価償却を直接法で処理している場合

　減価償却を直接法で処理している場合，各期の減価償却費の額は，有形固定資産が記録されている各勘定から直接控除される。このため，有形固定資産の各勘定における残高金額は，各期に計上した減価償却費が控除された後の**未償却残高**となっている。有形固定資産を売却したときは，この未償却残高を，売却により手放す資産の額と考えて記録を行う（有形固定資産の取得原価は使用しない）。

設例21−2

　次の一連の取引を仕訳しなさい。会計期間は毎年 1 月 1 日から 12 月 31 日までの 1 年間であり，1 年未満の期間に係る減価償却費の額は月割計算によって求める。また，減価償却は直接法によって処理する。
- (1) 20X1 年 1 月 1 日，商品の配達用に使用するためオートバイ 860,000 円を購入し，代金は諸費用 40,000 円とあわせて小切手を振り出して支払った。
- (2) 20X1 年 12 月 31 日，(1)で購入したオートバイについて，定額法により減価償却を行う。オートバイの耐用年数は 3 年，残存価額はゼロである。
- (3) 20X2 年 4 月 30 日，(1)で購入したオートバイを 200,000 円で売却し，代金は現金で受け取った。なお，この売却にあたって，当社が負担する費用 20,000 円は現金で支払った。

---

(1)　有形固定資産を取得したときの処理

（借）車 両 運 搬 具　　900,000*	（貸）当 座 預 金　　900,000

＊　860,000 円 + 40,000 円 = 900,000 円

(2)　有形固定資産の減価償却（直接法）

（借）減 価 償 却 費　　300,000*	（貸）車 両 運 搬 具　　300,000

＊　（900,000 円 − 0 円）÷ 3 年 = 300,000 円

　オートバイは期首（1 月 1 日）に取得し，期末（12 月 31 日）まで使用されているため，1 年分の減価償却費の額をそのまま 20X1 年分の減価償却費として計上する。この設例では，直接法による処理が求められているため，減価償却費勘定の相手勘定は，購入時にこのオートバイの取得原価を記録した車両運搬具勘定となる。

図表 21 － 2　直接法で減価償却を処理している有形固定資産を売却したときの処理（勘定連絡図）

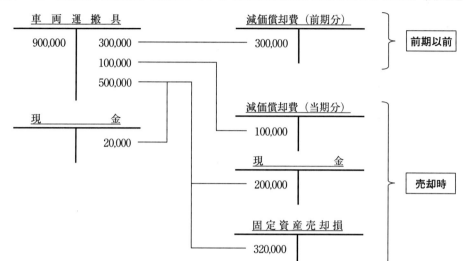

(3)　有形固定資産を売却したときの処理

（借）減 価 償 却 費	100,000[*1]	（貸）車 両 運 搬 具	100,000
（借）現　　　　　　金	200,000	（貸）車 両 運 搬 具	500,000[*2]
固定資産売却損	320,000[*3]	現　　　　　　金	20,000

　＊1　（900,000円 － 0円）÷ 3年 ÷ 12 × 4か月 ＝ 100,000円
　＊2　900,000円 － 300,000円 － 100,000円 ＝ 500,000円
　＊3　（500,000円 ＋ 20,000円）－ 200,000円 ＝ 320,000円

　20X2年中は，オートバイを期首（1月1日）から売却日（4月30日）までの4か月間にわたって使用しているから，まず，4か月分の減価償却費の額を20X2年分の減価償却費として計上する。金額は変わっているが，仕訳の仕方は決算日に行うものと同じである。

　減価償却の仕訳が終わったら，オートバイの未償却残高を車両運搬具勘定から取り除く。車両運搬具勘定は，その取得時に取得原価900,000円が記録されており，ここから2回の減価償却で400,000円（＝ 300,000円 ＋ 100,000円）が差し引かれているため，残りの500,000円がこのオートバイの未償却残高となる。

　以降は，土地を売却したとき（設例21－1 参照）と同じように処理すればよい（図表21－2参照）。

減価償却を間接法で処理している場合

　減価償却を間接法で処理している場合，各期の減価償却費の額は，有形固定資産が記録されている各勘定から直接控除する代わりに，減価償却累計額勘定を設けて記録する。このため，売却時に有形固定資産の各勘定に記録されている金額は取得時に記録した取得原価のま

まであるが，これとは別に減価償却累計額勘定への記録も行われている状況になっている。
このような場合は，有形固定資産の各勘定に行われている金額を取り除くだけでなく，減価
償却累計額勘定に記録されている金額についても取り除かなければならない。

設例21−3

　次の一連の取引を仕訳しなさい。会計期間は毎年1月1日から12月31日までの1年
間であり，1年未満の期間に係る減価償却費の額は月割計算によって求める。また，減
価償却は間接法によって処理する。

(1) 20X1年1月1日，商品の配達用に使用するためオートバイ860,000円を購入し，
　　代金は諸費用40,000円とあわせて小切手を振り出して支払った。

(2) 20X1年12月31日，(1)で購入したオートバイについて，定額法により減価償却
　　を行う。オートバイの耐用年数は3年，残存価額はゼロである。

(3) 20X2年4月30日，(1)で購入したオートバイを200,000円で売却し，代金は現金
　　で受け取った。なお，この売却にあたって，当社が負担する費用20,000円は現
　　金で支払った。

---

(1) 有形固定資産を取得したときの処理

（借）車　両　運　搬　具　　900,000*	（貸）当　座　預　金　　900,000

＊　860,000円 + 40,000円 = 900,000円

(2) 有形固定資産の減価償却（間接法）

（借）減　価　償　却　費　　300,000*	（貸）車両運搬具減価償却累計額　　300,000

＊　（900,000円 − 0円）÷ 3年 = 300,000円

　間接法の場合，減価償却費勘定の相手勘定は減価償却累計額勘定となる。有形固定資産の
種類ごとに勘定を分けている場合は，それがどの有形固定資産の減価償却累計額を記録する
ための勘定であるかが分かるように勘定科目の前に有形固定資産の種類を加えることもあ
る。この設例の場合，車両運搬具について減価償却を行っているため，車両運搬具減価償却
累計額勘定としている（第13章参照）。

図表21－3　間接法で減価償却を処理している有形固定資産を売却したときの処理（勘定連絡図）

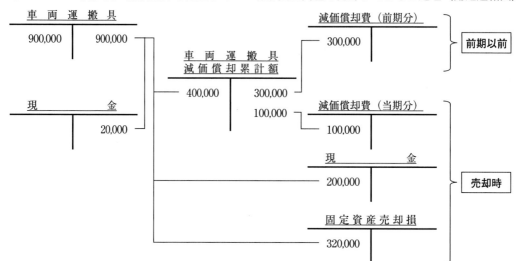

(3)　有形固定資産を売却したときの処理

（借）減 価 償 却 費	100,000*1	（貸）車両運搬具減価償却累計額	100,000
（借）車両運搬具減価償却累計額	400,000*2	（貸）車 両 運 搬 具	900,000
現　　　　　金	200,000	現　　　　　金	20,000
固 定 資 産 売 却 損	320,000*3		

＊1　（900,000円 − 0円）÷ 3年 ÷ 12 × 4か月 = 100,000円
＊2　300,000円 + 100,000円 = 400,000円
＊3　（900,000円 + 20,000円）−（400,000円 + 200,000円）= 320,000円

　20X2年中は，オートバイを期首（1月1日）から売却日（4月30日）までの4か月間にわたって使用しているから，まず，4か月分の減価償却費の額を20X2年分の減価償却費として計上する。金額は変わっているが，仕訳の仕方は決算日に行うものと同じである。

　減価償却が終わったら，このオートバイについてこれまで行われてきた記録を車両運搬具勘定と車両運搬具減価償却累計額勘定から取り除く。車両運搬具勘定は，その取得時に取得原価900,000円が記録されているから，その金額を貸方に記録する。一方，車両運搬具減価償却累計額勘定は，これまで2回の減価償却で400,000円（= 300,000円 + 100,000円）がその貸方に記録されているから，この金額を借方に記録すればよい。

　以降は，減価償却の処理を直接法で行っているとき（ 設例21－3 参照）と同じように処理する（図表21－3参照）。

check

　次の各問いに答えなさい。

(1)　有形固定資産を売却した場合，どのような順番で仕訳を行っていくか説明しなさい。

⑵　有形固定資産を売却した場合の仕訳について，土地を売却したときと，土地以外の有形固定資産を売却したときの違いについて説明しなさい。

⑶　減価償却の処理を直接法で行っている場合と間接法で行っている場合とで，有形固定資産を売却したときの処理にどのような違いが生じるか答えなさい。

第3節　月次決算を行っている場合の減価償却の処理

　減価償却は，通常，会計期間ごとに行われる手続であるから，会計期間の長さが1年間であれば，減価償却は基本的には1年に1回しか行われない。有形固定資産は，企業が保有する財産のなかでも1つ1つの金額が大きく，それらの金額が企業全体の財産に占める割合も小さくはないため，1年に1回しか減価償却費の額が計算されないとなると，企業の経営状況をタイムリーに把握しようとしたときに妨げとなる。

　企業のなかには，このタイムリーな状況把握を可能にするために，1か月に1回，会計帳簿上に行われた記録をとりまとめて，各月の状況をまとめているところもある。この1か月単位で行われるとりまとめ作業のことを**月次決算**という。月次決算は，1か月に1回行われる手続であるため，そこで計算される減価償却費の額は，1年分の金額ではなく，これを12で割った1か月分の金額となる。

　月次決算を行っている場合，決算にあたっては，1年分の減価償却費の額から，それまで計上してきた11か月分の減価償却費の額を差し引いた残りの金額を最後の月の減価償却費の額とする。このようにすることで，各月に減価償却費を計上するときに切り上げまたは切り捨てられていた端数がまとめて処理されて，12か月分の減価償却費の合計額が1年分の減価償却費の額と等しくなる。

設例21−4

　次の一連の取引を仕訳しなさい。会計期間は毎年1月1日から12月31日までの1年間であるが，当社は月次決算を行っている。12月以外の各月の減価償却費の額は，1年分の減価償却費の額を12で割ったうえで，1円未満の端数を四捨五入して求める。なお，減価償却は間接法によって処理する。

⑴　20X1年1月1日，備品 600,000円を購入し，代金は小切手を振り出して支払った。

⑵　20X1年1月31日，⑴で購入した備品について，定額法により1か月分の減価償却費を計上する。なお，この備品の耐用年数は6年，残存価額はゼロである。

⑶　20X1年12月31日，決算にあたり，⑴で購入した備品について，12月分の減価償却費を計上する。

⑴　有形固定資産を購入したときの処理

（借）備　　　　品	600,000	（貸）当　座　預　金	600,000

⑵　有形固定資産の減価償却（決算月以外の各月）

（借）減 価 償 却 費	8,333*	（貸）備品減価償却累計額	8,333

　＊　（600,000 円 − 0 円）÷ 6 年 ÷ 12 か月 = 8,333.33 ……円 → 8,333 円

　月次決算を行っている場合，各月に計上される減価償却費の額は，1 年分の減価償却費の額の 12 分の 1 相当額となる。この設例では，1 円未満の端数を四捨五入することとされているため，8,333 円が 1 か月分の減価償却費となり，0.33 ……円は切り捨てられる。

⑶　有形固定資産の減価償却（決算月）

（借）減 価 償 却 費	8,337*	（貸）備品減価償却累計額	8,337

　＊　（600,000 円 − 0 円）÷ 6 年 −（8,333 円 × 11 か月）= 8,337

　月次決算を行っている場合，決算にあたっては，1 年分の減価償却費の額から，それまで 11 か月にわたって計上されてきた減価償却費の額を差し引いた金額を最終月の減価償却費とする。この設例では，それまで計上されてきた 8,333 円よりも 4 円多い 8,337 円となっているが，これは 1 か月分の金額を計算するために切り捨てられてきた 0.33 ……円の 12 か月分である 4 円が上乗せされているためである。

check

　次の各文章には誤りがある。その誤りを指摘し，その理由を答えなさい。
⑴　減価償却は決算時に行う手続であるため，月次決算を行う場合であっても，各月に減価償却を行う必要はない。
⑵　月次決算を行っている場合，各月に計上される減価償却費の額は，必ず 12 か月間同じ金額になる。

第22章 第三者から商品の販売代金を受け取る場合の処理

第1節　商品券が使用された場合

　小売業のように，一般消費者（個人客）をメインターゲットとして商品を販売している企業では，顧客から**商品券**による支払いを求められることがある。商品券が使用された場合，その顧客から直接商品の代金を受け取ることはできず，その代わりに，商品券を発行した機関から代金の支払いを受けることになる。なお，商品券の発行機関が支払う金額は，もともとその商品券を発行したときに，その購入者から受け取った金額であり，商品券の発行機関自体が負担しているわけではない（図表22－1参照）。

　この場合，将来に商品券の発行機関から受け取ることになる金額は，**受取商品券勘定**に記録する。この勘定には，将来に受け取ることができる金額が記録されるから，資産の勘定となる。

◆商品券◆

　商品券は，特定の商品や特定の業態の販売促進のために発行される。このため，商品券については，使用できる商品の種類が限定されていたり（全国共通おこめ券，ビール券など），使用できる場所が限定されていたりする（全国百貨店共通商品券など）。

　商品券は，伝統的に紙片の形で発行されることが一般的であったが，近年では，プリペイド型のものやスマートフォン決済が可能なもの（図書カードNEXT）なども出てきている（本書では，伝統的な紙片型のものを前提にその取扱いを説明する）。

図表22－1　商品券が使用された取引における商品券と金銭の流れ

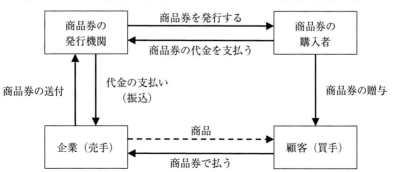

設例22－1

　次の一連の取引を仕訳しなさい。なお，消費税の処理は税抜方式によること。

(1)　商品 19,000 円を売り上げ，消費税 1,900 円を含めた代金のうち 20,000 円は商品券で受け取り，残額は現金で受け取った。

(2)　(1)で受け取った商品券 20,000 円について，その発行機関に代金の支払いを請求したところ，普通預金口座に 20,000 円が入金された。

---

(1)　商品券を受け取ったときの処理

(借) 受 取 商 品 券	20,000	(貸) 売　　　　　　上	19,000
現　　　　　　金	900	仮 受 消 費 税	1,900

　受取商品券勘定は資産の勘定であるから，受け取った商品券の券面額はその借方に記録する。なお，商品券は，購入した商品の代金とともに請求される消費税の支払いにも使用することができる。

(2)　商品券の発行機関から支払いを受けたときの処理

(借) 普　通　預　金	20,000	(貸) 受 取 商 品 券	20,000

　商品券の発行機関から支払いを受けたときは，預金口座への入金額を記録するとともに，将来に受け取ることができる金額がなくなったことを示すため，受取商品券勘定の貸方にもその金額を記録する。

check

　次の各文章のうち，正しいものには○を，そうでないものには×を答えなさい。

(1)　商品券は，どこで何を購入する場合でも利用できる。

(2)　商品の販売代金が商品券で支払われた場合も，その代金の請求は，商品を売り上げた相手に対して行う。

(3)　商品券を受け取ったときは，その金額を受取商品券勘定の貸方に記録する。

第2節　クレジットカードが使用された場合

1．クレジットカードとは何か

　一般消費者（個人客）からは，商品券のほかにも**クレジットカード**を使って代金を支払いたいとの申し出を受けることもある。クレジットカードを使用すれば，その場で代金を支払う必要はなく，また，その後の支払いも分割払いなど柔軟な方法で行うことができるため便利である。

図表22 − 2　クレジットカードが使用された取引における支払いの流れ

　クレジットカードが使用された場合，顧客に商品を販売した企業は，そのクレジットカードを発行した会社に対して代金の請求を行うことになるが，この請求は，基本的に，インターネット回線でつながっているクレジットカードの読み取り機からクレジットカード会社に情報が送信される形で行われる。クレジットカード会社は，企業からの請求を受けると，クレジットカードの利用者に代わって，商品の販売代金を一定期間ごとにまとめて立替払いする。なお，企業は，クレジットカードが使用された場合，その使用額に応じて一定の手数料を負担しなければならない。クレジットカード会社からの入金は，この手数料の額が差し引かれた金額で行われる（図表22 − 2参照）。

　その後，クレジットカード会社は，その利用者に対して，立て替えた金額の請求を行うことになるが，これ以降は商品を販売した企業には直接関係のない話である。なお，一括払いか分割払いか，分割にするとしたら何回に分割するかといったことは，このクレジットカードの利用者がクレジットカード会社に対して行う支払方法の話であって，商品を販売した企業が代金を受け取る方法の話ではない。クレジットカード会社からの支払いは，顧客のクレジットカード会社に対する支払方法にかかわらず一括払いで行われる。

check

　次の各文章のうち，正しいものには○を，そうでないものには×を答えなさい。
⑴　クレジットカードが使用された場合，売り上げた商品の代金はクレジットカード会社から支払われる。
⑵　クレジットカードが使用された場合，企業は商品の販売代金の全額を受け取ることはできない。
⑶　クレジットカードの使用にあたり，顧客が10回払いで支払うことを希望した場合，商品を販売した企業は，その代金を10回に分けて受け取ることになる。

2．クレジットカードが使用された場合の処理

　クレジットカードが使用された場合に発生するクレジットカード会社に対する金銭債権は**クレジット売掛金勘定**に記録する。クレジット売掛金勘定は，将来に受け取ることができる金額が記録される勘定であるため，資産の勘定である。

　クレジット売掛金勘定に記録される金額は，クレジットカード会社に対する手数料を，商

品を販売したときに計上するか，入金があったときに計上するかによって変わる。

商品の販売時に手数料を計上する場合

　商品の販売時に手数料を計上する場合，クレジット売掛金勘定に計上される金額は，クレジットカードの使用額からクレジットカード会社が受け取る手数料の額を差し引いた残額となる。この金額は，その後，クレジットカード会社から入金される金額と等しくなる。

　設例22－2

　　次の一連の取引を仕訳しなさい。なお，当社では，クレジットカードの使用に係る手数料を商品の販売時に計上することとしている。
　(1)　商品 20,000 円を売り上げ，代金はクレジットカードにより支払われた。なお，この取引について，クレジットカード会社に対して支払う手数料は 800 円である。
　(2)　(1)で売り上げた商品の代金 20,000 円からクレジットカード会社が受け取る手数料 800 円が差し引かれた残額 19,200 円が当座預金勘定に入金された。

---

(1)　クレジットカードが使用されたときの処理

（借）支 払 手 数 料	800	（貸）売　　　　上	20,000
クレジット売掛金	19,200		

　商品の販売時に手数料を計上する場合，まず，将来の入金日に天引きされることとなる手数料の額を支払手数料勘定に記録する。この場合，クレジット売掛金勘定に記録される金額は，商品の販売代金からこの手数料の額が差し引かれた残りの金額，すなわち，将来にクレジットカード会社から支払われる金額を意味する。

　なお，売上勘定には，商品の販売によって顧客から受け取ることになる金額が記録されるが（第5章参照），企業がクレジットカード会社に対して支払う手数料は，顧客がこの商品について支払わなければならない金額（クレジットカード会社に対して支払う金額）とは関係がないため，売上勘定に記録する金額は，クレジットカード会社に対する手数料の額を差し引く前の販売代金の額となる。

(2)　クレジットカード会社から入金されたときの処理

（借）当　座　預　金	19,200	（貸）クレジット売掛金	19,200

　クレジットカード会社に対する手数料を販売時に計上している場合は，手数料に係る記録を入金時に行う必要はない。クレジット売掛金勘定には，商品を販売したときにクレジットカード会社に対する手数料が差し引かれた後の入金予定額が記録されているから，この記録を消去するため，入金を受けた金額を貸方に記録する（図表22－3参照）。

図表22－3　商品の販売時に手数料を計上する場合の処理（勘定連絡図）

入金時に手数料を計上する場合

　これに対して，クレジットカード会社から入金があったときに手数料を計上する場合，ク
レジット売掛金勘定に計上される金額は，手数料を差し引く前のクレジットカードの使用
額，すなわち，一般消費者がクレジットカード会社に立て替えてもらう金額（本来，その一
般消費者が支払うべき金額）となる。

設例22－3
次の一連の取引を仕訳しなさい。なお，当社では，クレジットカードの使用に係る手数料をクレジットカード会社からの入金時に計上することとしている。 　⑴　商品20,000円を売り上げ，代金はクレジットカードにより支払われた。なお，この取引について，クレジットカード会社に対して支払う手数料は800円である。 　⑵　⑴で売り上げた商品の代金20,000円からクレジットカード会社が受け取る手数料800円が差し引かれた残額19,200円が当座預金勘定に入金された。

⑴　クレジットカードが使用されたときの処理

（借）クレジット売掛金	20,000	（貸）売　　　　　上	20,000

　クレジットカード会社に対して支払う手数料を入金時に計上する場合，クレジットカード
の使用額がそのままクレジット売掛金勘定に記録される金額となる。

⑵　クレジットカード会社から入金されたときの処理

（借）支　払　手　数　料	800	（貸）クレジット売掛金	20,000
当　座　預　金	19,200		

　クレジットカード会社から入金があった場合は，クレジット売掛金勘定に記録したクレジ
ットカードの使用額をクレジット売掛金勘定の貸方に記録する。入金にあたっては，クレジ
ットカード会社に対する手数料の額が天引きされることになるため，この金額は，実際にク
レジットカード会社から支払いを受けた金額とは一致しない。

図表22 − 4　入金時に手数料を計上する場合の処理（勘定連絡図）

check

　商品50,000円を売り上げ，代金はクレジットカードにより支払われた。この取引について，当社がクレジットカード会社に支払う手数料の額は1,500円である。次のそれぞれの場合において，商品を売り上げたときにクレジット売掛金勘定に記録される金額を答えなさい。
　⑴　クレジットカード会社に対して支払う手数料を商品の販売時に計上する場合
　⑵　クレジットカード会社に対して支払う手数料を入金時に計上する場合

check

　商品60,000円を売り上げた。当社がクレジットカード会社に対して支払う手数料の額が次のように計算される場合，手数料の額を求めなさい。
　⑴　手数料の額がクレジットカードの使用額に対して3％とされている場合
　⑵　手数料の額がクレジットカードの使用額に対して4.5％とされている場合

第23章　期末商品棚卸高の算定

第1節　売上原価の計算に必要となる期末商品棚卸高

　商品売買取引の処理を三分法で行っている場合は，決算にあたって，売上原価の計算を行う必要がある（第12章参照）。売上原価は，期首商品棚卸高，当期商品仕入高，期末商品棚卸高の3つの金額を用いて計算する必要があるが，会計期間中の仕訳では，仕入れた商品の取得原価の記録しか行われていないため（第5章参照），期首商品棚卸高，期末商品棚卸高の額は，主要簿に行われた記録とは別に求める必要がある。

　第12章では，期首商品棚卸高，期末商品棚卸高が与えられている状態で売上原価の計算を行ったが，ここでは，この期首商品棚卸高，期末商品棚卸高を求める方法について学習する。ただし，ある会計期間の期末とその直後の会計期間の期首は同じ時点を指すのであるから（第1章参照），期首商品棚卸高は前期の期末商品棚卸高と同じ金額になる。このため，各期の期末商品棚卸高を求めることができれば，期首商品棚卸高は自動的に求めることができてしまう。

check

次の各文章のうち，正しいものには○を，そうでないものには×を答えなさい。
⑴　商品売買取引の処理を三分法で行っている場合，当期商品仕入高も，期末商品棚卸高も，会計期間中に行われた仕訳の記録をもとに計算できる。
⑵　当期の期首商品棚卸高は，前期の期末商品棚卸高と必ず同じ金額となる。

第2節　個別法による期末商品棚卸高の算定

　個別法とは，会計期間中に仕入れた商品1つ1つについて，その取得原価を個別に管理する方法である。個別法を採用している場合，期末に保有する商品1つ1つの取得原価をすべて合計することによって期末商品棚卸高を求めることができる。

設例23－1

次の資料に基づいて，期末商品棚卸高の額を計算しなさい。

（資料）

1．当期中に仕入れた商品とその取得原価

| 商品A | 28,000 円 | 商品B | 37,000 円 | 商品C | 41,000 円 |

商品D　43,000 円　　　商品E　15,000 円　　　商品F　50,000 円

2．期末に保有している商品

商品B，商品D

〔解答〕

80,000 円

期末に保有している商品は商品Bと商品Dの2つであり，それぞれの取得原価は37,000円と43,000円であるから，その合計80,000円が期末商品棚卸高となる。

check

次の各問いに答えなさい。

(1)　個別法とは，どのような方法であるか説明しなさい。

(2)　個別法を採用している場合，期末商品棚卸高はどのように計算されるか答えなさい。

第3節　一定の仮定に基づいて算定される期末商品棚卸高

1．一定の仮定を設ける必要性

企業が取り扱う商品の種類や数が増えれば増えるほど，商品1つ1つの取得原価を個別に管理する手間は大きくなっていく。商品1つ1つの価値が高く，それらを個別に管理する手間に見合うだけの利益をあげることができるならば，その手間をかけることに合理性を見出すこともできるが，薄利多売の商売を行っている企業のように，商品1つ1つの金額やそこから得られる利益の額が非常に小さい場合はそうではない。

商品1つ1つの取得原価を個別に管理することの手間をイメージできるように，ここで1つの例をみてみよう。商品の取得原価は，この設例のように，たとえ同じ商品であったとしても，商品の仕入価格や運送費用の額が同じであっても，簡単に変わってしまう。

> **設例23－2**
> 　1 個 1,000 円で購入できる商品について，この商品を仕入れるにあたって発生する運送費用の額が 1 回当たり 2,000 円であったとき，次のそれぞれの場合において，商品 1 個あたりの取得原価の額を計算しなさい。
> 　(1)　商品 20 個を一度に仕入れた場合
> 　(2)　商品 50 個を一度に仕入れた場合

(1)　商品 20 個を一度に仕入れた場合

　（20 個× 1,000 円＋ 2,000 円）÷ 20 個＝ 1,100 円

(2)　商品 50 個を一度に仕入れた場合

　（50 個× 1,000 円＋ 2,000 円）÷ 50 個＝ 1,040 円

　商品の仕入価額は，商品を仕入れる個数に比例して増えていく一方で，運送費用は，商品を仕入れる個数ではなく，運送回数によって計算されている。このため，一度に仕入れる商品の個数が増えれば増えるほど，商品 1 個あたりの運送費用が小さくなっていき，その結果として，商品 1 個あたりの取得原価も小さくなっていく。他の種類の商品と一緒に仕入を行った場合などでは，商品の取得原価を個別に計算し，把握することがさらに大変になる。

　そこで，今日の簿記では，商品 1 つ 1 つの取得原価を個別に把握せずに，一定の仮定に基づいて，期末商品棚卸高を算術的に求めてしまうことも認められている。この一定の仮定にはさまざまなものがあるが，以下では先入先出法と移動平均法の 2 つについて学習する。

check

　次の各文章のうち，正しいものには○を，そうでないものには×を答えなさい。
　(1)　商品 1 つ 1 つの取得原価を個別に管理している場合，期末に保有する商品の取得原価を合計すれば期末商品棚卸高を求めることができる。
　(2)　たとえ同じ商品であったとしても，商品 1 個あたりの取得原価は，一度に仕入れる商品の個数などによって変動することがある。

２．先入先出法

　先入先出法とは，会計期間中の商品の動きを先に仕入れた順に売れていくと仮定して期末商品棚卸高を評価する方法である。先入先出法による場合，期末商品棚卸高は，期末に保有する商品の数を数え，これらに期末に最も近いタイミングで仕入れた商品から順に取得原価を割り当てていく形で計算される。

　なお，先入先出法は，あくまでも期末商品棚卸高を計算するうえで用いられる仮定であり，期末に保有する商品が本当に期末に最も近いタイミングで仕入れた商品であるかどうかを気

にする必要はない。

設例23－3

　　当社における A 商品の仕入れの状況は次の通りであった（会計期間は，毎年 1 月 1 日から 12 月 31 日までの 1 年間。A 商品は 8 月から取扱いを開始したものである）。(1)期末に保有する A 商品の数が 4 個であった場合と，(2)15 個であった場合について，期末商品棚卸高を求めなさい。なお，期末商品棚卸高の計算は先入先出法によるものとする。

　　8 月 25 日　仕入数量：20 個　　1 個あたりの取得原価：450 円
　　10 月 1 日　仕入数量：20 個　　1 個あたりの取得原価：450 円
　　12 月 5 日　仕入数量：10 個　　1 個あたりの取得原価：480 円

⑴　期末に保有する商品の数が 4 個であった場合

　（12 月 5 日仕入分）4 個 × 480 円 = 1,920 円

　　最も期末（12 月 31 日）に近いタイミングで仕入れたものは，12 月 5 日に仕入れた 10 個である。期末に保有する A 商品の数は 4 個であるから，これらはすべてこの 12 月 5 日に仕入れた商品であると仮定される。12 月 5 日に仕入れた A 商品の 1 個あたりの取得原価は 480 円であるから，これに期末に保有する個数 4 個を掛けた 1,920 円が期末商品棚卸高となる。

⑵　期末に保有する商品の数が 15 個であった場合

　（12 月 5 日仕入分）10 個 × 480 円 = 4,800 円
　（10 月 1 日仕入分）（15 個 － 10 個）× 450 円 = 2,250 円
　4,800 円 + 2,250 円 = 7,050 円

　　最も期末（12 月 31 日）に近いタイミングで仕入れたものは，12 月 5 日に仕入れた 10 個である。しかし，期末に保有する A 商品の数は 15 個であるから，この商品のなかには，12 月 5 日に仕入れた 10 個以外のものも 5 個含まれていることになる。この 5 個については，12 月 5 日の次に期末に近いタイミングで仕入れた商品，すなわち，10 月 1 日に仕入れた 20 個のうちの 5 個であると考えて，期末商品棚卸高の計算に加える。

check

　次の各文章のうち，正しいものには○を，そうでないものには×を答えなさい。

⑴　先入先出法を採用している場合，期末商品棚卸高は最も先に仕入れた商品の 1 単位当たりの取得原価をもとに計算される。

⑵　先入先出法を採用している場合，期末に保有する商品 1 つ 1 つの取得原価は，最も期末に近いタイミングで仕入れた商品の単価に保有する数量を掛けるだけでは計算できないこともある。

3．移動平均法

移動平均法とは，商品を仕入れるたびに，それまでに保有していた商品と新しく仕入れた商品の合計数量と合計取得原価の額から商品1単位当たりの取得原価を計算しなおす方法である。この方法は，同じ商品である以上，新しく仕入れた商品の取得原価と，それまでに保有していた商品の取得原価を分けて考える必要はないとの考え方に基づいたものである。

新しく商品を仕入れたとき，その商品1単位当たりの取得原価は，次のように計算される。

商品1単位当たりの取得原価
＝（仕入直前に保有していた商品の取得原価の総額＋仕入れた商品の取得原価）
÷（仕入直前に保有していた商品の数量＋仕入れた商品の数量）

なお，この商品1単位当たりの取得原価は，仕入れた商品を返品したり，仕入れた商品等について値引等を受けたりしたときにも同じように計算しなおす必要がある。

移動平均法は，商品を仕入れるたびに1単位当たりの取得原価を計算しなおす方法であるため，会計期間中の商品の動きを常に記録し，把握しておく必要がある。このような商品1単位当たりの取得原価の状況を会計期間中も常に把握しつづける方法のことを**継続記録法**という。

設例23−4

当社におけるA商品の仕入れの状況は次の通りであった（会計期間は，毎年1月1日から12月31日までの1年間。A商品は8月から取扱いを開始したものである）。(1) 8月25日，10月1日，12月5日における商品1個当たりの取得原価の額，および，(2)期末商品棚卸高を移動平均法によってそれぞれ求めなさい。

8月25日	仕入数量：20個	1個あたりの取得原価：450円
9月10日	売上数量：15個	
10月1日	仕入数量：20個	1個あたりの取得原価：500円
11月8日	売上数量：15個	
12月5日	仕入数量：10個	1個あたりの取得原価：500円

⑴　仕入時における商品1個当たりの取得原価の額

①　8月25日
　　ア　新たに仕入れた商品の取得原価　20個×450円＝9,000円
　　イ　1個当たりの取得原価　9,000円÷20個＝450円

②　10月1日
　　ア　仕入直前に保有していた商品の取得原価　（20個−15個）×450円＝2,250円
　　イ　新たに仕入れた商品の取得原価　20個×500円＝10,000円
　　ウ　1個当たりの取得原価　（2,250円＋10,000円）÷（5個＋20個）＝490円

③　12 月 5 日
　　ア　仕入直前に保有していた商品の取得原価
　　　　（20 個 − 15 個 + 20 個 − 15 個）× 490 円 = 4,900 円
　　イ　新たに仕入れた商品の取得原価　10 個 × 500 円 = 5,000 円
　　ウ　1 個当たりの取得原価　（4,900 円 + 5,000 円）÷（10 個 + 10 個）= 495 円

　8 月 25 日は，新たに商品の取り扱いを始めて 1 回目の取引なので，仕入れた商品の 1 個当たりの取得原価がそのまま商品 1 個当たりの取得原価となる。これに対して，10 月 1 日，12 月 5 日については，どちらも在庫がある状態で商品を仕入れているので，商品 1 個当たりの取得原価を計算しなおさなければならない。

　仕入直前に保有していた商品の取得原価は，その時点で保有している商品の個数に，仕入直前の 1 個当たりの取得原価を掛けて計算する。新しい商品 1 個当たりの取得原価の計算には，このように計算された仕入直前の商品の取得原価を使用する。

　なお，商品を売り上げたときに，商品 1 個あたりの取得原価を計算する必要はない。

⑵　期末商品棚卸高の計算
　　（20 個 − 15 個 + 20 個 − 15 個 + 10 個）× 495 円 = 9,900 円

　移動平均法の場合，最後に仕入を行ったときに計算しなおした商品 1 単位当たりの取得原価を，期末に保有する商品の数量に掛ければ期末商品棚卸高を計算できる。移動平均法では，新しく仕入れた商品も，それ以前に仕入れた商品も区別しないため，先入先出法のときのように仕入れが行われたタイミングや，最新の仕入の状況などを気にする必要はない。

check
　次の各問いに答えなさい。
　⑴　移動平均法では，商品を仕入れるたびに商品 1 単位当たりの取得原価を計算するが，その計算はどのように行えばよいか答えなさい。
　⑵　移動平均法において，期末商品棚卸高がどのように計算されるか答えなさい。

第 4 節　売上総利益

　売上総利益とは，商品売買取引から得られた利益の額をいい，会計期間中の売上高から売上原価を差し引くことで計算される。卸売業や小売業のような，営業活動を続けていくための資金の大半を商品売買取引から獲得するような業界では，商品売買取引からどれだけの利益を獲得できているかは非常に重要な情報であるため，損益計算書上で計算される当期純利益または当期純損失とは別に，売上総利益の計算も行われる（第 28 章参照）。なお，売上総利益は**粗利**ともよばれる。

設例23－5

　次の決算整理前における各勘定の記録に基づいて，当期の売上総利益の額を計算しなさい。なお，期末商品棚卸高は 500 円である。

繰越商品	売　　上	仕　　入
400	300 ｜ 7,000	4,500 ｜ 200

〔解答〕
①　売上高　7,000 円 − 300 円 = 6,700 円
②　売上原価　400 円 + (4,500 円 − 200 円) − 500 円 = 4,200 円
③　売上総利益　6,700 円 − 4,200 円 = 2,500 円

　当期の売上高，仕入高は，売上勘定，仕入勘定の残高金額として計算されるが，売上総利益の計算にあたって，売上高から差し引かれるのは売上原価であるため，当期の仕入高については売上原価に修正する必要がある。

　売上原価は，期首商品棚卸高に当期商品仕入高を加え，ここから期末商品棚卸高を差し引いて計算される（第 12 章参照）。この設例の場合，期首商品棚卸高は繰越商品勘定に，当期商品仕入高は仕入勘定に記録されており，期末商品棚卸高は問題文に与えられているため，これらを使用すると，当期の売上原価が 4,200 円であったことがわかる。

　したがって，売上総利益の額は，当期の売上高 6,700 円から売上原価 4,200 円を差し引いた 2,500 円となる。

check

　次の各文章のうち，正しいものには○を，そうでないものには×を答えなさい。
⑴　売上総利益は，当期の売上高と当期の仕入高の差額として求められる。
⑵　決算整理を行う前において，繰越商品勘定に記録されているのは，当期の期末商品棚卸高である。

第24章 伝　票

第1節　伝票とは

　伝票とは，企業において行われた取引の内容が記録される紙片をいう。企業は，会計期間中に生じたすべての取引を会計帳簿に記録しなければならないが，会計帳簿は，原則として，各企業に1組しか作成されないため，取引が生じてから，会計帳簿への記録が行われるまでの間の「つなぎ」として，取引の内容を忘れてしまわないための記録が必要になる。この役割を果たすのが伝票である。

　伝票には，さまざまな種類のものがあり，それぞれどのような場面で使用するかが決められている。また，それらの伝票には，どこに何を書くかも細かく決められている。伝票の目的は，取引の内容を忘れる前に記録することにあるから，仕訳や転記といった主要簿への記録のルールを知らない人であっても，一定の記録ができるように工夫がされているのである。

　伝票に取引の内容を記録することを**起票**という。企業の経理担当部門は，起票された伝票を集めて，その記録をもとに会計帳簿への記録を行っていく。伝票への記録はあくまでも「つなぎ」であり，伝票への記録が行われていたとしても，会計帳簿への記録を省略することは基本的にしない。

check

　次の各文章のうち，正しいものには○を，そうでないものには×を答えなさい。
　⑴　伝票は，仕訳のルールを知らない人でも取引の記録を行えるように工夫がされている。
　⑵　伝票への記録が行われていれば，会計帳簿への記録を行う必要はない。

第2節　三伝票制

　三伝票制とは，取引の記録を入金伝票，出金伝票，振替伝票の3種類の伝票を使って行っていく方法をいう。

　入金伝票は，現金を受け取ったときに，その受け取った金額と受け取った理由を記録するために使用する伝票である。入金伝票を使っている時点で現金が増加したことが明らかなので，現金が増加したか，減少したかを記入するところはない。なお，入金伝票は，赤色のインクで印刷されていることが多い。

　出金伝票は，現金を支払ったときに，その支払った金額と支払った理由を記録するために使用する伝票である。こちらも，出金伝票を使っている時点で現金が減少したことが明らか

なので，現金が増加したか，減少したかを記入するところはない。なお，出金伝票は，青色のインクで印刷されていることが多い。

振替伝票は，入金伝票や出金伝票が使用できない，現金の出入りがない取引を記録するために使用する伝票である。振替伝票への記録は原則として仕訳形式で行われる。

設例24－1

次の各取引を伝票に記録しなさい。
(1) 事務所で使用するボールペン 3,000 円を購入し，代金は現金で支払った。
(2) X 商品 8,000 円を売り上げ，代金は現金で受け取った。
(3) バス代 500 円をチャージ式 IC カードを使って支払った。

---

(1) 出金伝票

出　金　伝　票

No. 4001　　　　　　　　　　　　　20XX年XX月XX日

勘定科目	摘要	金額
消耗品費	ボールペン（○○文具）	3,000

(1)の取引では，現金を支払っているので，出金伝票を使用する。出金伝票には，現金の支払額 3,000 円と，その理由（ボールペン代）が記入される。なお，摘要欄にどのような内容をどの程度記録するかについては，企業ごとにルールを決めておくことが望ましい（以下，出金伝票，振替伝票についても同じ）。

また，勘定科目欄は，現金を支払った理由が会計帳簿上どの勘定に記録されるかを記入するところである。どのようなことが生じたときにどのような勘定を使って記録するかは企業によってさまざまであるため，勘定科目欄への記入は現場判断で行わず，その後，この伝票をもとに会計帳簿への記録を行う経理担当部門に任せてしまう方が適当であろう（入金伝票についても同じ）。

(2) 入金伝票

入　金　伝　票

No. 1001　　　　　　　　　　　　　20XX年XX月XX日

勘定科目	摘要	金額
売　　上	X商品売上	8,000

(2)の取引では，現金を受け取っているので，入金伝票を使用する。入金伝票には，現金の入金額 8,000 円と，その理由（X 商品売上）などが記入される。

⑶ 振替伝票

振 替 伝 票				
No. 7001				20XX年XX月XX日
金額	借方科目	摘要	貸方科目	金額
500	旅費交通費	バス代（IC使用）	仮　払　金	500

　⑶の取引では，現金が増加も減少もしていないため，振替伝票を使用する。振替伝票では，仕訳形式で記録を行うが，仕訳の方法が分からない場合，現場レベルでは，摘要欄と金額のみ記入しておいて，後は経理担当部門に任せるという形がとられることもあるだろう。

　チャージ式ICカードにチャージした金額は，そのチャージを行ったときに仮払金勘定に記録されている（第16章参照）。仮払金勘定は資産の勘定であるから，チャージした金額を使用したときは，それが減少したものと考えて，その使用額を貸方に記録すればよい。

check

　次の各問いに答えなさい。
　⑴　三伝票制において使用される３つの伝票の名前を答えなさい。
　⑵　三伝票制において，現金の受け払いが行われなかった取引を記録するために使用される伝票の名前を答えなさい。
　⑶　入金伝票には，具体的にどのようなことが記録されるか答えなさい。

第3節　一部現金取引

　一部現金取引とは，取引の対価の一部が現金で支払われたり，取引の対価の一部を現金で受け取ったりする取引のことをいう。三伝票制の場合，現金の出入りがあるかどうかで，入金伝票，出金伝票を使うか，それとも振替伝票を使うかが変わるため，現金取引が一部混ざっている一部現金取引については，何らかの方法で現金の出入りがある部分とそれ以外の部分とに分けて考える必要がある。

　一部現金取引を２つの部分に分ける方法には，取引を分割する方法と，取引を擬制する方法の２つがある。**取引を分割する方法**では，現金が増減した理由（仕訳をした場合の現金の相手勘定）を，現金で対価がやりとりされた取引部分とそれ以外の部分の２つに分割する。一方，**取引を擬制する方法**では，いったん現金による対価のやりとりは行われなかったと仮定して，その対価の全額を金銭債権・金銭債務として処理しておき，実際に現金がやりとりされた分だけそれらの金銭債権・金銭債務をあとから取り消すというものである。

　一部現金取引を２つの部分に分けたら，あとは現金の出入りがある部分は入金伝票または出金伝票に，それ以外の部分は振替伝票にそれぞれ記録すればよい。どちらの方法で分けた場合も，１枚は入金伝票または出金伝票が使用され，残りの１枚は振替伝票が使用される。

設例24－2

　商品 250,000 円を仕入れ，代金のうち 50,000 円は現金で支払い，残額は掛けとした。この取引について，(1)取引を分割する方法，(2)取引を擬制する方法のそれぞれの方法で起票しなさい。

⑴　取引を分割する方法

　まず，この取引を仕訳してみると，次のようになる。

（借）仕　　　　　入	250,000	（貸）現　　　　金	50,000
		買　　掛　　金	200,000

　取引を分割する方法では，現金が増減した理由を 2 つに分割すればよい。この設例では，現金の相手勘定である仕入勘定の金額を分割することになる。分割したそれぞれの仕入勘定に記録する金額は，貸方にあわせて 50,000 円と 200,000 円とする。

（借）仕　　　　　入	50,000	（貸）現　　　　金	50,000
（借）仕　　　　　入	200,000	（貸）買　　掛　　金	200,000

　1 つ目の仕訳は，現金を支払う取引の仕訳であるため，この部分については，出金伝票に記入すればよい。これに対して，2 つ目の仕訳では，現金の増減がないため，この部分については，振替伝票に記入する。これら 2 つの仕訳に基づいて，伝票を起票すると次のようになる（紙幅の都合上，伝票番号・起票年月日・摘要欄は省略する）。

出　金　伝　票	
勘定科目	金額
仕　　　　　入	50,000

振　替　伝　票			
借方科目	金額	貸方科目	金額
仕　　　入	200,000	買　掛　金	200,000

⑵　取引を擬制する方法

　取引を擬制する方法では，まず，いったん現金による対価のやりとりは行われなかったと仮定する。この設例では，仕入代金のうち 50,000 円を現金で支払っているが，いったんこの現金の支払いがなく，全額掛けで仕入れたものと考えて仕訳する。そのうえで，現金で支払った部分について，買掛金を支払ったものと考えて仕訳を行う。

　その結果，この設例の取引は，次の 2 つの仕訳に分解されることとなる。

（借）仕　　　　　入	250,000	（貸）買　　掛　　金	250,000
（借）買　　掛　　金	50,000	（貸）現　　　　金	50,000

　1 つ目の仕訳は，現金の増減がないため，この部分については，振替伝票に記入する。こ

れに対して，2つ目の仕訳は，現金を支払う取引の仕訳であるため，この部分については，出金伝票に記入すればよい。

したがって，取引を擬制する場合に起票される伝票は次のようになる。

振　替　伝　票			
借方科目	金額	貸方科目	金額
仕　　入	250,000	買 掛 金	250,000

出　金　伝　票	
勘定科目	金額
買　　掛　　金	50,000

`check`

次の各文章のうち，正しいものには○を，そうでないものには×を答えなさい。

(1) 一部現金取引を，取引を分割する方法で起票する場合，複数の伝票に受け払いした現金の額が分けて記録される。

(2) 商品の仕入代金の一部を現金で支払い，残額を掛けとした取引について，2枚の伝票に分けて起票した。これらの伝票を確認したところ，出金伝票の勘定科目欄には買掛金と書かれていた。この場合，取引を分割する方法と取引を擬制する方法のどちらの方法で伝票が起票されたか答えなさい。

第4節　仕訳日計表

仕訳日計表とは，1日のうちに起票されたすべての伝票を合計試算表と同じ形式で集計したものをいう。合計試算表は，各勘定の借方，貸方それぞれの合計金額をとりまとめたものであるが（第10章参照），仕訳日計表でも同じように勘定ごとの金額を集計していけばよい。

なお，三伝票制において使用される入金伝票，出金伝票には現金勘定の記録が行われず，また，そのためにこれらの伝票に記載される勘定科目には借方，貸方の区別が示されていない。このため，仕訳日計表を作成するにあたって，入金伝票，出金伝票については，①そこに記録されている金額は，現金を増減させた原因となった事象の金額という意味だけでなく，現金の増減額という意味でもあること，また，②伝票上，勘定科目欄に記入されている勘定は現金勘定の相手勘定であることを忘れないようにしなければならない。

設例24-3

　20X1 年 10 月 15 日，次の 13 枚の伝票が起票された。これらの伝票に基づいて，同日付の仕訳日計表を作成しなさい。

入　金　伝　票	
勘定科目	金額
売　　　上	7,000

入　金　伝　票	
勘定科目	金額
売　　　上	9,500

入　金　伝　票	
勘定科目	金額
売　　　上	5,500

入　金　伝　票	
勘定科目	金額
売　　　上	8,000

入　金　伝　票	
勘定科目	金額
売　　　上	7,000

入　金　伝　票	
勘定科目	金額
売　　　上	9,000

出　金　伝　票	
勘定科目	金額
旅費交通費	3,200

出　金　伝　票	
勘定科目	金額
消耗品費	5,000

出　金　伝　票	
勘定科目	金額
旅費交通費	3,300

出　金　伝　票	
勘定科目	金額
売　　　上	1,000

出　金　伝　票	
勘定科目	金額
旅費交通費	1,500

振　替　伝　票			
借方科目	金額	貸方科目	金額
発　送　費	1,000	未　払　金	1,000

振　替　伝　票			
借方科目	金額	貸方科目	金額
旅費交通費	1,500	仮　払　金	1,500

　仕訳日計表の作成にあたっては，いったん起票された伝票を仕訳の形に直してみると，集計を行いやすいであろう。これら 13 枚の伝票の記録を仕訳すると，次のようになる。

```
（借）現　　　　　金　 7,000　（貸）売　　　　　上　 7,000
（借）現　　　　　金　 9,500　（貸）売　　　　　上　 9,500
（借）現　　　　　金　 5,500　（貸）売　　　　　上　 5,500
（借）現　　　　　金　 8,000　（貸）売　　　　　上　 8,000
（借）現　　　　　金　 7,000　（貸）売　　　　　上　 7,000
（借）現　　　　　金　 9,000　（貸）売　　　　　上　 9,000
（借）旅 費 交 通 費　 3,200　（貸）現　　　　　金　 3,200
（借）消 耗 品 費　 5,000　（貸）現　　　　　金　 5,000
（借）旅 費 交 通 費　 3,300　（貸）現　　　　　金　 3,300
```

（借）売 上	1,000	（貸）現 金	1,000
（借）旅 費 交 通 費	1,500	（貸）現 金	1,500
（借）発 送 費	1,000	（貸）未 払 金	1,000
（借）旅 費 交 通 費	1,500	（貸）仮 払 金	1,500

　これらの仕訳をもとに，20X1年10月15日付の仕訳日計表を作成すると，次のようになる。なお，各勘定の合計金額を記入したら，合計試算表を作成したときと同じように，各勘定の借方，貸方それぞれに記入された合計金額をそれぞれ合計して両者が一致することを確認する。この設例では，どちらも62,500円で一致するため，仕訳日計表を正しく作成できたことになる。

仕 訳 日 計 表
20X1年10月15日

借方金額	勘定科目	貸方金額
46,000	現 金	14,000
	仮 払 金	1,500
	未 払 金	1,000
1,000	売 上	46,000
1,000	発 送 費	
9,500	旅 費 交 通 費	
5,000	消 耗 品 費	
62,500		62,500

check

　次の各文章のうち，正しいものには○を，そうでないものには×を答えなさい。
(1)　入金伝票や出金伝票では，仕訳のように借方，貸方に分けて記録を行わないため，仕訳日計表の借方に記録された金額の合計額と，貸方に記録された金額の合計額は一致しないこともある。
(2)　仕訳日計表において，現金勘定の借方に記録される金額は，入金伝票に記録された金額の合計額となる。
(3)　出金伝票が起票された取引を仕訳の形に直した場合，その出金伝票の勘定科目欄に記録が行われている勘定への記録は貸方に行われる。

第25章　決算手続⑤

第1節　発生主義による費用・収益の計上

　各期の純損益の額は，その会計期間中に生じた収益の額から，その会計期間中に生じた費用の額を差し引いて計算されるが（第1章参照），この収益の額や費用の額は，実際に企業が受け払いした対価の額ではなく，その対価を生じさせる原因となる出来事が発生したタイミングで計上されなければならない。このような考え方のことを**発生主義**という。建物の借入れ，金銭の借入れといった一定期間にわたってサービスの提供が行われる取引については，借主が借りた建物や金銭を自分のために使用することが「対価を生じさせる原因となる出来事」にあたるため，簿記では，これらのサービスに係る費用の額は，建物や金銭を借り入れている間，日々，発生していると考える。また，貸主にとっての収益の額についても同じように考える。

　しかし，これらのサービスの対価（家賃，利息など）は，日々，やりとりされているわけではなく，通常は，1か月に1回，1年に1回といったように，一定期間ごとにまとめて行われる。また，それらの対価は，前払いとされることもあれば，後払いとされることもある。簿記では，会計期間中，財産が増減したときに記録が行われるため（第2章参照），収益の勘定や費用の勘定に記録されている金額は，発生主義の考え方に基づいて計算される，本来，当期の収益の額，費用の額とすべき金額ではなく，実際にやりとりされた対価の額になっている。

　このため，継続的にサービスの提供を受けたり，サービスの提供をしたりしている場合には，純損益の額を適切に計算するため，実際に会計帳簿に記録されている金額を，本来，計上されるべき収益の額，費用の額に修正する手続が必要になる。

第2節　費用・収益の見越しと再振替仕訳

1. 費用の見越し（未払費用の計上）

　費用の見越しとは，当期に発生している費用の額のうち，期中に会計帳簿への記録が行われていない部分の金額を当期の費用として計上することをいう。期中の会計帳簿への記録は，企業が提供を受けたサービスについて対価を支払ったときに行われるため，この費用の見越しは，当期分の費用のうち，期末にまだ支払っていない金額がある場合（翌期以降に支払うことになっている金額がある場合）に行われる処理となる。

　未計上の金額を追加した費用の勘定の相手勘定は，**未払費用**とする。なお，未払費用は，

未払地代，未払利息のように具体的な費用の名前を使った勘定に記録されることもある。これらは，将来に支払わなければならない金額が記録される勘定であるから負債の勘定である。なお，このような追加計上した費用の額を記録するために一時的に使用される勘定のことを**経過勘定**という。

　当期分の期間に対応する費用の額は，減価償却の場合と同様に，月割計算（第13章参照）によって求めることが一般的である。まだ会計帳簿に記録されていない期間の月数を数え，その月数分の金額を当期の費用として計上する。

設例25－1

　次の一連の取引を仕訳しなさい。なお，当社の会計期間は1月1日から12月31日までの1年間であり，1年未満の期間に対応する金額は月割計算によって求めること。

(1) 20X1年10月1日，駐車場として使用するため，近隣の土地を1年契約で借り入れた。1年分の地代は1,200,000円であり，全額，契約終了時に支払うこととなっている。

(2) 20X1年12月31日，決算にあたり，当期分の地代のうち，支払地代勘定に記録されていない金額を見越し計上する。

---

(1) **費用を発生させる元となった契約をしたときの処理**

　土地を借り入れた場合，その土地は借り入れたものであって，自分のものではないから，自分の土地が増えたとはいえない。また，地代の支払いも，契約終了時に行うことになっているから，このタイミングでは1円も支払われていない。この設例の状況では，企業の財産が増減していないため，簿記上の取引に該当せず，仕訳も行われない（第2章参照）。

(2) **費用の見越しの処理**

（借）支 払 地 代　300,000[*]	（貸）未 払 地 代　　300,000

　*　1,200,000円 ÷ 12 × 3か月 = 300,000円

　この設例では，20X1年中に3か月間（10月～12月）土地を借りているため，発生主義の考え方に基づくと，3か月分の地代が費用として計上されている必要がある。しかし，(1)でみたように，土地を借りたときに仕訳が行われていないため，この3か月分の地代についての記録は，まだ行われていない。そこで，決算にあたっては，この3か月分の地代を追加する見越しの処理が必要になる（図表25－1参照）。

　土地を借りることによって，企業は地代を支払う必要があるから，その支払うべき費用の額は**支払地代勘定**に記録する。ここで，「支払」というのは，実際に地代を支払ったという意味ではなく，企業が支払わなければならない金額であること（企業が受け取る地代ではないこと）を意味する。また，ここで追加した費用の額の相手勘定は，未払地代勘定とする。

図表 25 − 1　費用の見越し（設例25−1 対応。丸数字は月）

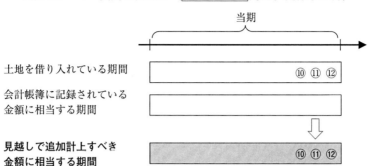

次の各文章のうち，正しいものには○を，そうでないものには×を答えなさい。
⑴　費用の見越しとは，当期中に発生した費用の額のうち，会計期間中に費用の勘定に計上されていない金額を追加計上する手続である。
⑵　当期分の費用を見越し計上する仕訳において，追加される費用の額は，費用の勘定の貸方に行われる。

２．収益の見越し（未収収益の計上）

　収益の見越しとは，当期に発生している収益の額のうち，期中に会計帳簿への記録が行われていない部分の金額を当期の収益として計上することをいう。期中の会計帳簿への記録は，企業が提供したサービスについて対価を受け取ったときに行われるため，この収益の見越しは，期末にまだ受け取っていない金額がある場合に行われる処理となる。

　未計上の収益を追加した収益の勘定の相手勘定は，**未収収益**とする。なお，未収収益は，未収利息のように具体的な収益の名前を使った勘定に記録されることもある。これは，将来に受け取ることができる金額が記録される勘定であるから資産の勘定である。なお，未収収益勘定も**経過勘定**の１つである。

　設例25−2

　次の一連の取引を仕訳しなさい。なお，当社の会計期間は１月１日から12月31日までの１年間であり，１年未満の期間に対応する金額は月割計算によって求めること。
⑴　20X1年８月１日，取引先に貸付けを行うため，小切手1,000,000円を振り出した（貸付期間：１年間）。この貸付けにおける利息は，貸付金額（元本）に対して年1.2％で計算し，全額，返済時に受け取ることとなっている。
⑵　20X1年12月31日，決算にあたり，当期分の利息のうち，受取利息勘定に記録されていない金額を見越し計上する。

図表25－2　収益の見越し（ 設例25－2 対応。丸数字は月）

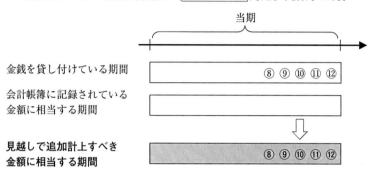

(1)　収益を発生させる元となった契約をしたときの処理

（借）貸　　付　　金	1,000,000	（貸）当　座　預　金	1,000,000

　貸付けを行ったときは，将来に返済されることとなる元本の額を資産の勘定である貸付金勘定に記録する（第19章参照）。

　なお，この設例では， 設例25－1 とは違い，収益を発生させる元となった契約においても仕訳が行われているが，これは，貸付けた金銭についての仕訳であって，貸付けの対価として企業が受け取る利息についての記録（収益に関する記録）は行われていないことに注意されたい。

(2)　収益の見越しの処理

（借）未　収　利　息	5,000*	（貸）受　取　利　息	5,000

　＊　（1,000,000 円× 1.2 ÷ 100） ÷ 12 × 5 か月 ＝ 5,000 円

　この設例では，20X1 年中に 5 か月間（8 月～12 月）金銭を貸し付けているため，発生主義の考え方に基づくと，5 か月分の利息が収益として計上されている必要がある。しかし，(1)でみたように，金銭を貸し付けたときには，この 5 か月分の利息についての記録が行われていない。そこで，決算にあたっては，この 5 か月分の利息を追加する見越しの処理が必要になる（図表25－2参照）。

　金銭を貸し付けることによって，企業は利息の支払いを受けることができるから，その受け取ることができる収益の額は**受取利息勘定**に記録する。ここで，「受取」というのは，実際に利息を受け取ったという意味ではなく，企業が受け取ることができる金額であること（支払う利息ではないこと）を意味する。また，ここで追加した収益の額の相手勘定は，未収利息勘定となる。

check

次の各問いに答えなさい。

(1) 収益の見越しにおいて，収益の勘定に追加計上される金額はどのような金額であるか答えなさい。

(2) 当期分の収益を見越し計上する仕訳において計上される未収収益勘定は，資産，負債，純資産，収益，費用のどれに該当するか答えなさい。

3．再振替仕訳

費用・収益の見越しを行った場合，その翌期首付けで，その見越しの仕訳を貸借反対に行った**再振替仕訳**を行う。

決算にあたって追加計上された費用・収益の額は，毎期，決算振替仕訳を通じて損益勘定に振り替えられるため，翌期には繰り越されないが（第13章参照），負債（未払費用）や資産（未収収益）の勘定に記録した金額は，そのまま翌期に繰り越される。この再振替仕訳の目的は，これらの負債または資産として繰り越されてきた金額を，費用・収益の各勘定に戻すことにある。

再振替仕訳を行うと，直前の会計期間に見越し計上された金額が，費用の勘定の貸方，収益の勘定の借方にそれぞれ記録されることになる。損益計算書上，費用は借方側，収益は貸方側に記録されるものであるから，これらの記録は，どちらもマイナスの金額であることを意味する。このようにしておくと，その後，新しい会計期間中に対価の受け払いが行われたときに，自動的に直前の会計期間に計上済みの金額が消去され，その新しい会計期間分の費用・収益の額だけを費用・収益の各勘定に残すことができる。

設例25－3

次の一連の取引を仕訳しなさい。なお，当社の会計期間は1月1日から12月31日までの1年間であり，1年未満の期間に対応する金額は月割計算によって求めること。

(1) 20X1年10月1日，駐車場として使用するため，近隣の土地を1年契約で借り入れた。1年分の地代は1,200,000円であり，全額，契約終了時に支払うこととなっている。

(2) 20X1年12月31日，決算にあたり，当期分の地代のうち，支払地代勘定に記録されていない金額を見越し計上する。

(3) 20X2年1月1日，前期末に行った地代の見越し計上の仕訳について再振替仕訳を行う。

(4) 20X2年9月30日，土地の賃借契約が終了し，1年分の地代1,200,000円を小切手を振り出して支払った。

---

(1) 費用を発生させる元となった契約をしたときの処理

仕訳不要

図表 25 − 3　前期末に見越しが行われている場合の再振替仕訳（勘定連絡図）

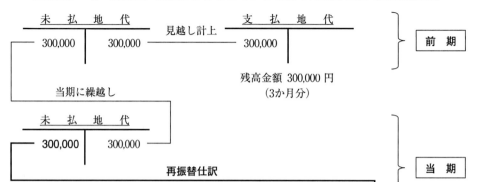

(2)　費用の見越しの処理

（借）支　払　地　代	300,000	（貸）未　払　地　代	300,000

(3)　再振替仕訳

（借）未　払　地　代	300,000	（貸）支　払　地　代	300,000

　再振替仕訳は，前期末に行った見越しの仕訳を貸借反対に行ったものである。

　負債の勘定である未払地代勘定については，前期末に計上した 300,000 円の貸方残高がそのまま繰り越されているため，この再振替仕訳を行うことによって，未払地代勘定の残高金額はゼロとなる。一方，費用の勘定である支払地代勘定には，本来，借方にその金額が記録されるべきであるが，この再振替仕訳によって，支払地代勘定は一時的に貸方残高になる。

(4)　費用を支払ったときの処理

（借）支　払　地　代	1,200,000	（貸）当　座　預　金	1,200,000

　1 年分の地代を支払ったときは，その 1 年分の地代 1,200,000 円をそのまま費用の勘定である支払地代勘定の借方に記録する。支払地代勘定には，再振替仕訳において，前期に費用として計上した 300,000 円が貸方に記録されているから，この 1 年分の地代を借方に記録したことにより，支払地代勘定の残高金額は 900,000 円（＝ 1,200,000 円 − 300,000 円）となる。この金額は，当期中のこの土地の借入期間（1 月〜 9 月の 9 か月）に対応する地代の額と等しくなる（1,200,000 円 ÷ 12 × 9 か月 ＝ 900,000 円。図表 25 − 3 参照）。

check

次の各文章のうち，正しいものには○を，そうでないものには×を答えなさい。

(1)　前期末に行った見越しの仕訳の再振替仕訳とは，その見越しの仕訳を再び行うことをいう。

(2)　前期末に行った費用の見越しの再振替仕訳では，その費用の勘定への記録は貸方に行われる。

(3)　再振替仕訳を行うことにより，前期末に記録を行った経過勘定の残高はゼロとなる。

第 3 節　費用・収益の繰延べと再振替仕訳

1．費用の繰延べ（前払費用の計上）

　費用の繰延べとは，会計期間中に費用の勘定に記録された金額のなかに，翌期中の期間に対応する部分の金額がある場合に，その金額を費用の勘定から取り除くことをいう。期中の会計帳簿への記録は，実際に支払った金額に基づいて行われているため，そのなかには翌期以降の期間に対応する金額が含まれている場合もある。しかし，発生主義の観点から，当期の費用として計上すべき金額は，当期中にサービスを受けた部分に限られるため，それ以外の金額は費用の勘定から取り除かなければならない。

　余分な金額を取り除いた費用の勘定の相手勘定は，**前払費用**とする。なお，前払費用は，前払家賃，前払保険料のように具体的な費用の名前を使った勘定に記録されることもある。これらは，将来に支払う必要がない金額（すでに支払済みの金額）を意味することから，これらの勘定はいずれも資産の勘定である。なお，前払費用勘定も**経過勘定**の 1 つである。

設例25－4

　次の一連の取引を仕訳しなさい。なお，当社の会計期間は 1 月 1 日から 12 月 31 日までの 1 年間であり，1 年未満の期間に対応する金額は月割計算によって求めること。

(1)　20X1 年 10 月 1 日，当社が保有する店舗について火災保険に加入した。保険期間は 1 年間，1 年分の保険料は 1,200,000 円であり，全額，小切手を振り出して支払った。

(2)　20X1 年 12 月 31 日，決算にあたり，(1)で計上した保険料のうち，翌期中の期間に対応する金額を繰り延べる。

---

(1)　費用の額を支払ったときの処理

（借）保　険　料	1,200,000	（貸）当　座　預　金	1,200,000

　1 年分の保険料を支払ったときは，その金額を費用の勘定である**保険料勘定**の借方に記録する。10 月 1 日に支払った保険料のなかには，翌期分（20X2 年 1 月～9 月）の金額も含まれているが，会計期間中はこの金額も含めて，支払った金額をすべて保険料勘定に記録してしまう。

図表 25 － 4　費用の繰延べ（ 設例25－4 対応。丸数字は月 ）

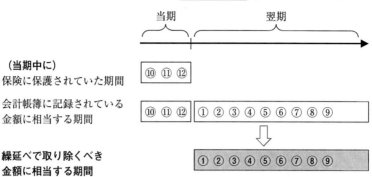

◆保険料勘定◆

　保険料勘定は，企業が支払う保険料の額が記録される費用の勘定である。保険は免許事業であり，一般の企業が顧客から保険料を受け取って保険事業を行うことはできない。このため，保険料については，受取り，支払いを区別する必要はなく，支払保険料勘定とはせずに，保険料勘定とすることになっている。

　なお，火災等の事故が発生し，保険会社から支払われる金額のことを**保険金**という。企業にとって，保険料は支払うものであり，保険金は受け取るものである。

(2)　費用の繰延べの処理

| （借）前 払 保 険 料 | 900,000* | （貸）保　　　険　　　料 | 900,000 |

　＊　1,200,000 円 ÷ 12 × 9 か月 = 900,000 円

　20X1 年中に支払った保険料の額のうち 9 か月分は翌期分の金額であるため，決算にあたっては，この 9 か月分の金額を保険料勘定から取り除く必要がある。保険料勘定は費用の勘定であるから，取り除く金額は貸方に記録し，その相手勘定である前払保険料勘定への記録は借方に行う（図表 25 － 4 参照）。

check

　次の各問いに答えなさい。
⑴　費用の繰延べにおいて，費用の勘定から取り除かれる金額はどのような金額であるか答えなさい。
⑵　費用の繰延べの仕訳において，費用の勘定の相手勘定は何勘定になるか答えなさい。

２．収益の繰延べ（前受収益の計上）

　収益の繰延べとは，会計期間中に収益の勘定に記録された金額のなかに，翌期中の期間に対応する部分の金額がある場合に，その金額を収益の勘定から取り除くことをいう。期中の会計帳簿への記録は，実際に受け取った金額に基づいて行われているため，そのなかに翌期

以降の期間に対応する金額が含まれている場合がある。しかし，発生主義の観点から，当期の収益として計上すべき金額は，当期中にサービスを提供した部分に限られるため，それ以外の金額は収益の勘定から取り除かなければならない。

　余分な金額を取り除いた収益の勘定の相手勘定は，**前受収益**とする。なお，前受収益は，前受利息のように具体的な収益の名前を使った勘定に記録されることもある。これらは，将来にサービスを提供しなければならない義務を意味することから，これらの勘定はいずれも負債の勘定である。なお，前受収益勘定も**経過勘定**の１つである。

設例25－5

　次の一連の取引を仕訳しなさい。なお，当社の会計期間は１月１日から12月31日までの１年間であり，１年未満の期間に対応する金額は月割計算によって求めること。

(1)　20X1年８月１日，取引先に対して貸付けのため，小切手1,000,000円を振出した（貸付期間：１年間）。当社は，この取引先に対して約束手形1,012,000円の振出しを求め，その振出しを受けた。貸し付けた金額と約束手形に記入された金額との差額は，この貸付けに係る利息相当額である。

(2)　20X1年12月31日，決算にあたり，(1)で計上した利息のうち，翌期中の期間に対応する金額を繰り延べる。

---

(1)　収益の額を受け取ったときの処理

（借）手 形 貸 付 金	1,012,000	（貸）当 座 預 金	1,000,000
		受 取 利 息	12,000

　金銭を貸し付け，約束手形の振出しを受けたときは，受け取った約束手形に記入されている金額（元本と利息の合計額）を手形貸付金勘定の借方に記録する（第19章参照）。

　この場合，貸し付けた金額と約束手形に記入されている金額との差額（利息相当額）は，受取利息勘定に記録する（第17章参照）。この利息の額は，貸付けを行っている期間全体（20X1年８月～20X2年７月）に係る利息の額であり，このなかには翌期分の期間（20X2年１月～７月）に対応する部分も含まれる。

(2)　収益の繰延べの処理

（借）受 取 利 息	7,000	（貸）前 受 利 息	7,000*

　＊　12,000円 ÷ 12 × 7か月 = 7,000円

　20X1年中に受け取った利息の額のうち，７か月分は翌期分の金額であるため，決算にあたっては，この７か月分の金額を受取利息勘定から取り除く必要がある。受取利息勘定は収益の勘定であるから，取り除く金額は借方に記録し，その相手勘定である前受利息勘定への記録は貸方に行う（図表25－5参照）。

図表 25 − 5　収益の繰延べ（ 設例25−5 対応。丸数字は月）

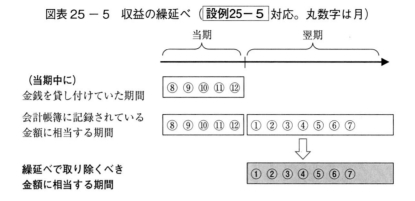

check

次の各文章のうち，正しいものには○を，そうでないものには×を答えなさい。

(1) 翌期分の期間に対応する収益の額を収益の勘定から取り除く場合，その取り除く金額は収益の勘定の借方に記録される。

(2) 収益の繰延べの仕訳において，収益の勘定の相手勘定となる前受収益勘定は資産の勘定である。

3．再振替仕訳

　費用・収益の繰延べを行った場合も，その翌期首付けで，その繰延べの仕訳を貸借反対に行った**再振替仕訳**を行う。

　これにより，当期から繰り越された前払費用，前受収益の額は全額取り崩され，費用や収益の各勘定に振り替えられる。会計期間中，費用や収益の各勘定には，実際に支払ったり，受け取ったりした金額しか記録されないが，再振替仕訳を行うことによって，前期以前に支払済み，受取済みの金額についても，新しい会計期間の会計帳簿の費用や収益として計上することができる。

　設例25−6

　次の一連の取引を仕訳しなさい。なお，当社の会計期間は 1 月 1 日から 12 月 31 日までの 1 年間であり，1 年未満の期間に対応する金額は月割計算によって求めること。

(1) 20X1 年 8 月 1 日，取引先に対して貸付けのため，小切手 1,000,000 円を振り出した（貸付期間：1 年間）。当社は，この取引先に対して約束手形 1,012,000 円の振出しを求め，その振出しを受けた。貸し付けた金額と約束手形に記入された金額との差額は，この貸付けに係る利息相当額である。

(2) 20X1 年 12 月 31 日，決算にあたり，(1)で計上した利息のうち，翌期中の期間に対応する金額を繰り延べる。

(3) 20X2 年 1 月 1 日，前期末に行った利息の繰延べの仕訳について再振替仕訳を行う。

(4) 20X2 年 7 月 31 日，(1)で受け取った約束手形 1,012,000 円の支払期日が到来したため，取引銀行に取立てを依頼したところ，手数料 1,000 円が差し引かれた 1,011,000 円が当座預金口座に入金された。

図表25 − 6　前期末に繰延べが行われている場合の再振替仕訳（勘定連絡図）

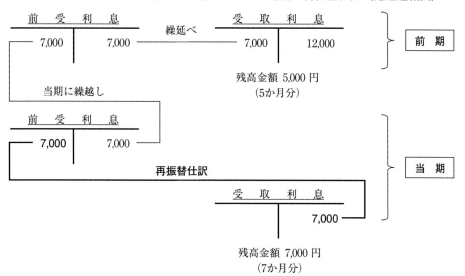

(1) 収益の額を受け取ったときの処理

| （借）手 形 貸 付 金 | 1,012,000 | （貸）当 座 預 金 | 1,000,000 |
| | | 受 取 利 息 | 12,000 |

(2) 収益の繰延べの処理

| （借）受 取 利 息 | 7,000 | （貸）前 受 利 息 | 7,000 |

(3) 再振替仕訳

| （借）前 受 利 息 | 7,000 | （貸）受 取 利 息 | 7,000 |

　再振替仕訳は，前期末に行った繰延べの仕訳を貸借反対に行ったものである。

　負債の勘定である前受利息勘定については，前期末に計上した7,000円の貸方残高がそのまま繰り越されているため，この再振替仕訳を行うことによって，前受利息勘定の残高金額はゼロとなる。一方，収益の勘定である受取利息勘定には，この再振替仕訳によって貸方に金額が記録されることとなる。この設例では，利息をすでに20X1年中に受け取っているため，20X2年中に利息を受け取ることはなく，そのために受取利息勘定への記録も行われないが，この再振替仕訳を行っておくことによって，20X1年中に受け取った利息の額のうち20X2年分の金額が，自動的に受取利息勘定に計上されている状態となる（図表25 − 6参照）。

⑷　収益を発生させた取引が終了したときの処理

（借）支 払 手 数 料	1,000	（貸）手 形 貸 付 金	1,012,000
当 座 預 金	1,011,000		

　約束手形の支払期日が到来し，取立てが行われたときは，その約束手形に記入されていた金額から手数料が差し引かれた残額が預金口座に入金される。ここで受け取る金額のなかには，貸付けにともなって発生した利息の額が含まれているが，手形貸付けの場合は，貸付けを行ったときに利息の記録を行っているため，約束手形の支払期日（返済日）に利息の記録を行うことはない。しかし，利息の処理については，期首に行った再振替仕訳で終わっているため，収益を発生させた取引が終了したときに何らの処理が行われていなかったとしても問題はない。

check

　次の各文章のうち，正しいものには○を，そうでないものには×を答えなさい。
⑴　前期末に行った収益の繰延べについて行った再振替仕訳において，借方に記録が行われるのはその繰延べを行った収益の勘定である。
⑵　前期末に行った費用の繰延べについて行った再振替仕訳において，その費用の勘定に記録される金額は，すでに対価を支払済みである金額のうち，当期（以降）の期間に対応する部分の金額である。

第26章　精算表①

第1節　精算表とは何か

　精算表とは，総勘定元帳上の各勘定に記録されている金額を損益計算書に記載するものと貸借対照表に記載するものに振り分けていく作業に使用されるものである。第14章でみたように，損益計算書や貸借対照表は精算表を作成しなくても作成することはできる。しかし，精算表を作成することには，決算手続において行われるさまざまな調整を一元的に把握することができるというメリットがある。

　精算表には，決算整理後の各勘定の金額からスタートする6桁精算表と，決算手続前の各勘定の金額からスタートする10桁精算表，8桁精算表があるが，6桁精算表と8桁精算表は，10桁精算表を部分的に抜き出したものであるため（図表26－1参照），まずは10桁精算表を使って，精算表の様式を説明する。

精　算　表　（10　桁　精　算　表）

勘定科目	修正・整理前 残高試算表		修正・整理		決算整理後 残高試算表		損益計算書		貸借対照表	
	借方	貸方	借方	貸方	借方	貸方	借方	貸方	借方	貸方
現　　　　金										
当 座 預 金	①	②	③	④	⑤	⑥	⑦	⑧	⑨	⑩
（以下省略）										

　10桁精算表には，金額を記入する場所が①から⑩までの10か所あり，これが10桁精算表という名前の由来になっている。これらは修正・整理前残高試算表欄（①・②），修正・整理欄（③・④），決算整理後残高試算表欄（⑤・⑥），損益計算書欄（⑦・⑧），貸借対照表欄（⑨・⑩）の5つのブロックに分けることができる。

図表26－1　3種類の精算表に設けられている記入欄

精算表の種類	修正・整理前 残高試算表欄	修正・整理欄	決算整理後 残高試算表欄	損益計算書欄	貸借対照表欄
6桁精算表	－	－	◯	◯	◯
8桁精算表	◯	◯	－	◯	◯
10桁精算表	◯	◯	◯	◯	◯

修正・整理前残高試算表欄には，決算手続を行う直前の，期中に各勘定に行われた記録から作成した残高試算表の金額を記入する。次に，**修正・整理欄**には，決算にあたって行われた修正仕訳・決算整理仕訳の内容を勘定ごとに分けて記入する。そして，**決算整理後残高試算表欄**には，修正・整理前残高試算表欄に記入した金額に，修正・整理欄に記入した金額を加減した後の金額を記録する。

損益計算書欄・貸借対照表欄には，決算整理後残高試算表欄に記入した金額を，損益計算書に記載するものと，貸借対照表に記載するものに分けて書き写す。収益，費用の各勘定の金額は損益計算書欄に，資産，負債，純資産の各勘定の金額は貸借対照表欄に書き写せばよい。

なお，6桁精算表や8桁精算表は，10桁精算表の一部を抜き出しただけのものであるから，同じ記入欄に記入される金額は，どの形式で精算表を作成した場合であっても同じになる。

check

次の各文章のうち，正しいものには○を，そうでないものには×を答えなさい。

(1) 決算にあたって行った決算整理仕訳の結果は，精算表上，修正・整理前残高試算表欄に記入される。

(2) 決算整理後残高試算表欄に記入される金額と，損益計算書欄または貸借対照表欄に記入される金額は同じ金額となる。

(3) 6桁精算表や8桁精算表は，10桁精算表の一部を抜き出したものであるから，同じ記入欄に記入される金額は，6桁精算表や8桁精算表に記入されたものと，10桁精算表に記入されたものとで同じ金額となる。

第2節　6桁精算表

6桁精算表とは，決算整理仕訳後の各勘定の残高金額を決算整理後残高試算表の形にまとめたうえで，それらの金額を損益計算書に記載するものと，貸借対照表に記載するものとに分け，最後に，当期の純利益または純損失の額を計算する精算表をいう。

当期純利益または当期純損失の額は，損益計算書欄，貸借対照表欄の借方と貸方の差額として計算されるが，どちらで計算した場合も金額は同じとなる。決算整理後に行われる決算振替仕訳の1つである資本振替仕訳では，損益勘定から繰越利益剰余金勘定に，損益勘定の残高金額として計算される当期の純利益または純損失の額が振り替えられるが（第13章参照），精算表上で計算される2つの当期純利益または当期純損失の額は，それぞれ損益勘定に記録される金額と繰越利益剰余金勘定に記録される金額に対応している。

設例26-1

次の決算整理後残高試算表に基づいて，6桁精算表を完成させなさい。

決 算 整 理 後 残 高 試 算 表

借方金額	勘定科目	貸方金額
50	現　　　　　金	
160	当　座　預　金	
80	売　　掛　　金	
40	繰　越　商　品	
510	備　　　　　品	
	買　　掛　　金	30
	借　　入　　金	200
	貸　倒　引　当　金	8
	備品減価償却累計額	255
	資　　本　　金	200
	繰　越　利　益　剰　余　金	175
	売　　　　　上	600
350	仕　　　　　入	
70	旅　費　交　通　費	
30	通　　信　　費	
50	保　　険　　料	
4	支　払　利　息	
6	貸倒引当金繰入	
85	減　価　償　却　費	
10	貯　　蔵　　品	
25	前　払　保　険　料	
	未　払　利　息	2
1,470		1,470

精　算　表　（6桁精算表）

勘定科目	決算整理後残高試算表		損益計算書		貸借対照表	
	借方	貸方	借方	貸方	借方	貸方
現　　　　　金	50				50	
当　座　預　金	160				160	
売　　掛　　金	80				80	
繰　越　商　品	40				40	
備　　　　　品	510				510	
買　　掛　　金		30				30
借　　入　　金		200				200
貸　倒　引　当　金		8				8
備品減価償却累計額		255				255
資　　本　　金		200				200
繰越利益剰余金		175				175
売　　　　　上		600		600		
仕　　　　　入	350		350			
旅　費　交　通　費	70		70			
通　　信　　費	30		30			
保　　険　　料	50		50			
支　払　利　息	4		4			
貸倒引当金繰入	6		6			
減　価　償　却　費	85		85			
貯　　蔵　　品	10				10	
前　払　保　険　料	25				25	
未　払　利　息		2				2
当　期　純　利　益			5			5
	1,470	1,470	600	600	875	875

　決算整理後残高試算表欄には，問題に与えられた決算整理後残高試算表の金額をそのまま書き写す。そのうえで，収益，費用の各勘定の金額は損益計算書欄に，資産，負債，純資産の各勘定の金額は貸借対照表欄にそのまま書き写す。

　下から2行目（勘定科目欄に当期純利益と書かれた行）の記録は，次のように行う。

① 損益計算書欄，貸借対照表欄のそれぞれについて，借方，貸方それぞれの合計金額を計算する。この設例の場合，損益計算書欄では借方合計が595円，貸方合計が600円となっており，貸借対照表欄では，借方合計が875円，貸方合計が870円となっている。

② 借方，貸方の合計金額が一致するように，合計金額が小さい方に両者の差額を追加で記入する。この設例の場合，損益計算書欄では借方に5円，貸借対照表欄では貸方に

５円を追加する。

③　②で追加した金額が当期純利益であるか当期純損失であるかを勘定科目欄に記入する。

なお，最後に追加した金額が当期純利益であるか，当期純損失であるかは，損益計算書欄をもとに判断すると理解しやすいだろう。損益計算書欄では，借方に費用の各勘定の金額，貸方に収益の各勘定の金額が記入されることになるため，金額を追加する前の借方合計の方が大きければ純損失，貸方合計の方が大きければ純利益となる（第１章参照）。

check

次の各問いに答えなさい。

⑴　当期純利益の額は，損益計算書欄の借方と貸方のどちらに記入されるか答えなさい。

⑵　当期純損失の額は，貸借対照表欄の借方と貸方のどちらに記入されるか答えなさい。

第３節　10桁精算表

１．10桁精算表とは何か

10桁精算表とは，修正・整理前残高試算表欄，修正・整理欄，決算整理後残高試算表欄，損益計算書欄，貸借対照表欄の５つの記入欄から構成される精算表である。10桁精算表は，まず，修正・整理前残高試算表欄の金額に，修正・整理欄の金額を加減算して決算整理後残高試算表欄まで完成させ，その後は，６桁精算表と同様に，決算整理後残高試算表欄の金額を損益計算書欄と貸借対照表欄に分け，当期の純利益または純損失の額を計算するという順で作成していく。

２．修正・整理欄への記入

修正・整理欄への記入は，決算手続のなかで行われる修正仕訳，決算整理仕訳をもとに行う。すなわち，先に修正仕訳や決算整理仕訳を行い，そこで各勘定に記録されることとなった金額を，精算表上の該当する勘定のところに書き写せばよい。なお，借方，貸方のどちらに金額を記入するかは，修正仕訳，決算整理仕訳で決められた場所と同じ側になる。

なお，修正仕訳，決算整理仕訳では，会計期間中に使用されなかった勘定が新たに使用されることもある。この場合は，勘定科目欄にその新たに使用されるようになった勘定を追記してから，修正・整理欄にその金額を記入する。

設例26-2

次の決算整理仕訳を10桁精算表の修正・整理欄に記入しなさい。

(借) 仮 受 消 費 税	500	(貸) 仮 払 消 費 税	200
		未 払 消 費 税	300

精 算 表 （ 1 0 桁 精 算 表 ）

勘定科目	修正・整理前 残高試算表		修正・整理		決算整理後 残高試算表		損益計算書		貸借対照表	
	借方	貸方	借方	貸方	借方	貸方	借方	貸方	借方	貸方
仮 受 消 費 税			500							
仮 払 消 費 税				200						
未 払 消 費 税				300						

　なお，未払消費税勘定の残高金額は，納付すべき消費税の額をすべて納付している場合などではゼロになっており，このような場合は，修正・整理前残高試算表において未払消費税勘定の残高金額を記録する場所が設けられていない。精算表を作成するにあたって，このような修正・整理前残高試算表に設けられていない勘定については，新たに行を追加して，金額の記録を行えるようにする必要がある。

check

次の各文章のうち，正しいものには○を，そうでないものには×を答えなさい。

(1) 決算整理仕訳において借方に金額が記録される勘定については，精算表の修正・整理欄でも借方に金額が記録される。

(2) 修正仕訳，決算整理仕訳のなかには，修正・整理前残高試算表では使われていない勘定が使われることもある。

3．修正・整理前残高試算表欄の金額と修正・整理欄の金額の集計

　決算整理後残高試算表欄の金額は，修正・整理前残高試算表欄の金額に，修正・整理欄の金額を加減算して求められる。この修正・整理前残高試算表欄の金額と，修正・整理欄の金額の集計は，各勘定の残高金額の計算方法と同じように行えばよい。すなわち，まず，借方欄に記入された金額同士を合計し（借方合計），次に，貸方欄に記入された金額同士を合計し（貸方合計），最後に，両者の差額（残高金額）を求めれば，それが決算整理後残高試算表欄に記入する金額となる。金額の記入は，残高金額が借方残高の場合は借方欄に，貸方残高の場合は貸方欄に行う。

設例26-3

次の10桁精算表について，決算整理後残高試算表欄に適切な金額を記入しなさい。

精 算 表 （ 1 0 桁 精 算 表 ）

勘定科目	修正・整理前残高試算表		修正・整理		決算整理後残高試算表		損益計算書		貸借対照表	
	借方	貸方	借方	貸方	借方	貸方	借方	貸方	借方	貸方
現 金 過 不 足	250			250						
旅 費 交 通 費	700		200							
雑　　　　損			50							

精 算 表 （ 1 0 桁 精 算 表 ）

勘定科目	修正・整理前残高試算表		修正・整理		決算整理後残高試算表		損益計算書		貸借対照表	
	借方	貸方	借方	貸方	借方	貸方	借方	貸方	借方	貸方
現 金 過 不 足	250			250						
旅 費 交 通 費	700		200		900					
雑　　　　損			50		50					

　現金過不足勘定は，借方に記録されている金額が合計250円，貸方に記録されている金額が合計250円であるから，残高金額はゼロとなる。このような場合，決算整理後残高試算表欄は空欄のままにしておく。

　旅費交通費勘定は，借方に記録されている金額が合計900円であり，貸方には何も記録がないから，残高金額は900円の借方残高となる。この場合，決算整理後残高試算表欄には，借方に900円の記録を行う。

　雑損勘定は，修正・整理前残高試算表欄に金額が記入されていないので，修正・整理欄に記入されている金額50円が，そのまま決算整理後残高試算表欄に書き写される。

check

次の各文章のうち，正しいものには○を，そうでないものには×を答えなさい。

(1) 修正・整理前残高試算表欄の借方に金額が記入されており，かつ，修正・整理欄の貸方に金額が記入されている勘定において，決算整理後残高試算表欄に記録される金額は，これら2つの金額を合計した金額である。

(2) 修正・整理前残高試算表欄の貸方，修正・整理欄の借方に金額が記入されており，かつ，そのどちらの金額も同じである場合，決算整理後残高試算表欄には，その金額が記入される。

(3) 修正・整理前残高試算表欄に金額がない場合，決算整理後残高試算表欄に記入される金額は，修正・整理欄に記入されている金額と等しくなる。

4．損益計算書欄，貸借対照表欄への記入

損益計算書欄，貸借対照表欄への記入は，6桁精算表のときと同様に，まず，すべての勘定について損益計算書に記載されるものと貸借対照表に記載されるものに分け，その後，当期の純利益または純損失の額を計算したうえで，その金額を損益計算書欄，貸借対照表欄に追記すればよい。

設例26－4

次の10桁精算表について，修正・整理前残高試算表欄，修正・整理欄の記録をもとに完成させなさい。

精 算 表 （10桁精算表）

勘定科目	修正・整理前残高試算表 借方	貸方	修正・整理 借方	貸方	決算整理後残高試算表 借方	貸方	損益計算書 借方	貸方	貸借対照表 借方	貸方
現　　　金	50									
当 座 預 金	160									
売　掛　金	80									
繰 越 商 品	30		40	30						
備　　　品	510									
買　掛　金		30								
借　入　金		200								
貸 倒 引 当 金		2		6						
備品減価償却累計額		170		85						
資　本　金		200								
繰越利益剰余金		175								
売　　　上		600								
仕　　　入	360		30	40						
旅 費 交 通 費	70									
通　信　費	40			10						
保　険　料	75			25						
支 払 利 息	2		2							
貸倒引当金繰入			6							
減 価 償 却 費			85							
貯　蔵　品			10							
前 払 保 険 料			25							
未 払 利 息				2						
当 期 純 利 益										
	1,377	1,377	198	198						

精 算 表 （ 1 0 桁 精 算 表 ）

勘定科目	修正・整理前 残高試算表 借方	修正・整理前 残高試算表 貸方	修正・整理 借方	修正・整理 貸方	決算整理後 残高試算表 借方	決算整理後 残高試算表 貸方	損益計算書 借方	損益計算書 貸方	貸借対照表 借方	貸借対照表 貸方
現　　　　金	50				50				50	
当 座 預 金	160				160				160	
売 　掛　 金	80				80				80	
繰 越 商 品	30		40	30	40				40	
備　　　　品	510				510				510	
買 　掛　 金		30				30				30
借 　入　 金		200				200				200
貸 倒 引 当 金		2		6		8				8
備品減価償却累計額		170		85		255				255
資 　本　 金		200				200				200
繰越利益剰余金		175				175				175
売　　　　上		600				600		600		
仕　　　　入	360		30	40	350		350			
旅 費 交 通 費	70				70		70			
通 　信　 費	40			10	30		30			
保 　険　 料	75			25	50		50			
支 払 利 息	2		2		4		4			
貸倒引当金繰入			6		6		6			
減 価 償 却 費			85		85		85			
貯 　蔵　 品			10		10				10	
前 払 保 険 料			25		25				25	
未 払 利 息				2		2				2
当 期 純 利 益							5			5
	1,377	1,377	198	198	1,470	1,470	600	600	875	875

第27章　精算表②

第1節　8桁精算表

　8桁精算表とは，10桁精算表から決算整理後残高試算表欄を取り除いたものである。10桁精算表では決算整理後残高試算表欄に記入される金額が，損益計算書欄または貸借対照表欄にそのまま書き写されるため，決算整理後残高試算表欄と損益計算書欄または貸借対照表欄に記入される金額はまったく同じ金額となる（第26章参照）。8桁精算表では，決算整理後残高試算表欄をなくして，修正・整理前残高試算表欄の金額と修正・整理欄の金額を集計した結果を，直接，損益計算書欄または貸借対照表欄に記入することで，同じ金額を繰り返し書かずに済むようにしている。

設例27－1

　次の8桁精算表について，修正・整理前残高試算表欄，修正・整理欄の記録をもとに完成させなさい。

精　算　表　（8　桁　精　算　表）

勘定科目	修正・整理前 残高試算表 借方	修正・整理前 残高試算表 貸方	修正・整理 借方	修正・整理 貸方	損益計算書 借方	損益計算書 貸方	貸借対照表 借方	貸借対照表 貸方
現　　　　　金	50							
当 座 預 金	160							
売 　掛　 金	80							
繰 越 商 品	30		40	30				
備　　　　　品	510							
買 　掛　 金		30						
借 　入　 金		200						
貸 倒 引 当 金		2		6				
備品減価償却累計額		170		85				
資 　本　 金		200						
繰越利益剰余金		175						
売　　　　　上		600						
仕　　　　　入	360		30	40				
旅 費 交 通 費	70							
通 　信　 費	40			10				
保 　険　 料	75			25				
支 払 利 息	2		2					
貸倒引当金繰入			6					
減 価 償 却 費			85					
貯 　蔵　 品			10					
前 払 保 険 料			25					
未 払 利 息				2				
当 期 純 利 益								
	1,377	1,377	198	198				

精　算　表　（ 8 桁　精　算　表 ）

勘定科目	修正・整理前残高試算表		修正・整理		損益計算書		貸借対照表	
	借方	貸方	借方	貸方	借方	貸方	借方	貸方
現　　　　金	50						50	
当 座 預 金	160						160	
売 　掛　 金	80						80	
繰 越 商 品	30		40	30			40	
備　　　　品	510						510	
買 　掛　 金		30						30
借 　入　 金		200						200
貸 倒 引 当 金		2		6				8
備品減価償却累計額		170		85				255
資 　本　 金		200						200
繰越利益剰余金		175						175
売　　　　上		600				600		
仕　　　　入	360		30	40	350			
旅 費 交 通 費	70				70			
通 　信　 費	40			10	30			
保 　険　 料	75			25	50			
支 払 利 息	2		2		4			
貸倒引当金繰入			6		6			
減 価 償 却 費			85		85			
貯 　蔵　 品			10				10	
前 払 保 険 料			25				25	
未 払 利 息				2				2
当 期 純 利 益					5			5
	1,377	1,377	198	198	600	600	875	875

　なお，この設例で使用した勘定や金額は，すべて 設例26−4 と同じものである。8桁精算表と10桁精算表との違いを確認してほしい。

第2節　決算整理事項の精算表上の取り扱い

　ここで，本書で学習したすべての決算整理事項について，8桁精算表上にどのように記録が行われるかを見ていくことにしよう。

1．未払消費税の計上

　決算にあたって，納付すべき消費税の額が確定したときは，その金額を負債の勘定である未払消費税勘定に計上するとともに，会計期間中に仮受消費税勘定，仮払消費税勘定に計上した金額を全額取り崩す（第7章参照）。

設例27－2

　決算にあたり，当期に納付すべき消費税の額が360,000円であることが確定した。なお，仮受消費税勘定の残高は800,000円，仮払消費税勘定の残高は440,000円であった。

精　算　表　（ 8 桁 精 算 表 ）

勘定科目	修正・整理前残高試算表		修正・整理		損益計算書		貸借対照表	
	借方	貸方	借方	貸方	借方	貸方	借方	貸方
仮 払 消 費 税	440,000			440,000				
仮 受 消 費 税		800,000	800,000					
未 払 消 費 税				360,000				360,000

　仮受消費税勘定，仮払消費税勘定の残高金額は全額取り崩されてしまうため，損益計算書欄，貸借対照表欄に記入される金額はなくなり，未払消費税勘定の金額だけが貸借対照表欄に記入されることとなる。

2．売上原価の計算

　売上原価の計算にあたって必要となる期首商品棚卸高と当期商品仕入高は，それぞれ繰越商品勘定と仕入勘定に記録されている。一方，期末商品棚卸高の額は，期末に企業が定めた方法で評価した金額を使用する（第23章参照）。

　なお，売上原価の計算は，仕入勘定で行う場合と売上原価勘定で行う場合とがあるが，どちらの方法で行った場合も売上原価の額は同じになる（第12章参照）。

設例27－3

　決算にあたり，売上原価の計算を行う。期末商品棚卸高は 66,000 円であり，売上原価の計算は仕入勘定で行うものとする。

精　算　表　（　8　桁　精　算　表　）

勘定科目	修正・整理前 残高試算表		修正・整理		損益計算書		貸借対照表	
	借方	貸方	借方	貸方	借方	貸方	借方	貸方
繰 越 商 品	58,000		66,000	58,000			66,000	
仕　　　　入	400,000		58,000	66,000	392,000			

　繰越商品勘定には，もともと前期から繰り越されてきた期首商品棚卸高が記入されているが，決算整理を行うことによって，その金額は期末商品棚卸高に入れ替わる。貸借対照表欄には，この入れ替わった後の期末商品棚卸高が記入される。

　仕入勘定には，もともと当期中の純仕入高が記入されているが，決算整理を行うことによって，その金額は当期の売上原価に入れ替わる。損益計算書欄には，この入れ替わった後の売上原価が記入される。

設例27－4

　決算にあたり，売上原価の計算を行う。期末商品棚卸高は 66,000 円であり，売上原価の計算は売上原価勘定で行うものとする。

精　算　表　（　8　桁　精　算　表　）

勘定科目	修正・整理前 残高試算表		修正・整理		損益計算書		貸借対照表	
	借方	貸方	借方	貸方	借方	貸方	借方	貸方
繰 越 商 品	58,000		66,000	58,000			66,000	
仕　　　　入	400,000			400,000				
売 上 原 価			58,000	66,000	392,000			
			400,000					

　売上原価を売上原価勘定で計算する場合，仕入勘定に記録されていた当期中の純仕入高は，全額，売上原価勘定に振り替えられてしまうため，損益計算書欄に記入する金額はなくなる。

　売上原価勘定の修正・整理欄の借方には，繰越商品勘定から振り替えられた期首商品棚卸高，仕入勘定から振り替えられた当期商品仕入高の２つの金額が記入される（上のように２

行に分けて記入しても，合計金額だけを記入してもよい）。一方，貸方には，ここから差し引かれる期末商品棚卸高が記入される。

　以上の処理を行った結果，損益計算書欄に記入される金額は392,000円となるが，この金額は，設例27-3 で売上原価を仕入勘定で計算した場合の金額392,000円と等しくなる。

3．未使用の郵便切手・収入印紙の処理

　会計期間中に購入した郵便切手，収入印紙の額を費用の勘定（通信費勘定，租税公課勘定）に記録している場合で，決算にあたって未使用額があるときは，その未使用額をこれらの費用の勘定から資産の勘定である貯蔵品勘定に振り替えて，翌期に繰り越す（第13章参照）。

設例27-5

　決算にあたり，郵便切手，収入印紙の未使用高を確認したところ，それぞれ9,400円，16,000円であった。この金額を貯蔵品勘定に振り替える。

精　算　表　（8桁精算表）

勘定科目	修正・整理前残高試算表		修正・整理		損益計算書		貸借対照表	
	借方	貸方	借方	貸方	借方	貸方	借方	貸方
通　信　費	70,000			9,400	60,600			
租　税　公　課	80,000			16,000	64,000			
貯　蔵　品			9,400				25,400	
			16,000					

　費用の勘定（通信費勘定，租税公課勘定）からは，郵便切手，収入印紙の未使用額が差し引かれるため，損益計算書欄に記入される金額は，修正・整理前残高試算表欄に記入されている金額よりも小さくなる。

　郵便切手，収入印紙の未使用額は，どちらも貯蔵品勘定に振り替えられる。貸借対照表欄には，郵便切手の未使用額と，収入印紙の未使用額を区別せずに合計額を記入すればよい。

4．減価償却

　決算にあたり，土地以外の有形固定資産を保有している場合は，その取得原価の額のうち一定の方法で計算した金額を当期の費用（減価償却費）として計上する（第14章参照）。減価償却の処理方法には直接法と間接法があり，どちらの方法を採用するかによって，使用される勘定，各勘定の残高金額が変わる。

設例27－6

　決算にあたり，当社が保有する備品について定額法により減価償却を行う。備品の取得原価は900,000円，残存価額はゼロ，耐用年数は8年であり，前期以前に取得したものである。なお，減価償却の処理は直接法によって行うこと。

精 算 表 （ 8 桁 精 算 表 ）

勘定科目	修正・整理前残高試算表		修正・整理		損益計算書		貸借対照表	
	借方	貸方	借方	貸方	借方	貸方	借方	貸方
備　　　　品	562,500			112,500			450,000	
減 価 償 却 費			112,500		112,500			

＊　減価償却費の額：（900,000円 － 0円）÷ 8年 ＝ 112,500円

　直接法の場合，過年度に計上した減価償却費の額は有形固定資産の勘定から直接控除されているため，備品勘定の金額は元々の取得原価の額とは異なっている。このため，減価償却費の計算は，精算表に記載されている金額を使わずに行う。

設例27－7

　決算にあたり，当社が保有する備品について定額法により減価償却を行う。備品の取得原価は900,000円，残存価額はゼロ，耐用年数は8年であり，前期以前に取得したものである。なお，減価償却の処理は間接法によって行うこと。

精 算 表 （ 8 桁 精 算 表 ）

勘定科目	修正・整理前残高試算表		修正・整理		損益計算書		貸借対照表	
	借方	貸方	借方	貸方	借方	貸方	借方	貸方
備　　　　品	900,000						900,000	
備品減価償却累計額		337,500		112,500				450,000
減 価 償 却 費			112,500		112,500			

　間接法の場合，有形固定資産の勘定には，企業が保有する有形固定資産の取得原価がそのまま維持されており，減価償却を行った後も，この金額は減額されることなく，そのまま貸借対照表欄に記入される。

　備品減価償却累計額勘定は，有形固定資産の未償却残高を計算するために使用される評価勘定（第13章参照）であり，その金額は，資産である有形固定資産と一緒に貸借対照表欄に記入する。

5．発生原因が判明しなかった現金過不足の処理

現金過不足が発生した原因が判明しなかった場合，その金額を当期の損失または利益として処理するため，現金過不足勘定の残高金額を雑損勘定または雑益勘定に振り替える（第15章参照）。

設例27−8

決算にあたり，現金過不足勘定の期末残高 9,000 円（貸方残高）を適切な勘定に振り替える。

精 算 表 （ 8 桁 精 算 表 ）

勘定科目	修正・整理前残高試算表		修正・整理		損益計算書		貸借対照表	
	借方	貸方	借方	貸方	借方	貸方	借方	貸方
現 金 過 不 足		9,000	9,000					
雑　　　　益				9,000		9,000		

現金過不足勘定の残高金額は，すべて雑損勘定または雑益勘定に振り替えてしまうため，現金過不足勘定について損益計算書欄，貸借対照表欄に記入する金額はない。

現金過不足勘定が貸方残高の場合，その相手勘定は雑益勘定となる。現金過不足勘定が貸方になるのは，現金過不足が生じたときの仕訳で，現金勘定の金額を増やしたとき（現金勘定の借方に金額を追加したとき）であるから，この金額は，現金が増えていることを意味している。

設例27−9

決算にあたり，現金過不足勘定の期末残高 24,000 円（借方残高）を適切な勘定に振り替える。

精 算 表 （ 8 桁 精 算 表 ）

勘定科目	修正・整理前残高試算表		修正・整理		損益計算書		貸借対照表	
	借方	貸方	借方	貸方	借方	貸方	借方	貸方
現 金 過 不 足	24,000			24,000				
雑　　　　損			24,000		24,000			

一方，現金過不足勘定が借方残高の場合，その相手勘定は雑損勘定となる。現金過不足勘定が借方になるのは，現金過不足が生じたときの仕訳で，現金勘定の金額を減らしたとき（現金勘定の貸方に金額を追加したとき）であるから，この金額は，現金が減っていることを意

味している。

6．当座借越

　取引銀行との間で，当座借越契約を結んでいる場合で，期末における当座預金勘定の残高金額が貸方残高となっているときは，その金額を資産の勘定である当座預金勘定から，負債の勘定である当座借越勘定に振り替える（第18章参照）。この処理を行うことにより，資産の勘定である当座預金勘定の金額が，負債や純資産が記載される貸借対照表の貸方側に記載されてしまうことを防ぐことができる。

設例27−10

　決算にあたり，当座預金勘定の期末残高 40,000 円を適切な勘定に振り替える。

精　算　表　（ 8 桁 精 算 表 ）

勘定科目	修正・整理前残高試算表		修正・整理		損益計算書		貸借対照表	
	借方	貸方	借方	貸方	借方	貸方	借方	貸方
当 座 預 金		40,000	40,000					
当 座 借 越				40,000				40,000

　決算整理仕訳を行うことにより，当座預金勘定の貸方残高はすべて当座借越勘定に振り替えられてしまうから，当座預金勘定について損益計算書欄，貸借対照表欄に記入される金額はない。

　また，当座借越勘定は負債の勘定であるから，その金額は，貸借対照表欄の貸方に記入する。

7．貸倒引当金の繰入れ・戻入れ

　期末に保有する金銭債権について，将来に貸倒れが予測される場合，その金額は貸借対照表上，貸倒引当金として表示する。貸倒引当金勘定に新たに，または，追加で金額を記録した場合は，その金額を費用の勘定である貸倒引当金繰入勘定に計上し，取り崩した場合はその金額を収益の勘定である貸倒引当金戻入勘定に計上する（第20章参照）。

設例27-11

　決算にあたり，金銭債権の期末残高 400,000 円に対して 2％（貸倒実績率）の貸倒引当金を差額補充法により設定する。なお，貸倒引当金の期末残高は 6,000 円である。

精　算　表　（8 桁 精 算 表 ）

勘定科目	修正・整理前 残高試算表		修正・整理		損益計算書		貸借対照表	
	借方	貸方	借方	貸方	借方	貸方	借方	貸方
売　　掛　　金	300,000						300,000	
貸　　付　　金	100,000						100,000	
貸 倒 引 当 金		6,000		2,000				8,000
貸倒引当金繰入			2,000		2,000			

　＊　（300,000円＋100,000円）×2÷100＝8,000円
　　　8,000円－6,000円＝2,000円

　貸倒引当金については，減価償却の直接法のように金銭債権の勘定（この設例では，売掛金勘定，貸付金勘定）からその金額を直接減額する処理方法はない。このため，金銭債権の勘定の金額は，修正仕訳が行われていない限り，修正・整理前残高試算表欄の金額がそのまま貸借対照表欄に書き写される。

　貸倒引当金勘定は，減価償却累計額勘定と同じく，貸倒引当金相当額が控除された，企業が確実に受け取ることのできる金銭債権の額を計算するための評価勘定であるため，その金額は，金銭債権の勘定と同じく貸借対照表欄に記入する。

　貸倒引当金繰入勘定は，前倒しで計上した損失額を記録するための勘定であり，費用の勘定としてその金額を損益計算書欄の借方に記入する。

　なお，洗替法により前期に繰り入れた貸倒引当金の未使用額を戻し入れる場合や，差額補充法において前期に繰り入れた貸倒引当金の未使用額が当期末に計算した貸倒引当金の要計上額を上回った場合にその上回った金額を戻し入れるときに使用される貸倒引当金戻入勘定は収益の勘定であるから，このような場合はその金額を損益計算書欄の貸方に記入する。

8．費用・収益の見越し・繰延べ

　決算にあたり，費用・収益の見越しを行う場合，当期分の費用・収益のうち，費用・収益の勘定に計上されていなかった金額を，その費用・収益の勘定に追加するとともに，その追加した金額を経過勘定である未払費用勘定，未収収益勘定に計上する（第25章参照）。未払費用勘定は負債の勘定であり，未収収益勘定は資産の勘定である。

　また，費用・収益の繰延べを行う場合，当期に支払ったまたは受け取った金額のうち，翌期以降の期間に対応する部分の金額を，その費用・収益の勘定から取り除くとともに，そ

の取り除いた金額を経過勘定である前払費用勘定，前受収益勘定に計上する（第25章参照）。前払費用勘定は資産の勘定であり，前受収益勘定は負債の勘定である。

設例27−12

決算にあたり，当期分の支払利息20円を見越し計上し，翌期分の保険料300円を繰り延べる。

精　算　表　（ 8 桁 精 算 表 ）

勘定科目	修正・整理前残高試算表		修正・整理		損益計算書		貸借対照表	
	借方	貸方	借方	貸方	借方	貸方	借方	貸方
保　険　料	1,500			300	1,200			
支　払　利　息	60		20		80			
前　払　保　険　料			300				300	
未　払　利　息				20				20

支払利息勘定に記録される金額は，見越しの処理を行うことによって増加する。これに対して，保険料勘定に記録される金額は，繰延べの処理を行うことによって減少する。支払利息勘定も保険料勘定も費用の勘定であるから，増加後，減少後の金額は，どちらも損益計算書欄の借方に記入する。

また，利息の見越しにあたって生じた未払利息勘定は負債の勘定，保険料の繰延べにあたって生じた前払保険料勘定は資産の勘定であるため，これらの経過勘定に記録された金額はどちらも貸借対照表欄に記録することになる。

第28章　報告式の財務諸表

第1節　報告式の財務諸表とは

　貸借対照表や損益計算書の様式には，各項目を左右に分けて表示する方法（**勘定式**。第14章参照）のほかに，企業外部の人々に対して，その企業における財産の状況をより分かりやすく見せることを目的とした**報告式**とよばれるものがある。財務諸表を広く社会一般に公表することが義務づけられている株式会社では（「会社法」第440条），この報告式とよばれる様式によって貸借対照表や損益計算書を作成することが義務づけられている（「会社計算規則」第73条〜第76条，第88条）。

check
　次の各文章のうち，正しいものには○を，そうでないものには×を答えなさい。
　(1)　すべての株式会社は，貸借対照表，損益計算書を報告式によって作成しなければならない。
　(2)　報告式の財務諸表は，経営者をはじめとする企業内部の人々が企業の財産の状況を理解するためだけに作成される。

第2節　報告式による貸借対照表の作成

　報告式による貸借対照表でも，そこに記載される各項目が資産，負債，純資産の3つに分けられるところまでは変わらない。それぞれの項目が記載される場所は，資産の部，負債の部，純資産の部のように「部」としてまとめられる。
　資産の部，負債の部は，それぞれ**流動資産**と**固定資産**，**流動負債**と**固定負債**といったように，流動，固定の2つに分けられる。金銭および顧客に売却される資産（現金，預金，商品等）や主たる営業活動から生じる債権（売掛金，受取手形等）・債務（買掛金，支払手形等），また，1年以内に消費または換金される資産，1年以内に弁済される負債については流動に区分され，それ以外のものは固定に区分される。
　資産，負債のどちらについても，流動とされる区分には，主たる営業活動や短期的に生じる債権・債務の額が記載される。これらの区分に記載された金額は，その企業の営業活動の規模（活発さ）や短期的な安全性を評価するために使用される。
　純資産の部の区分表示をどのようにするかは，各企業が準拠すべき法令の定めによって変わるが，株式会社の場合は，**資本金**，**資本剰余金**，**利益剰余金**の大きく3つに区分される。投資者から出資を受けた金額のうち資本金としなかった金額（資本準備金。第9章参照）は，

貸 借 対 照 表

○○株式会社　　　　20XX年XX月XX日現在　　　　（単位：円）

Ⅰ　資産の部		
1　流動資産		
現　　　　　金		1,300
当 座 預 金		9,400
売 　掛 　金	20,000	
貸 倒 引 当 金	△200	19,800
商　　　　　品		11,000
貯 　蔵 　品		1,000
前 払 費 用		2,500
流 動 資 産 計		45,000
2　固定資産		
備　　　　　品	120,000	
減価償却累計額	△45,000	75,000
車 両 運 搬 具	60,000	
減価償却累計額	△20,000	40,000
固 定 資 産 計		115,000
資 産 合 計		160,000
Ⅱ　負債の部		
1　流動負債		
買 　掛 　金		7,000
未 払 費 用		3,000
流 動 負 債 計		10,000
2　固定負債		
借 　入 　金		30,000
固 定 負 債 計		30,000
負 債 合 計		40,000
Ⅲ　純資産の部		
1　資本金		50,000
2　資本剰余金		
資 本 準 備 金		50,000
3　利益剰余金		
利 益 準 備 金		5,000
繰越利益剰余金		15,000
純 資 産 合 計		120,000
負債・純資産合計		160,000

資本剰余金の区分に記載され，企業がそれまでの営業活動を通じて稼いだ利益のうち，企業に留保されている金額（利益準備金，繰越利益剰余金等。第9章参照）は，利益剰余金の区分に記載される。

　なお，勘定式の貸借対照表では，借方側に資産，貸方側に負債と純資産が記載されたが，報告式の貸借対照表では，資産の部，負債の部，純資産の部が縦一列に並べられることも多い。

check

　次の各文章のうち，正しいものには○を，そうでないものには×を答えなさい。

(1) 固定資産の区分には，金銭，顧客に販売される財産，主たる営業活動から生じる債権，1年以内に消費または換金される資産以外のものが記載される。

(2) 流動負債の合計額と固定負債の合計額は，負債全体の合計額と等しくなる。

(3) 資産の部，負債の部，純資産の部の3つの合計額はすべて等しくなる。

check

　次の各文章のうち，流動資産に該当するものはどれかすべて選びなさい。

(1) 売　掛　金　　(2) 車両運搬具　　(3) 普　通　預　金

(4) 商　　　品　　(5) 現　　　金　　(6) 貸　付　金（3年後に返済されるもの）

第3節　報告式による損益計算書の作成

　報告式による損益計算書では，さまざまな利益が計算される。勘定式による損益計算書（第14章参照）では，当期純利益（または当期純損失）だけであったが，報告式による損益計算書には，売上総利益，営業利益，経常利益，税引前当期純利益，当期純利益という5つの利益が記載される。

　売上総利益とは，主として商品売買取引を営む企業において販売された商品の売価と原価の差額をいう（第23章参照）。売上総利益の額を計算するにあたって，売上原価の欄は，最終的な売上原価の額ではなく，期首商品棚卸高，当期商品仕入高，期末商品棚卸高をそれぞれ表示することもある。このようにすると，在庫（商品棚卸高）の増減，新たに仕入れた商品と在庫の割合など，最終的な売上原価の額だけを表示したときには分からない状況が見えるようになる。

　営業利益とは，企業の営業活動から得られた利益の額を意味し，売上総利益の額から給料等の人件費，減価償却費その他の経費（**販売費及び一般管理費**）を差し引いて計算される。営業利益は，営業活動自体の成果を評価するために使用される。販売費及び一般管理費の区分には，企業の営業活動に直接かかわりのある費用を記載する。

　経常利益とは，毎期，経常的に発生する出来事から生じる利益の額を意味し，営業利益の額に，営業活動に直接かかわりのない活動から生じた収益，費用の額（利息の額など）を加

```
                      損 益 計 算 書
○○株式会社    自20XX年XX月XX日  至20XX年XX月XX日    （単位：円）
 Ⅰ  売上高                                        200,000
 Ⅱ  売上原価
    1  期首商品棚卸高                  4,000
    2  当期商品仕入高                 90,000
         計                          94,000
    3  期末商品棚卸高                  6,000      88,000
           売 上 総 利 益                         112,000
 Ⅲ  販売費及び一般管理費
    1  給料                          50,000
    2  減価償却費                     36,000
    3  広告宣伝費                      5,000
    4  消耗品費                        3,000
    5  旅費交通費                      8,000
    6  通信費                         2,000
    7  支払家賃                        6,000     110,000
           営 業 利 益                            2,000
 Ⅳ  営業外収益
    1  受取利息                                        10
 Ⅴ  営業外費用
    1  支払利息                         40
    2  雑損                            20          60
           経 常 利 益                            1,950
 Ⅵ  特別利益
    1  固定資産売却益                                 250
 Ⅶ  特別損失
    1  火災損失                                     1,500
           税引前当期純利益                          700
           法人税，住民税及び事業税                   200
           当 期 純 利 益                           500
```

減して計算される。経常利益は，企業の財務体質（借金体質，無借金経営など）も考慮した企業全体の「稼ぐ力」を評価するために使用される。

　税引前当期純利益とは，経常利益の額に固定資産売却損益，災害損失のような，毎期，経常的に発生しない収益，費用の額を加減して計算した利益の額をいい，**当期純利益**とは，ここから法人税，住民税及び事業税の額（第14章参照）を差し引いた利益の額をいう。

　報告式の損益計算書では，複数の利益が計算されるため，勘定式の損益計算書のように，収益と費用がそれぞれ１か所にまとめられているわけではない。報告式の損益計算書におい

て，収益の額が記載されるのは，売上高，営業外収益，特別利益の 3 か所，費用の額が記載されるのは，売上原価，販売費及び一般管理費，営業外費用，特別損失の 4 か所となる。報告式の損益計算書では，収益，費用の総額がいくらかということよりも，各種の利益の額を計算することの方が重視されているため，このような様式となっている。

check

　次の各費用の額は，報告式の損益計算書上，売上原価，販売費及び一般管理費，営業外費用，特別損失のどこに記載されるか答えなさい。

(1)　旅費交通費　　　(2)　支払利息　　　(3)　給　　　料　　　(4)　固定資産売却損

check

　次の各文章のうち，正しいものには○を，そうでないものには×を答えなさい。

(1)　報告式の損益計算書において計算される利益のうち，企業の営業活動の成果を表す利益は特別利益である。

(2)　経常利益の額は，営業外収益の額から営業外費用の額を差し引いて計算される。

(3)　火災損失は，毎期，経常的に生じる費用ではないから，その金額は，報告式の損益計算書上，特別損失の区分に記載される。

付録A　会計帳簿

第1節　主要簿と補助簿

　会計帳簿は，企業において生じたすべての取引が記録される**主要簿**と，特定の財産や取引に焦点をあてて，その財産や取引の詳細についての記録が行われる**補助簿**の大きく2つに分けられる。

　会計帳簿への記録を複式簿記によって行う場合，主要簿に分類される会計帳簿は仕訳帳と総勘定元帳の2つとなる。**仕訳帳**では，取引によって生じた財産の動きや債権・債務の状況の変化，また，それらが生じた理由について，それぞれどの勘定のどちら側に記録するかが決められていく（仕訳）。これらの勘定（記録を行うための場所）は，すべてもう1つの主要簿である**総勘定元帳**に設けられており，仕訳が行われるつど，そこで決められた勘定の決められた側（借方または貸方）にその金額等が書き写されていく（転記）。

　補助簿は，大きく補助記入帳と補助元帳の2つに分けられる。**補助記入帳**は，取引の記録が，原則として時系列順に行われていくものをいう。補助記入帳に分類される補助簿には，現金出納帳や当座預金出納帳，売上帳や仕入帳などがある。これに対して，**補助元帳**とは，総勘定元帳のように記録を行う場所が細かく分けられており，取引の記録がそれぞれ該当する場所に行われていく。補助元帳に分類される補助簿には，売掛金元帳や買掛金元帳，商品有高帳などがある。

　すべての企業は，財務諸表を作成するために主要簿を設ける必要があるが，補助簿についてはこの限りではない。経営管理の都合上，作成した方がよいと判断されれば補助簿は作成されるが，そうでない場合は補助簿は作成されない。また，補助簿に何を記録するか，どのようなルールで記録するかについても，補助簿に行われた記録が財務諸表の作成に直接影響するものでないため，企業側が任意で決めることができる。

第2節　主要簿

1．仕訳帳

　仕訳帳とは，取引によって生じた財産の動きや債権・債務の状況の変化，また，それらが生じた理由について，それぞれどの勘定のどちら側に記録するかを決定した結果が記録されていく会計帳簿である。仕訳帳に行われた記録は，現実世界で行われた取引と，総勘定元帳において勘定ごとに分解されてしまった記録とをつなぐ役割を果たしている。

　仕訳帳への記録は，勘定ごとに1行を使って行う。

仕　訳　帳

1

20XX年		摘要	元丁	借方金額	貸方金額
4	1	（現　　　　金）	101	2,000,000	
		（資　本　金）	501		2,000,000
		株式40株を1株当たり50,000円で発行し，払込みを受けた。			
	2	（普　通　預　金）	116	1,200,000	
		（現　　　　金）	101		1,200,000
		○○銀行に普通預金口座を開設した			
	〃	諸　　　口			
		（備　　　　品）	221	400,000	
		（仮　払　消　費　税）	181	40,000	
		（現　　　　金）	101		440,000
		○○商会から店舗で使用する事務機器を購入した			
		消費税10%，課税売上対応			
	3	諸　　　口			
		（仕　　　　入）	801	80,000	
		（仮　払　消　費　税）	181	8,000	
		（現　　　　金）	101		88,000
		○○会社から商品XXXを仕入れた（領収書№12345）			
		消費税10%，課税売上対応			
	4	諸　　　口			
		（現　　　　金）	101	13,200	
		（売　　　　上）	601		12,000
		（仮　受　消　費　税）	186		1,200
		商品XXX売上高（4日分）			
		消費税10%，課税売上			

　摘要欄は，借方，貸方に分けられていないが，左半分を借方に記録される勘定，右半分を貸方に記録される勘定を記録する欄として使用する。なお，勘定科目は（　　　）で囲み，前後に余計な文字を書き加えられないようにする。また，同じ側に記録が行われる勘定が複数ある場合は，1行目に諸口と書き，同じ側に複数の勘定科目があることを明示する。

　金額を記入する欄は，借方，貸方に分けられているので，各勘定の借方に転記される金額は借方金額欄に，貸方に転記される金額は貸方金額欄にそれぞれ分けて記録する。

　元丁欄には，その勘定に関する記録を転記したときに，転記先の勘定が設けられている総勘定元帳のページ番号を記録する。この記録を行うことによって，転記が行われたことを明らかにでき，また，総勘定元帳のどこに転記が行われたかを確認しやすくなる。

　仕訳を行ったら，その下に，その取引について短く文章の形で説明をつける。この仕訳に

つけられた説明のことを**小書き**という。小書きを行っておくことで，後から記録を探しやすくなったり，領収書などの証憑との記録の突合も行いやすくなる。また，小書きには，税務上，記録しておくことが求められている事項も記録しておかなければならない。

　なお，次のページに移るときや，仕訳帳を締切るときは，借方金額欄に記入した金額，貸方金額欄に記入した金額をそれぞれ合計し，両者が一致することを確かめる。

２．総勘定元帳

　総勘定元帳とは，財産の動きや債権・債務の状況の変化，また，それらが生じた理由を，それぞれ個別に分けて記録するために設けた**勘定**（記録を行うための場所）のすべてが収録されている会計帳簿をいう。勘定には，それが何を記録するためのものであるかが分かるよう，それぞれ名前がつけられており，この各勘定につけられた名前のことを**勘定科目**という。

　総勘定元帳の様式には，次のように，標準式と残高式の２つがある。

(1)　標準式の総勘定元帳

総 勘 定 元 帳 （ 標 準 式 ）

現　　　　　　金　　　　　　101

20XX年		摘要	仕丁	借方金額	20XX年		摘要	仕丁	貸方金額
4	1	資　本　金	1	2,000,000	4	2	普　通　預　金	1	1,200,000
	4	諸　　　　口	〃	13,200		〃	諸　　　　口	〃	440,000
						3	諸　　　　口	〃	88,000

資　　　　　　本　　　　　　金　　　　　　501

20XX年		摘要	仕丁	借方金額	20XX年		摘要	仕丁	貸方金額
					4	1	現　　　　金	1	2,000,000

　標準式の場合，借方，貸方の記録はそれぞれ別々のものとして取り扱われるため，どちらも上に詰めて記録を行う（反対側が記入済みであったとしても，同じ行に記入してよい）。

　摘要欄には，仕訳において相手勘定とされた勘定の名前（勘定科目）を書く。ただし，相手勘定が２つ以上ある場合は，相手勘定を書く代わりに諸口と書く（第２章参照）。

　仕丁欄には，仕訳帳から転記を行ったときに，転記元となる仕訳帳のページ番号を記録する。この記録を行うことによって，転記が行われたことを明らかにでき，また，仕訳帳のどこにその記録の元となった取引の記録（仕訳）が行われているかを確認しやすくなる。

総 勘 定 元 帳 （ 標 準 式 ）

現　　　　　金　　　　　　　　101

20XX年		摘要	仕丁	借方金額	20XX年		摘要	仕丁	貸方金額
4	1	資　本　金	1	2,000,000	4	2	普　通　預　金	1	1,200,000
	4	諸　　　　　口	〃	13,200			〃 諸　　　　　口	〃	440,000
						3	諸　　　　　口	〃	88,000
						7	次　期　繰　越	✓	285,200
				2,013,200					2,013,200

資　　　本　　　金　　　　　　　　501

20XX年		摘要	仕丁	借方金額	20XX年		摘要	仕丁	貸方金額
4	7	次　期　繰　越	✓	2,000,000	4	1	現　　　　　金	1	2,000,000

　勘定を締め切るにあたって，資産，負債，純資産の各勘定のうち，次期に繰り越す金額がある場合は，その金額（期末の残高金額）を，借方，貸方のいずれか合計金額が小さい方に赤字で追記する。そのうえで，借方，貸方の合計金額をそれぞれ計算し，両者が一致することを確かめれば，締切りができたことになる。

　なお，収益，費用の各勘定については，決算振替仕訳（損益振替仕訳）によって，その残高金額がすべて損益勘定に振り替えられているため，残高金額は存在しない。この場合は，次期繰越額を追記する必要はなく，借方，貸方の合計金額をそれぞれ求め，両者が一致することを確かめるだけでよい。

　また，借方，貸方ともに記録（次期繰越額を含む）が1つしかなく，合計金額を求める必要がない場合は，借方に記録されている金額と貸方に記録されている金額が一致することを確かめるだけでよい。

　借方に行われている記録の数と，貸方に行われている記録の数が異なる場合，記録が少ない方に後から記録を追加されてしまうことを防ぐため，摘要欄に斜線を引いて追加の記録ができないようにする。

⑵　残高式の総勘定元帳

総 勘 定 元 帳 （ 残 高 式 ）

現　　　　　　　　金　　　　　　　　　　　101

月	日	摘要	仕丁	借方金額	貸方金額	借/貸	残高金額
4	1	資　　　本　　　金	1	2,000,000		借	2,000,000
	2	普　通　預　金	〃		1,200,000	〃	800,000
	〃	諸　　　　　　口	〃		440,000	〃	360,000
	3	諸　　　　　　口	〃		88,000	〃	272,000
	4	諸　　　　　　口	〃	13,200		〃	285,200

資　　　　本　　　　金　　　　　　　　　501

月	日	摘要	仕丁	借方金額	貸方金額	借/貸	残高金額
4	1	現　　　　　　　金	1		2,000,000	貸	2,000,000

　残高式の場合，新しく転記を行うたびに1行を使って記録する。

　借／貸欄は，残高金額欄に記入した残高金額が借方残高であるか，貸方残高であるかを明らかにするために使用する。借方残高の場合は「借」，貸方残高の場合は「貸」と記入する。通常，資産，費用の勘定では「借」，負債，純資産，収益の勘定では「貸」となる。

総 勘 定 元 帳 （ 残 高 式 ）

現　　　　　　　　金　　　　　　　　　　　101

月	日	摘要	仕丁	借方金額	貸方金額	借/貸	残高金額
4	1	資　　　本　　　金	1	2,000,000		借	2,000,000
	2	普　通　預　金	〃		1,200,000	〃	800,000
	〃	諸　　　　　　口	〃		440,000	〃	360,000
	3	諸　　　　　　口	〃		88,000	〃	272,000
	4	諸　　　　　　口	〃	13,200		〃	285,200
	7	次　期　繰　越	✓		285,200		
				2,013,200	2,013,200		

資　　　　本　　　　金　　　　　　　　　501

月	日	摘要	仕丁	借方金額	貸方金額	借/貸	残高金額
4	1	現　　　　　　　金	1		2,000,000	貸	2,000,000
	7	次　期　繰　越	✓	2,000,000			
				2,000,000	2,000,000		

　勘定を締め切るにあたって，資産，負債，純資産の各勘定のうち，次期に繰り越す金額がある場合は，その金額（期末の残高金額）を，借方，貸方のいずれか合計金額が小さい方（借／貸欄に記入されている方の反対）に赤字で追記する。そのうえで，借方，貸方の合計金額をそれぞれ計算し，両者が一致することを確かめれば，締切りができたことになる。

　なお，収益，費用の各勘定については，決算振替仕訳（損益振替仕訳）によって，その残高金額がすべて損益勘定に振り替えられているため，残高金額は存在しない。この場合は，次期繰越額を追記する必要はなく，借方，貸方の合計金額をそれぞれ求め，両者が一致することを確かめるだけでよい。

第3節　補助簿

1．現金出納帳

　現金出納帳とは，現金の動きを原則として時系列順に記録していく会計帳簿であり，補助記入帳の1つに分類される。現金出納帳は，小規模な企業の場合は企業全体で作られるが，特定の部署・部門等ごとに作られる場合もある。また，通貨（紙幣・硬貨）の動きだけが記録される場合もあれば，通貨代用証券（他人振出小切手）の動きまで含めて記録される場合もある（第3章参照）。

　摘要欄には，現金が増減した理由を簡潔に記録する。一度に複数のものを購入，売却した場合，複数の理由が同時に発生している場合は，それらをそれぞれ別の行に分けて記録すると，後から記録を見直したときに現金が増減した理由を把握しやすい。

　現金出納帳を締め切るにあたっては，期末の残高金額を支出金額欄に赤字で追記する。そのうえで，収入金額欄，支出金額欄の合計金額をそれぞれ計算し，両者が一致することを確かめれば，締切りができたことになる。

		現　金　出　納　帳			
20XX年		摘要	収入金額	支出金額	残高金額
4	1	株式発行にともなう払込金額	2,000,000		2,000,000
	2	普通預金口座に預け入れ		1,200,000	800,000
	〃	備品購入（○○商会，事務機器）		400,000	400,000
	〃	消費税（10%，課税売上対応）		40,000	360,000
	3	商品仕入（○○会社，商品XXX）		80,000	280,000
	〃	消費税（10%，課税売上対応）		8,000	272,000
	4	商品売上（4日分，商品XXX）	12,000		284,000
	〃	消費税（10%，課税売上）	1,200		285,200
	7	次期繰越		285,200	
			2,013,200	2,013,200	

2．当座預金出納帳

当座預金出納帳とは，当座預金の動きを原則として時系列順に記録していく会計帳簿であり，補助記入帳の1つに分類される。複数の金融機関に当座預金口座を開設している場合，当座預金出納帳は，それらの口座ごとに作成される場合もある。

当　座　預　金　出　納　帳					
月	日	摘要	借方金額	貸方金額	借/貸	残高金額
5	1	現金預け入れ	5,000,000		借	5,000,000
	10	備品購入（小切手振出）		3,500,000	〃	1,500,000
	15	買掛金（小切手振出）		1,800,000	貸	300,000
	20	電子記録債権回収	2,000,000		借	1,700,000
	〃	支払手数料		200	〃	1,699,800
	25	貸付金（小切手振出）		1,000,000	〃	699,800
	31	次期繰越		699,800		
			7,000,000	7,000,000		

摘要欄には，当座預金が増減した理由を簡潔に記録する。入出金とともに手数料が発生している場合のように，当座預金を増減させる理由が複数同時に発生している場合は，それらをそれぞれ別の行に分けて記録すると，後から記録を見直したときに当座預金が増減した理由を把握しやすい。

借／貸欄は，残高金額欄に記入した残高金額が借方残高であるか，貸方残高であるかを明らかにするために使用する。借方残高の場合は「借」，貸方残高の場合は「貸」と記入する。当座預金勘定は資産の勘定であるため，通常は「借」となるが，当座預金口座の残高が不足して，一時的に当座借越の状況にある場合は，「貸」となる（第18章参照）。

当座預金出納帳を締め切るにあたっては，期末の残高金額を，借方金額欄，貸方金額欄のいずれか合計金額が小さい方（借／貸欄に記入されている方の反対）に赤字で追記する。そのうえで，借方金額欄，貸方金額欄の合計金額をそれぞれ計算し，両者が一致することを確かめれば，締切りができたことになる。

3．小口現金出納帳

小口現金出納帳とは，用度係（小口現金係）に対して小口現金の使用状況を管理させるために作成させる会計帳簿であり，補助記入帳の1つに分類される。小口現金出納帳には，何にどれだけ使用したかが分かるように内訳欄が設けられているが，このような情報を必要としない場合は，小口現金出納帳ではなく，現金出納帳を使って小口現金の管理を行わせる場合もある。

受入	20XX年		摘要	支払	内訳			
					旅費交通費	消耗品費	通信費	雑費
30,000	6	1	前週繰越					
		2	タクシー代	3,800	3,800			
		〃	レシート用紙	2,200		2,200		
		3	郵便切手代	4,700			4,700	
		4	タクシー代	2,900	2,900			
		〃	手土産代	3,000				3,000
		5	電車代	800	800			
		6	清掃用品代	1,800		1,800		
				19,200	7,500	4,000	4,700	3,000
19,200		7	本日補給					
		〃	次週繰越	30,000				
49,200				49,200				

小 口 現 金 出 納 帳

会計係（経理担当部門）から小口現金の支給を受けた金額は受入欄に，小口現金を使用したときは支払欄と内訳欄にその金額を記録する。内訳欄は，小口現金の使用状況を用度係（小口現金係）が把握できるようにしたもので，同じような目的で行われた支出額は同じ内訳欄に記録されるようになっている。

用度係（小口現金係）から会計係（経理担当部門）に対して報告を行うときは，その報告に先立って，直前に補給を受けたとき以降の支出額とその内訳について集計を行う。定額資金前渡制度（インプレスト・システム）が採用されている場合，ここで集計された支払金額の合計額とその後に補給される金額が等しくなる（第15章参照）。

小口現金出納帳を締め切るにあたっては，期末の残高金額を，支払欄に赤字で追記する。そのうえで，受入欄，支払欄の合計金額をそれぞれ計算し，両者が一致することを確かめれば，締切りができたことになる（支払欄の合計は，報告にあたって集計した金額と次週繰越額を合計する）。

4．売上帳

売上帳とは，商品の売上に関する詳細を原則として時系列順に記録していく会計帳簿であり，補助記入帳の1つに分類される。売上帳には，売り上げた商品に関する情報（品番，個数，単価等）だけでなく，販売先（得意先）の名称や，代金の回収方法などさまざまな情報が記録される。

20XX年		摘要		数量	単価	内訳	金額
7	4	甲会社	掛				
		商品A※		20	500	10,000	
		商品B※		10	800	8,000	
		消費税 （※10%）				1,800	19,800
	10	乙会社	掛				
		商品A※		15	500	7,500	
		商品C＊		30	300	9,000	
		消費税 （※10%）				750	
		消費税 （＊8%）				720	17,970
	17	丙（個人）	現金				
		商品B※		3	800	2,400	
		消費税 （※10%）				240	2,640
	18	売上値引	現金値引				
		商品B※				△582	
		消費税 （※10%）				△58	△640
	23	甲会社	掛				
		商品A※		25	500	12,500	
		商品B※		10	800	8,000	
		消費税 （※10%）				2,050	22,550
	30	乙会社	掛				
		商品A※		15	500	7,500	
		商品C＊		50	300	15,000	
		消費税 （※10%）				750	
		消費税 （＊8%）				1,200	24,450
		総 売 上 高 （税込）					87,410
		う ち 10 ％ 分					(61,490)
		う ち 8 ％ 分					(25,920)
		返品・値引高 （税込）					△640
		う ち 10 ％ 分					(△640)
		純 売 上 高 （税込）					86,770
		う ち 10 ％ 分					(60,850)
		う ち 8 ％ 分					(25,920)

摘要欄には，商品を売り上げた相手の名称，代金の回収方法，売り上げた商品の名称や消費税など売上げにあたって発生した事項を記入する。次に，商品の販売数量や単価をそれぞれ数量欄，単価欄に記入したうえで，商品ごとに合計額を求め，内訳欄に記入する（消費税の額は，取引単位で計算されるため，売り上げた商品を列挙した後に税率ごとに分けて記入する）。最後の金額欄には，1つの取引で発生した売上金額の合計額（税込価額）を記入する。

売上帳を締め切るにあたっては，まず，返品・値引を行う前の金額（総売上高）と，そこから差し引かれる返品・値引高をそれぞれ集計したうえで，これらの差額として純売上高を計算する。

5．仕入帳

仕入帳とは，商品の仕入れに関する詳細を原則として時系列順に記録していく会計帳簿で

あり，補助記入帳の１つに分類される。仕入帳には，仕入れた商品に関する情報（品番，個数，単価等）だけでなく，仕入先の名称や，代金の支払方法などさまざまな情報が記録される。

20XX年		摘要		数量	単価	内訳	金額
7	1	X会社	掛				
		商品A※		40	150	6,000	
		引取運賃※				200	
		消費税（※10%）				620	6,820
	3	Y会社	掛				
		商品B※		30	300	9,000	
		引取運賃※				200	
		消費税（※10%）				920	10,120
	7	Z会社	掛				
		商品C＊		50	80	4,000	
		引取運賃※				200	
		消費税（※10%）				20	
		消費税（＊8%）				320	4,540
	15	X会社	掛			△582	
		商品A※		50	150	7,500	
		引取運賃※				200	
		消費税（※10%）				770	8,470
	17	**X会社**	**掛返品**				
		商品A※		**10**	**150**	**△1,500**	
		消費税（※10%）				**△150**	**△1,650**
	22	Z会社	掛				
		商品C＊		50	80	4,000	
		引取運賃※				200	
		消費税（※10%）				20	
		消費税（＊8%）				320	4,540
		総仕入高（税込）					34,490
		うち 10 % 分					(25,850)
		うち 8 % 分					(8,640)
		返品・値引高（税込）					**△1,650**
		うち 10 % 分					**(△1,650)**
		純仕入高（税込）					32,840
		うち 10 % 分					(24,200)
		うち 8 % 分					(8,640)

仕　　入　　帳

摘要欄には，商品を仕入れた相手の名称，代金の支払方法，仕入れた商品の名称や引取運賃や消費税など仕入れにあたって発生した事項などを記入する。次に，商品の仕入数量や単価をそれぞれ数量欄，単価欄に記入したうえで，商品ごとに合計額を求め，内訳欄に記入する（消費税の額は，取引単位で計算されるため，仕入れた商品を列挙した後に税率ごとに分けて記入する）。最後の金額欄には，１つの取引で発生した仕入金額の合計額（税込価額）を記入する。

　仕入帳を締め切るにあたっては，まず，返品・値引が行われる前の金額（総仕入高）と，そこから差し引かれる返品・値引高をそれぞれ集計したうえで，これらの差額として純仕入高を計算する。

6．売掛金元帳

売掛金元帳とは，売掛金の発生や決済の状況を得意先ごとに記録できるようにした会計帳簿であり，補助元帳の1つに分類される。掛取引を行っている場合，**得意先**への請求は売掛金元帳に行われた記録をもとに行われる。

売　掛　金　元　帳
甲　商　店

月	日	摘要	借方金額	貸方金額	借/貸	残高金額
8	1	前月繰越	2,000,000		借	2,000,000
	5	売上	300,000		〃	2,300,000
	10	売上	500,000		〃	2,800,000
	15	当座預金		1,100,000	〃	1,700,000
	20	売上	400,000		〃	2,100,000
	25	売上	300,000		〃	2,400,000
	31	次月繰越		2,400,000		
			3,500,000	3,500,000		

摘要欄には，売掛金が増減した理由を記入する。売掛金は，会計帳簿上，資産として処理されるため，商品を売り上げるなどして売掛金が増加したときは借方金額欄に，支払いを受けるなどして売掛金が減少したときは貸方金額欄にその金額を記入する。

借／貸欄は，残高金額欄に記入した残高金額が借方残高であるか，貸方残高であるかを明らかにするために使用する。借方残高の場合は「借」，貸方残高の場合は「貸」と記入するが，売掛金元帳では「借」となる。

売掛金元帳を締め切るにあたっては，期末の残高金額を貸方金額欄に赤字で追記する。そのうえで，借方金額欄，貸方金額欄の合計金額をそれぞれ計算し，両者が一致することを確かめれば，締切りができたことになる。

7．買掛金元帳

買掛金元帳とは，買掛金の発生や決済の状況を仕入先ごとに記録できるようにした会計帳簿であり，補助元帳の1つに分類される。掛取引を行っている場合，**仕入先**から行われた請求に誤りがないかどうかは，買掛金元帳に行われた記録をもとに確認される。

		買 掛 金 元 帳				
		A　　商　　会				
月	日	摘要	借方金額	貸方金額	借/貸	残高金額
8	1	前月繰越		900,000	貸	900,000
	8	仕入		150,000	〃	1,050,000
	16	仕入		200,000	〃	1,250,000
	20	当座預金	400,000		〃	850,000
	24	売上		200,000	〃	1,050,000
	31	次月繰越	1,050,000			
			1,450,000	1,450,000		

　摘要欄には，買掛金が増減した理由を記入する。買掛金は，会計帳簿上，負債として処理されるため，商品を仕入れるなどして買掛金が増加したときは貸方金額欄に，支払いをするなどして買掛金が減少したときは借方金額欄にその金額を記入する。

　借／貸欄は，残高金額欄に記入した残高金額が借方残高であるか，貸方残高であるかを明らかにするために使用する。借方残高の場合は「借」，貸方残高の場合は「貸」と記入するが，買掛金元帳では「貸」となる。

　買掛金元帳を締め切るにあたっては，期末の残高金額を借方金額欄に赤字で追記する。そのうえで，借方金額欄，貸方金額欄の合計金額をそれぞれ計算し，両者が一致することを確かめれば，締切りができたことになる。

8．商品有高帳

　商品有高帳とは，商品の受入れ，払出しの状況を商品の種類ごとに記録できるようにした会計帳簿であり，補助元帳の1つに分類される。商品有高帳への記録は，商品の取得原価をもとに記録されるが，商品を売り上げるなどして払出しが行われたときに，その商品の単価をいくらにするかを決める方法（**払出単価**の計算方法）にはいくつかの方法があり，その方法の違いによって，商品有高帳への記録の方法にも違いが生じる。

　商品有高帳への記録は，商品の払出単価の計算方法によってさまざまであるが，ここでは第23章で学習した先入先出法による場合と移動平均法による場合の2つについて見ていくことにする。

⑴　払出単価の計算を先入先出法で行っている場合

　先入先出法とは，先に受け入れた商品を先に払い出していく方法である。このため，商品有高帳への記録を行うにあたっては，商品ごとに受け入れた順（先に受け入れたか，後に受け入れたか）が分かるようにしなければならない。商品有高帳では，先に受け入れたものから順に上から書いていくことで，この受入れの順序を表すことになっている。

商　品　有　高　帳

X　　　商　　　品

20XX年		摘要	受入			払出			残高		
			数量	単価	金額	数量	単価	金額	数量	単価	金額
10	1	前月繰越	35	1,200	42,000				35	1,200	42,000
	6	売　　上				15	1,200	18,000	20	1,200	24,000
	9	仕　　入	40	1,260	50,400				⎰ 20	1,200	24,000
									⎱ 40	1,260	50,400
	12	売　　上				15	1,200	18,000	⎰ 5	1,200	6,000
									⎱ 40	1,260	50,400
	18	売　　上				⎰ 5	1,200	6,000			
						⎱ 15	1,260	18,900	25	1,260	31,500
	21	仕　　入	30	1,262	37,860				⎰ 25	1,260	31,500
									⎱ 30	1,262	37,860
	22	仕入返品	△5	1,262	△6,310				⎰ 25	1,260	31,500
									⎱ 25	1,262	31,550
	27	売　　上				20	1,260	25,200	⎰ 5	1,260	6,300
									⎱ 25	1,262	31,550
	31	次月繰越				⎰ 5	1,260	6,300			
						⎱ 25	1,262	31,550			
			100		123,950	100		123,950			

　商品を仕入れるなどして新たに受け入れたときは，受入欄に記録を行う。仕入れた商品の数量を数量欄，取得原価を金額欄に記入し，金額を数量で割って単価を求める。このようにすることで，取得原価に含まれる付随費用の額を単価にも反映させることができる。また，商品を仕入れたときの残高欄は，直前に保有していた商品の数量，単価，金額を先に書き，その下に，新たに仕入れた商品の数量，単価，金額を書くことで，上から仕入順に記録が並ぶようにする。

　商品を売り上げるなどして払い出したときは，払出欄に記録を行う。商品の払出しは，直前の残高欄に記録されている商品を上から順に行う。また，単価欄には，残高欄に記録されている単価をそのまま利用し，これに数量を掛けて金額欄の金額を求める。なお，払出欄に記入する単価として，売り上げた商品の販売価格を使用してはならない。

　なお，仕入れた商品について値引きを受けたり，返品をしたりした場合の記録は，受入欄に行う。ただし，いずれも企業が保有する商品の取得原価の総額を減らす結果となるため，その金額はマイナスで表記する（返品の場合は単価もマイナスする）。

　商品有高帳を締め切るにあたっては，期末の数量，単価，金額を払出欄に赤字で追記する。そのうえで，受入欄，払出欄の合計数量，合計金額をそれぞれ計算し，両者が一致することを確かめれば，締切りができたことになる。

⑵ 払出単価の計算を移動平均法で行っている場合

移動平均法とは，新しく商品を仕入れるたびに，すでに保有している商品の取得原価と新しく仕入れた商品の取得原価をあわせて，商品1個当たりの取得原価を計算しなおす方法である。ここで，新しく計算した商品1個当たりの取得原価は，残高欄に設けられている単価欄に記入されることになる。

商 品 有 高 帳
X 商 品

20XX年		摘要	受入			払出			残高		
			数量	単価	金額	数量	単価	金額	数量	単価	金額
10	1	前 月 繰 越	35	1,200	42,000				35	1,200	42,000
	6	売　　上				15	1,200	18,000	20	1,200	24,000
	9	仕　　入	40	1,260	50,400				60	1,240	74,400
	12	売　　上				15	1,240	18,600	45	1,240	55,800
	18	売　　上				20	1,240	24,800	25	1,240	31,000
	21	仕　　入	30	1,262	37,860				55	1,252	68,860
	22	仕 入 返 品	△5	1,262	△6,310				50	1,251	62,550
	27	売　　上				20	1,251	25,020	30	1,251	37,530
	31	次 月 繰 越				30	1,251	37,530			
			100		123,950	100		123,950			

商品を仕入れるなどして新たに受け入れたときは，受入欄に記録を行う。仕入れた商品の数量を数量欄，取得原価を金額欄に記入し，金額を数量で割って単価を求める。また，商品を仕入れたときの残高欄は，まず，直前に保有していた商品の数量と新たに仕入れた商品の数量，直前に保有していた商品の金額と新たに仕入れた商品の金額を先にそれぞれ合計したうえで，金額を数量で割って単価を求める。

商品を売り上げるなどして払い出したときは，払出欄に記録を行う。単価欄には，残高欄に記録されている単価をそのまま利用し，これに数量を掛けて金額欄の金額を求める。

なお，仕入れた商品について値引きを受けたり，返品をしたりした場合の記録は，受入欄に行う。ただし，いずれも企業が保有する商品の取得原価の総額を減らす結果となるため，その金額はマイナスで表記する（返品の場合は単価もマイナスする）。また，値引きや返品の場合も，商品1個当たりの取得原価（単価）を計算しなおす必要があり，商品を仕入れたときと同じ方法で計算する。

なお，締切りについては，先入先出法の場合と同じように行えばよい。

9．受取手形記入帳

受取手形記入帳とは，自らが受け取った約束手形について，振出人に関する情報，支払期日に関する情報，決済に関する情報などを記録しておく会計帳簿であり，補助記入帳の1つに分類される。受け取った約束手形については，その支払期日に取引銀行に対して取立ての

依頼を行う必要があるため，約束手形を受け取った後もその状況を管理しておく必要がある。受取手形記入帳は，この受け取った約束手形の管理に使用される補助簿である。

受 取 手 形 記 入 帳						振出人 または 裏書人	振出日		満期日		支払場所	金額	てん末		
20XX年		手形 種類	手形 番号	摘要	支払人		月	日	月	日			月	日	摘要
月	日														
4	15	約手	3475	売掛金	愛媛㈱	愛媛㈱	4	15	6	15	P銀行	800,000	6	15	入金
6	7	約手	7502	売掛金	高知㈱	高知㈱	5	20	8	20	Q銀行	500,000	7	20	割引
8	10	為手	3481	売上	香川㈱	徳島㈱	8	10	10	10	R銀行	600,000			

　受取手形記入帳では，手形を受け取ったときに，金額欄から左側にその手形に関する情報を記入し，手形が決済されたときにてん末欄にその決済の状況を記録する。

　手形には，本書で学習した約束手形（約手）の他に為替手形（為手）とよばれるものがあるため，まず，手形種類欄に受け取った手形がどちらの手形であるかを記入する。次の手形番号欄には，手形に印字されている番号をそのまま書き写す。

　摘要欄は，手形を受け取った理由を記入する欄であり，通常，ここには仕訳を行ったときの受取手形勘定の相手勘定が記録される。支払人欄，振出人または裏書人欄には，それぞれ手形金額を最終的に支払う相手，手形を受け取った相手の名前をそれぞれ記入する。

　振出日欄には手形の券面に記載されている手形が振り出された日，満期日欄には手形の券面に記載されている支払期日を書き写す。また，支払場所欄についても，手形の券面に記載されているものをそのまま書き写せばよい。

　てん末欄には，手形が決済された月日および決済方法を記入する。支払期日が到来し，取引銀行に対して取立ての依頼を行った結果，手形金額が預金口座に入金されたときは「入金」と書けばよい。てん末に記入される言葉には，この他にも「割引」や「裏書」がある。

10. 支払手形記入帳

　支払手形記入帳とは，自らが振り出した約束手形について，名宛人に関する情報，支払期日に関する情報などを記録しておく会計帳簿であり，補助記入帳の1つに分類される。約束手形を振り出した場合，その支払期日までに必要な金額が当座預金口座に預け入れられていなければ，**不渡り**を起こしてしまうため，いつ，どれだけの金額が支払われることになっているかについては，常に管理しておく必要がある。支払手形記入帳は，この振り出した約束手形の管理に使用される補助簿である。

支　払　手　形　記　入　帳														
20XX年		手形種類	手形番号	摘要	受取人	振出人	振出日		満期日		支払場所	金額	てん末		
月	日						月	日	月	日			月	日	摘要
5	27	約手	6190	買掛金	新潟㈱	当社	5	27	7	27	X銀行	400,000	7	27	支払
7	11	為手	2193	仕入	福井㈱	石川㈱	7	11	9	11	Y銀行	250,000	9	11	支払
9	3	約手	4877	買掛金	富山㈱	当社	9	3	12	3	Z銀行	500,000			

　支払手形記入帳では，手形について支払義務を負ったときに，金額欄から左側にその手形に関する情報を記入し，手形が決済されたときにてん末欄にその決済の状況を記録する。

　まず，手形種類欄に支払義務を負った手形がどちらの手形であるかを記入する。次の手形番号欄には，手形に印字されている番号をそのまま書き写す。

　摘要欄は，支払義務を負った理由を記入する欄であり，通常，ここには仕訳を行ったときの支払手形勘定の相手勘定が記録される，受取人欄，振出人欄には，それぞれ手形金額を受け取る相手，手形金額を支払わなければならない人の名前をそれぞれ記入する。

　振出日欄には手形の券面に記載されている手形が振り出された日，満期日欄には手形の券面に記載されている支払期日を書き写す。また，支払場所欄についても，手形の券面に記載されているものをそのまま書き写せばよい。

　てん末欄には，手形が決済された月日および決済方法を記入する。支払期日が到来し，振り出した手形が取り立てられ，支払いが行われたときは「支払」と書けばよい。

付録Ｂ　本書で学習した勘定科目

【貸借対照表に記載される勘定科目】

資産の勘定		負債の勘定	
現　　　　　金	p.16	支　払　手　形	p.122
小　口　現　金	p.103	電 子 記 録 債 務	p.127
当　座　預　金	p.17, p.117	買　　掛　　金	p.31
普　通　預　金	p.18	前　　受　　金	p.40
納 税 準 備 預 金	p.17	前　受　収　益（※）	p.187
受　取　手　形	p.124	未　　払　　金	p.24
電 子 記 録 債 権	p.128	未　払　費　用（※）	p.179
売　　掛　　金	p.33	未　払　消　費　税	p.45
貸 倒 引 当 金（△）	p.142	未　払　法　人　税　等	p.101
繰　越　商　品	p.79	未　払　配　当　金	p.62
貯　　蔵　　品	p.82	預　　　り　　　金	p.115
受　取　商　品　券	p.159	役　員　預　り　金	p.115
クレジット売掛金	p.161	従　業　員　預　り　金	p.115
前　　払　　金	p.38	社 会 保 険 料 預 り 金	p.53
前　払　費　用（※）	p.185	所　得　税　預　り　金	p.56
未　収　入　金	p.150	住　民　税　預　り　金	p.56
未　収　収　益（※）	p.181	預　り　保　証　金	p.148
立　　替　　金	p.114	仮　　受　　金	p.112
役　員　立　替　金	p.114	仮　受　消　費　税	p.44
従　業　員　立　替　金	p.53	当　座　借　越	p.130
仮　　払　　金	p.111	借　　入　　金	p.134
仮　払　消　費　税	p.43	手　形　借　入　金	p.138
仮　払　法　人　税　等	p.101	役　員　借　入　金	p.134
土　　　　　地	p.22		
建　　　　　物	p.22		
備　　　　　品	p.22		
車　両　運　搬　具	p.22		
減 価 償 却 累 計 額（△）	p.87		

差　入　保　証　金	p.148	**純資産の勘定**		
定　期　預　金	p.17	資　　　本　　　金		p.59
貸　　　付　　　金	p.133	資　本　準　備　金		p.60
手　形　貸　付　金	p.136	利　益　準　備　金		p.64
従　業　員　貸　付　金	p.133	新　築　積　立　金		p.64
役　員　貸　付　金	p.133	繰　越　利　益　剰　余　金		p.62, p.93

（△は評価勘定，※は経過勘定）

【損益計算書に記載される勘定科目】

費用の勘定		収益の勘定	
仕　　　　　入	p.30	売　　　　　上	p.33
売　上　原　価	p.77	受　取　地　代	p.97
給　　　　　料	p.52	貸　倒　引　当　金　戻　入	p.145
法　定　福　利　費	p.53	受　取　利　息	p.133
貸　倒　引　当　金　繰　入	p.142	償　却　債　権　取　立　益	p.146
減　価　償　却　費	p.86	固　定　資　産　売　却　益	p.150
修　　繕　　費	p.25	雑　　　　　益	p.109
消　耗　品　費	p.26		
旅　費　交　通　費	p.104		
通　　信　　費	p.81		
水　道　光　熱　費	p.19		
支　払　手　数　料	p.20		
保　　険　　料	p.186		
租　税　公　課	p.51		
諸　　会　　費	p.114		
支　払　地　代	p.180		
支　払　家　賃	p.21		
支　払　利　息	p.134		
貸　倒　損　失	p.140		
固　定　資　産　売　却　損	p.150		
雑　　　　　損	p.109		
法人税, 住民税及び事業税	p.101		

【その他の勘定科目】

現　金　過　不　足	p.106	損　　　　　益	p.89

索　引

《著者紹介》

海老原　諭（えびはら・さとし）
　2008 年　早稲田大学商学学術院商学研究科博士後期課程単位取得退学。
　現　　職　和光大学経済経営学部経営学科教授。

【主要著書】

『簿記原理入門』創成社，2010 年（分担執筆）。
『連結会計入門（第 6 版）』中央経済社，2012 年（分担執筆）。
『財務報告における公正価値測定』中央経済社，2014 年（分担執筆）。

（検印省略）

2019 年 4 月 20 日　初版発行
2024 年 4 月 20 日　第 2 版発行　　　　　　　　　　　　略称─簿記教本

初級簿記教本［第 2 版］

著　者　海 老 原 諭
発行者　塚 田 尚 寛

発行所　東京都文京区　　株式会社　創 成 社
　　　　春日 2-13-1
　　　　電　話 03（3868）3867　　Ｆ Ａ Ｘ 03（5802）6802
　　　　出版部 03（3868）3857　　Ｆ Ａ Ｘ 03（5802）6801
　　　　http://www.books-sosei.com　振　替 00150-9-191261

定価はカバーに表示してあります。